# シーア派

## 起源と行動原理

平野貴大

作品社

# はじめに

二〇二二年九月一七日、筆者はシーア派の聖地であるイランのコムに滞在していた。その日は世界中のシーア派信徒が追悼儀礼を行うアルバイーンの日であった。アルバイーンとはシーア派のイマーム（宗教指導者）であったフサインという人物が惨殺されてから四〇日回忌のことである。一七日は朝から深夜まで様々な追悼儀礼が行われ、この日からしばらく殉教を悼む日々が続いていく。当時の日本ではまだコロナの厳戒態勢が続いており、外出時にマスクを外すことなど許されない雰囲気であったが、コムの聖地周辺に集まった数千人の中でマスクをしている人はほとんどいなかった。聖地にはイラン人がファーテメ様と呼ぶ女性の棺があるのだが、多くの人がその棺を囲む柵に触ったり、それにキスしたりしていた。日本から来た筆者は、このご時世によくこんなことができるなと思った次第である。郷に入れば郷に従えということで筆者もやってみたが、案の定一週間後にはコロナに感染した。

とはいえ、この年のアルバイーン後の雰囲気は例年とは大きく異なっており、アルバイーンから三日後の九月二〇日に突如としてコムでもインターネットが遮断されてしまった。当時のイラン国内は大きな問題に直面していた。というのも、イランの最高指導者のハーメネイー師が重篤であるという報道が欧米メディアで伝えられており、それと同時期にスカーフを頭に被ることを拒否した女性が変死した事件を巡ってイラン西部で暴動が起きていたからである。アルバイーンの日の筆者はまだ事態をそこまで重大には考えていなかったが、ネットが遮断された以上、少なくとも大きな出来事が起こったことは推測できた。だが状況を詳しく知る手段がなくとても不安に思ったのを記憶している。宗教勢力の牙城であるコムではネットが遮断された程度であったが、首都のテヘランに行ってみると事態は悪化しており、主要な広場には軍が展開していて、その後大規模なデモ活動が毎日のように続いていった。

この時期のイランは国内情勢だけではなく、国際情勢においても大きな注目を集めていた。二〇二二年の年始から始まったロシアのウクライナへの侵攻では、開戦当時はロシアがすぐに勝利するだろうと多くの人が考えていたものの、西側諸国がウクライナを全面的に支援することで、戦争は長期化した。ロシア側の疲弊も指摘される中でイランがロシアにドローン兵器を提供し、その使い方をクリミア半島でロシア側に教えていたことが大きく報じられた。実際にイラン製のドローンがウクライナで使用され、アメリカがイランに対する制裁を強めることとなった。

これらのイランの国内外の状況については日本でも多くのメディアによって取り上げられ、主に国際政治の観点から説明がなされてきたと思われる。しかしながら、政治的観点でのみイラン情勢を説明することは片手落ちであると言わざるを得ない。というのも、イランは一九七九年のイラン・イスラーム革命によって成立した宗教国家であり、その最高指導者ハーメネイーはシーア派で最も権威ある法学者の一人であるため、イランの思想や行動にはイスラームの論理が大きく影響しているからである。イランはイスラームの中でもシーア派という宗派を信奉しており、その政治体制はシーア派のイマーム（指導者）論を前提とした「法学者の統治」を採用するものである。そのため、イランという中東地域の大国の思想と行動を理解するうえで、イスラームの中のシーア派という宗派をある程度まできちんと知っておくことは不可欠である。

一九七九年のイラン・イスラーム革命によって親米国家のパフラヴィー朝イランが倒れ、ホメイニーを頂点としたイスラーム体制が成立したことは世界に大きな衝撃を与えた。ホメイニーはイスラーム革命を世界に輸出することを目指し、その思想はイスラームの多数派の多くのスンナ派諸国から危険視された。イスラーム教徒の中ではスンナ派が八割から九割を占める多数派で、シーア派は一割から二割しかいない少数派である。しかしながら、現在世界中にイスラーム教徒が二〇億人ほどいると言われており、二〇億という数字が正しければ、二億人から四億人のシーア派信徒がいることになる。仮に二億と少なく見積もったとしても、世界のシーア派人口は日本の総人口よりずっと多いのである。シーア派はイランをはじめ、イラク、アゼルバイジャン、バーレーンなどで最大多数派を占めており、インドやパキスタン、サウジアラビアの東部などにも多く住んでいる。そのほか日本を含む多くの国でイラン革命以降にその人数を少しずつ増やしている。

**写真1**　2022年9月、訪問時のコムのファーテメ廟。

**写真2**　2022年9月、訪問時のコムのファーテメ廟の外観、巡礼者が多く集まっている。

シーア派の思想と実践を総合的に記した日本語の書籍はこれまで非常に少なかったと言って良い。日本語でイスラームに関連する書籍を何冊か読んだことのある読者は少なくないかもしれないが、その中で書かれていたことのほとんどは多数派のスンナ派の思想、実践、歴史観についてであったに違いない。イスラームの基本は六信五行であると聞いたことがあるかもしれないが、イスラームの根本的教義と実践をそれぞれ六つと五つに分けるのはスンナ派の考えに基づくものであり、シーア派は異なる分類を採用している。本書は日本語のイスラーム入門書の中でこれまであまり触れられてこなかったシーア派の思想、実践、思想史、歴史観を解説し、「シーア派とは何か」、「シーア派の特徴は何か」という問いに正面から答えていくものである。

シーア派と総称される集団の中にもさらにいくつかの分派があり、多い順に十二イマーム派、イスマーイール派、ザイド派、アラウィー派がある。シーア派は歴史上多くの分派を生み出してきたが、現在の圧倒的多数派は十二イマーム派に帰属し、上に述べてきたシーア派の話は全て十二イマーム派のことである。しかし、現在の世界を見た時に十二イマーム派以外の宗派の役割も無視できない。例えば、イスマーイール派の現在の指導者アーガー・ハーン四世は高級ホテルから航空会社まで所有する実業家で、彼はパキスタンの開発活動に尽力しており、彼の影響力は非常に大きいものがある（子島 2002, 209–216）。ザイド派は名前こそあまり知られていないが、現在のイエメン紛争の片方の勢力であるフースィー派の宗派である。アラウィー派はシリアのアサド大統領の宗派である。これらの宗派はシーア派であるという観点では共通の教義を持つが、シーア派研究者でもない限りその違いや特徴、歴史を知っている人はいないだろう。ただし、筆者の考えでは、少なくともシーア派の圧倒的多数派の十二イマーム派の基本を理解することができれば、その他の少数派の理解はとても容易になる。また、圧倒的多数派であることから一般的に「シーア派」と言った場合はメディアでも本でもイスラーム関連の研究論文でも十二イマーム派を指すことがほとんどである。そこで、本書は原則的に十二イマーム派をシーア派と呼び、イスラームの多数派であるスンナ派との比較という観点のみならず、シーア派諸派との比較という観点からシーア派＝十二イマーム派の思想と実践を概説したい。

また、十二イマーム派という宗派の中にも見解の対立があり、アフバール学派とウスール学派という二つの法学派がある。前者は伝承主義的潮流であり、ムハンマドやシーア派のイマームの残した言葉に忠実に従おうとする集団である。後者は合理主義と言われ、ムハンマドやイマームたちの言葉だけでなく各人の知性的な思考によって宗教規定を導こうとする人々である。イスラームの多数派のスンナ派法学の中にも四つの法学派があるものの、その四大法学派それぞれはお互いをスンナ派として承認し合っている。それに対して、シーア派の中のアフバール学派とウスール学派は必ずしも相互承認するには至っておらず、互いに相手を不信仰者と罵り合うことも少なくない。ただし、現在はウスール学派が圧倒的主流であり、アフバール学派の活動はほとんど見えてこない。現在流通している書物の多くがウスール学派のものであること、アフバール学派の文献の多くはイマームの言葉を並べるだけのものであり彼らの思想を読み取ることが容易でないことから、これまでのシーア派の概説書はウスール学派の思想が中心となってきた。本書の記述も資料の問題でウスール学派の思想の説明が多くなることは否めないが、可能な限りイマームの言葉を引用したり要約したりすることでアフバール学派に特徴的な教義があれば紹介していく。

## 本書の位置付けと特徴

本書はシーア派の思想と実践を詳細に説明するものである。シーア派を主題とする日本語の著作がいくつかあるため、それらを紹介しつつ本書の位置付けと特徴を明確化したい。

日本語でのシーア派思想に関するまとまった書籍は二〇〇〇年代から書かれるようになった。その中でも最初の入門的書籍は桜井啓子『シーア派――台頭するイスラーム少数派』（中央公論新社、二〇〇六年）である。筆者も学部生の時にこの本からシーア派を学び始めたと記憶している。同書は現代イランの「法学者の統治」体制の分析が主軸となっており、初期からのシーア派思想史や同派の教義を説明することを目的としたものではない。また、この書籍から一年後に嶋本隆光『シーア派イスラーム――神話と歴史』

（京都大学学術出版会、二〇〇七年）が出版されており、これはイランから見たシーア派の初期の指導者たち（後述のイマーム）の歴史を分析したものである。

また、現代のシーア派学者たちの主張をそのまま伝える訳書も出版されている。モハンマド＝ホセイン・タバータバーイー『シーア派の自画像――歴史・思想・教義』（森本一夫訳、慶應大学出版会、二〇〇七年）は現代イランにおけるシーア派の最高権威の一人であるタバータバーイー師の著作 *Shī'e dar Eslām* を翻訳したものである。『シーア派の自画像』という訳題が示すように、まさに現代のシーア派学者が自派の教えを記述したものである。『イランのシーア派イスラーム学教科書――イラン高校国定宗教教科書』（二巻、富田健次（訳）、明石書店、二〇〇八年、二〇一二年）はタイトル通り現代のイラン・イスラーム共和国の認めた基本的教えが記されている。

シーア派思想史の研究書としては菊地達也『イスラーム教「異端」と「正統」の思想史』（講談社、二〇〇九年）がある。シーア派と総称される集団の中にもいくつか分派があるが、同書は少数派のシーア派内のさらに少数派に多くの紙数を割いている。筆者も菊地達也（編著）『図説イスラム教の歴史』（河出書房新社、二〇一七年）の中で「シーア派とイラン」という章を担当し、シーア派思想史を概説している。しかし、拙稿は全体の中の一つの章であって、その分量も少なくシーア派の概要を十分に示したものとは言い難い。また、紙数の制限もあり、学説の対立や細かい思想史の流れ、具体的なエピソードなどはほとんど扱えていなかった。

以上のように、シーア派を紹介する書籍はいくつか書かれており、現代のイランの「法学者の統治」が中心であったり、現代シーア派の自己認識としての公式的な教えが説明されてきた。そこには、シーア派教義の変遷や対立、その根拠となるような伝承や議論を解説したりするような視点は弱かったと言えるだろう。その点で、本書はシーア派の思想史と基本的な宗教的実践を日本語でまとめた本邦最初の入門書として位置付けられるだろう。

## 本書の構成

本書の構成は次のとおりである。まず本書は三部構成であり、第一部はシーア派思想史を取り上げ、第二部では教義と実践を取り上げ、第三部ではシーア派の他者観を取り上げる。第一部の第一章「預言者とイマームたちの歴史」では、シーア派が無謬の宗教指導者と見なすイマームという存在がどのようなものであるか、また、彼らが歴史上辿った道のりや、その思想的位置付けなどを取り上げる。第二章「シーア派思想史」では最後のイマームの時代から現代までのシーア派思想史を概略していく。

第二部も二章構成で、第三章は「五信」を、第四章は「一〇行」を詳述する。五信とはアッラーの唯一性、アッラーの正義、預言者性、イマーム性、復活であり、一〇行とは礼拝、斎戒、喜捨、五分の一税(以下、フムス)、巡礼、ジハード、善の命令、悪の阻止、イマームたちへの忠誠、彼らの敵との絶縁、である。これらはスンナ派の「六信(アッラー、天使、啓典、預言者、復活の日、天命)」と「五行(信仰告白、礼拝、喜捨、斎戒、巡礼)」に相当するものである。

第三部も二章構成である。第一部、第二部とは少し内容を変え、主として現代におけるシーア派の他者認識を取り上げる。これについては付録として収載するかどうか迷ったものの、現代のイラン情勢、イスラーム世界の宗派間の問題の理解に大きく寄与できることと筆者の最近の研究のお披露目も兼ねて一つの部として扱うことにした。第五章ではシーア派(十二イマーム派)の他者認識の理論的枠組みを取り上げる。それを踏まえて、第六章では理論がそれぞれの宗派にどのように適用されているかを見ていく。シーア派の正統カリフの捉え方、教友に対する見方、多数派のスンナ派への見方、シーア派諸派についての考えを見ていく。

## 凡例

一、アラビア語、ペルシア語の用語や人名のローマ字表記、カタカナ表記は原則として『岩波イスラーム辞典』に準拠したが、サラートを礼拝、ザカートを喜捨とするなど例外もある。また、筆者が原音に近いと判断した場合やシーア派研究者の間での一般的な用法に従って、カタカナを当てることもある。例えば、一般には「ヒズボラ」、「フーシ派」と呼称されているが、現地での発音に近い発音「ヒズブッラー」「フースィー派」を本書では、採用している。

一、とくに断りのない限り引用文中の（　）は引用者による説明であり、［　］は引用者による訳語の補いを示す。また、本文中における（　）はアラビア語やペルシア語の原綴りの転写や筆者による内容説明である。

一、数字は基本的に本文の中では漢数字を用い、①、②などのように分類する際には算用数字を用いた。二桁以上の数字は一二のように書くこととするが、シーア派の宗派名である十二イマーム派はこの表記が一般的であると思われるため、「十二」と表記する。

一、年号は近代以前についてはなるべくヒジュラ暦と西暦をこの順番で併記する。近代以降はヒジュラ暦を記載せずに西暦だけを記載することが多い。

一、カバー、表紙、本文での図版は、すべて著者が現地にて購入、もしくは撮影した。

# シーア派＊目次

## 第四章　一〇行　223

イスラームの諸派・諸学派の分布

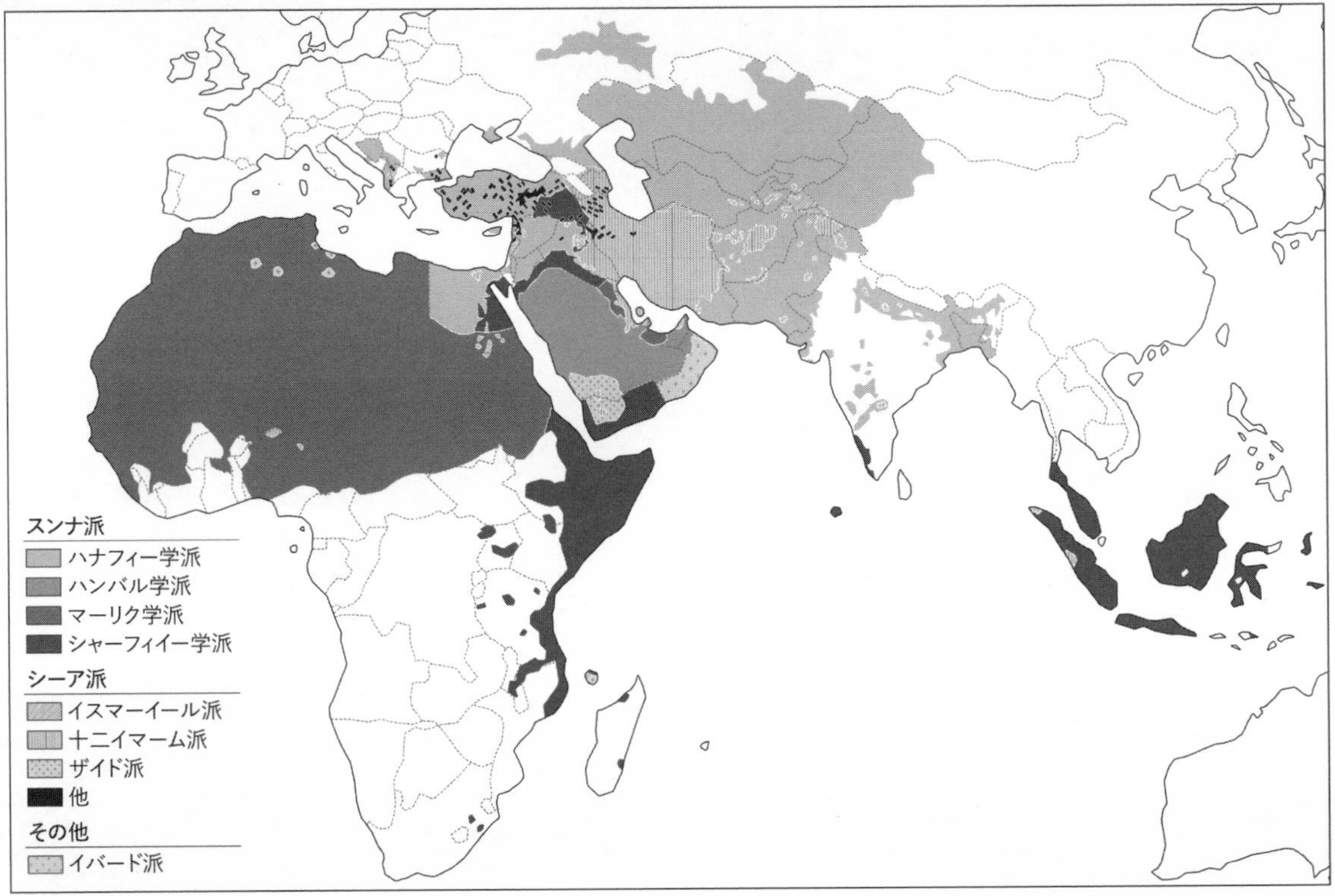

シーア派とスンナ派の分布と割合(括弧内はシーア派の比率)

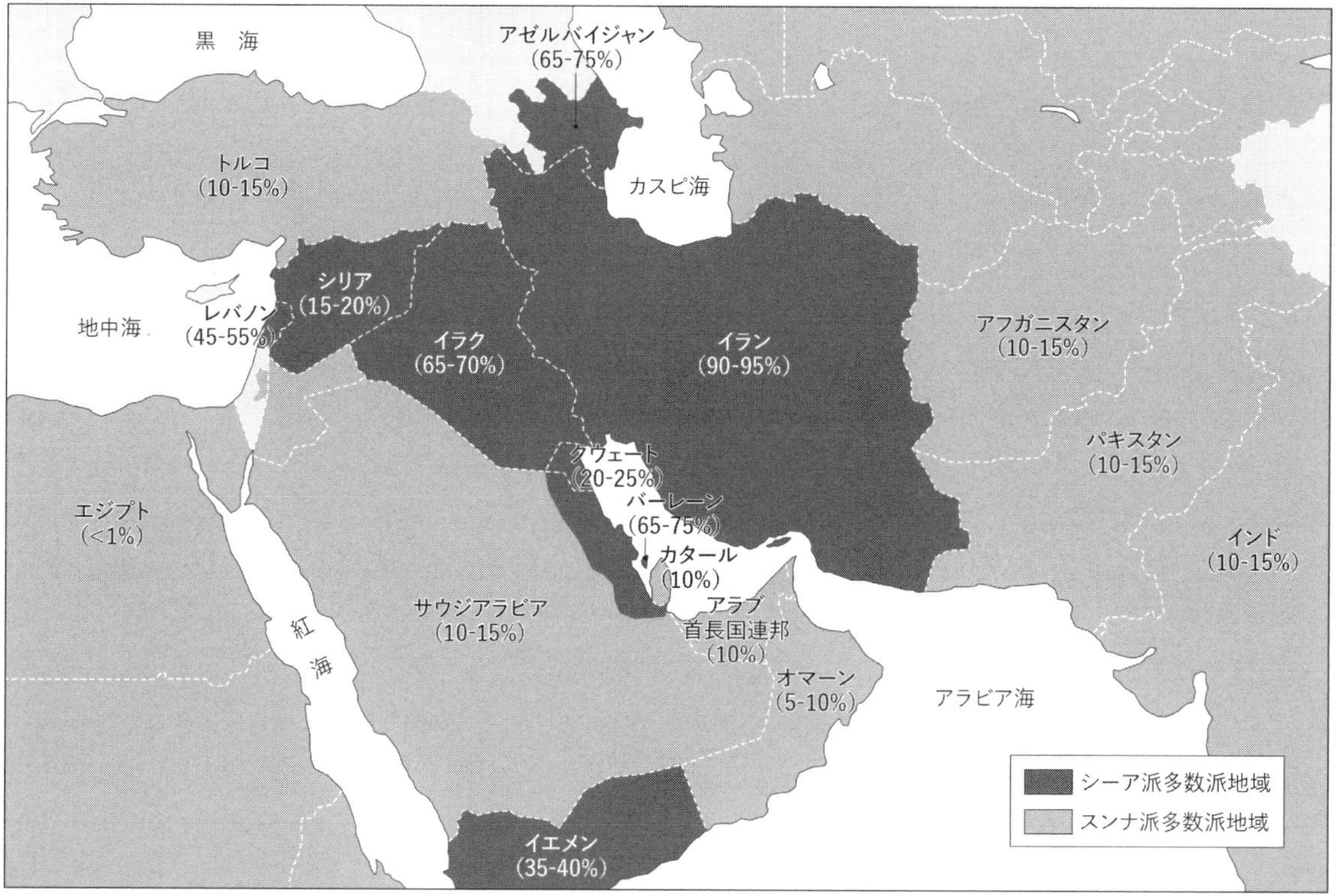

中東の主要地域と都市

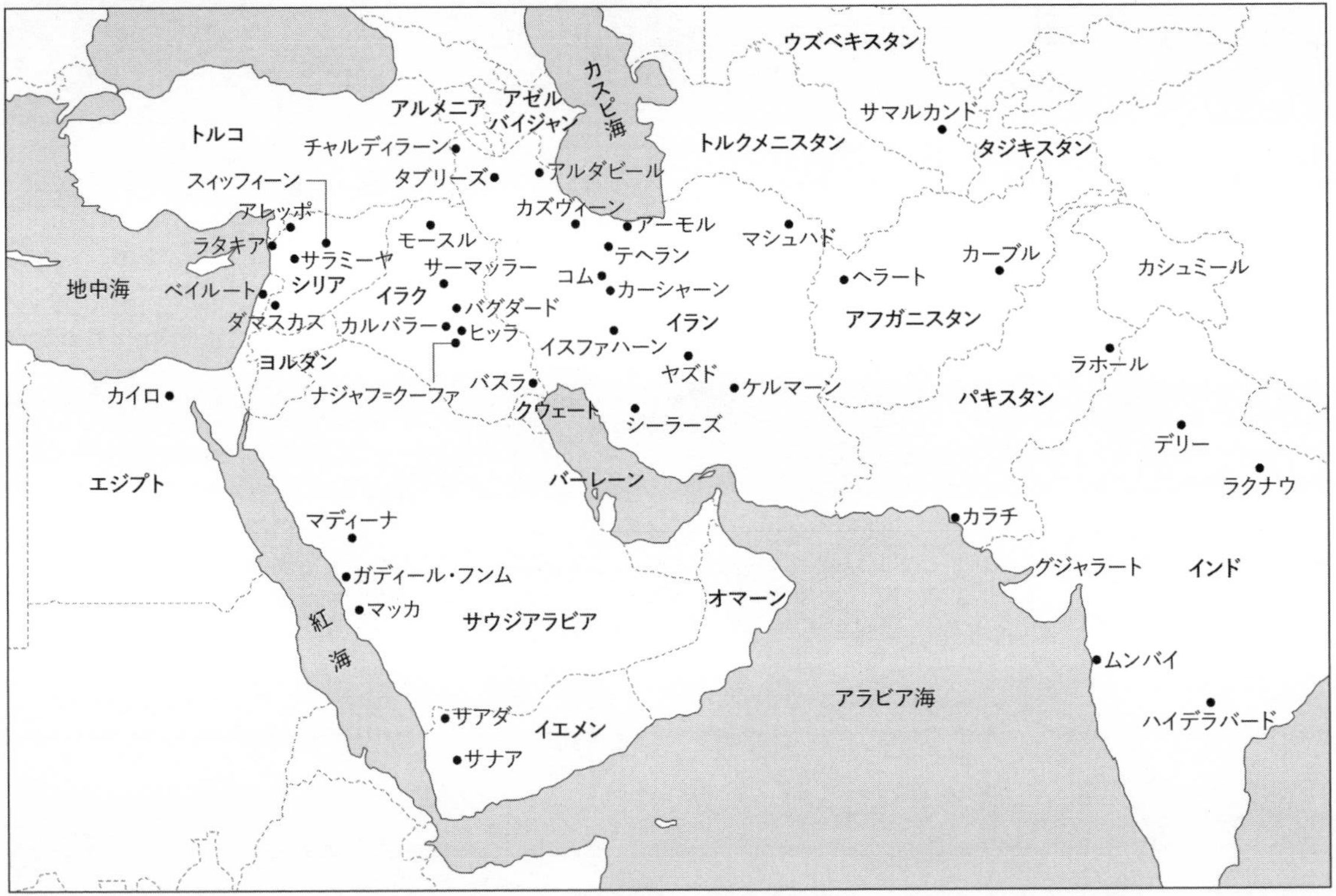

ウズベキスタン
カスピ海
アゼル
バイジャン
アルメニア
トルコ
サマルカンド
トルクメニスタン
タジキスタン
チャルディラーン
タブリーズ
アルダビール
スィッフィーン
カズヴィーン
アレッポ
アーモル
マシュハド
ラタキア
モースル
サラミーヤ
テヘラン
カーブル
カシュミール
地中海
サーマッラー
コム
ヘラート
シリア
ベイルート
イラク
カーシャーン
ダマスカス
バグダード
アフガニスタン
カルバラー
ヒッラ
イラン
イスファハーン
ラホール
ヨルダン
ヤズド
バスラ
ケルマーン
カイロ
ナジャフ=クーファ
パキスタン
クウェート
シーラーズ
デリー
ラクナウ
エジプト
バーレーン
カラチ
マディーナ
グジャラート
インド
ガディール・フンム
オマーン
マッカ
サウジアラビア
紅海
ムンバイ
アラビア海
ハイデラバード
サアダ
イエメン
サナア

# 第一部　シーア派思想史

# 第一章　預言者とイマームたちの歴史

読者はイスラーム教徒になるには何をすれば良いか知っているだろうか？　答えとしては、二つの信仰告白を行うことでイスラーム教徒になれる。二つの信仰告白の内容は「アッラーの他に神はいない」、「ムハンマドはアッラーの使徒である」というものであり、これを信じる人間がイスラーム教徒である。イスラームの考えでは、神とは「崇拝されるもの」を意味し、神として崇拝される対象はアッラー以外には存在しないと信じられている。アッラーはこの世の全てを創造した存在であるため、人間はアッラーの意志に忠実に生きることが求められるが、普通の人間はアッラーと交流する手段を持ってはいない。そこで重要なのが預言者である。アッラーはムハンマドという人物を預言者として選び、彼を通じて人間にメッセージを伝えた。彼を介して伝えられた神の教えこそイスラームである。イスラームのどの集団も共通してこのように信じている。

しかしながら、ムハンマドが没して以降、イスラーム教徒たちは様々な思想を持つようになり、後に宗

**写真3**　アリーの肖像画。シーア派世界ではこの絵がよく用いられている。

派や学派を形成していった。宗派という観点では、イスラーム教徒はスンナ派とシーア派に大別される。本書の中で詳しく説明していくが、「シーア派とは何か」をまず二文で示したい。シーア派は預言者ムハンマドの死後に、彼の従兄弟で娘婿のアリーという人物がイマームと呼ばれる後継者になったと信じる集団の総称である。そしてシーア派は、アリーの死後に代々彼の子孫がイマームに就任したと信じる集団でもある。この二つの文がシーア派の定義といっても過言ではない。このように、シーア派のアイデンティティや起源を考える時に、預言者ムハンマド、アリー、そして、アリーの子孫のイマームたちがその中核にある。本書の取り上げるシーア派は専門用語では「十二イマーム派」とも呼ばれ、彼らはアリーを含む一二人をイマームとして信奉している。

シーア派においてこの一二人のイマームたちは預言者ムハンマドに並んで重要な存在である。そもそも、イスラームにおいて預言者とはアッラーから啓示を受け取った者を指す。イスラームの聖典クルアーンの中で言及される預言者としては、最初の人間であるアーダム（旧約聖書でいうアダム）から始まり、ヌーフ（ノア）、イブラーヒーム（アブラハム）、ムーサー（モーセ）、イーサー（イエス）らがいる。一説では、アッラーは一二万四千人の預言者を派遣したと言われており、その最後の預言者がムハンマドである。ムハンマドは預言者たちの中でも最良の存在であると信じられているため、多数派のスンナ派においてはムハンマドに並び立つレベルの人間は存在しないことになる。イスラームでは、預言者ムハンマドは罪も過ちも犯さないという意味で無謬の存在である。

シーア派の預言者観も右のスンナ派の考えと概ね同じであるものの、一二人のイマームたちはムハンマドとほとんど同列の地位にいる。イマームとは預言者ムハンマドから啓示受容能力以外の全ての継承した存在とされる。シーア派では預言者ムハンマドの持っていた無謬性はアリーに継承され、それはアリーの子孫に代々継承されたとされる。ムハンマドと一二人のイマームを併せた合計一三人は彼ら自体が神の存在証明であるという意味で「神の証（hujja Allāh）」と呼ばれている。神学的にはいちおう預言者ムハンマドは一二人のイマームに優越するとされるが、実質的には同等のレベルで語られていると言って良い（ここまでの議論は第二部を参照されたい）。

## 一二人のイマームたち

預言者ムハンマドの子孫は、彼の娘ファーティマとアリーの間に生まれたハサンとフサインを通じて後代まで続いている。現代の世界には預言者の子孫としてハサンの子孫とフサインの子孫の両方とも存在し、彼らはサイイド（sayyid）やシャリーフ（sharīf）という敬称で呼ばれる。イスラーム教徒、とくにシーア派は、預言者の血を引く者たちに対して大きな敬意を表明する。

シーア派のイマームについてまず次の頁の図1を参照してもらいたい。シーア派によれば、預言者ムハンマドが逝去した後、その権能をアリーが引き継ぎ初代イマームになった。アリーの死後は彼の長男のハサンがイマーム位を継承し、ハサンの死後は弟のフサインがイマームとなった。ハサンからフサインに対するイマーム位の継承は兄弟間で行われたが、フサイン以降は父から子へと継承されるようになった。フサイン以降のイマームたちの名前を列挙すると四代目イマームはアリー・ザイヌルアービディーン（ʿAlī Zayn al-ʿĀbidīn, d. 95/713）で、五代目イマームはムハンマド・バーキル（Muḥammad al-Bāqir, d. 114/733）、六代目イマームはジャアファル・サーディク（Jaʿfar al-Ṣādiq, d. 148/765）、七代目イマームはムーサー・カーズィム

図1　12人のイマーム

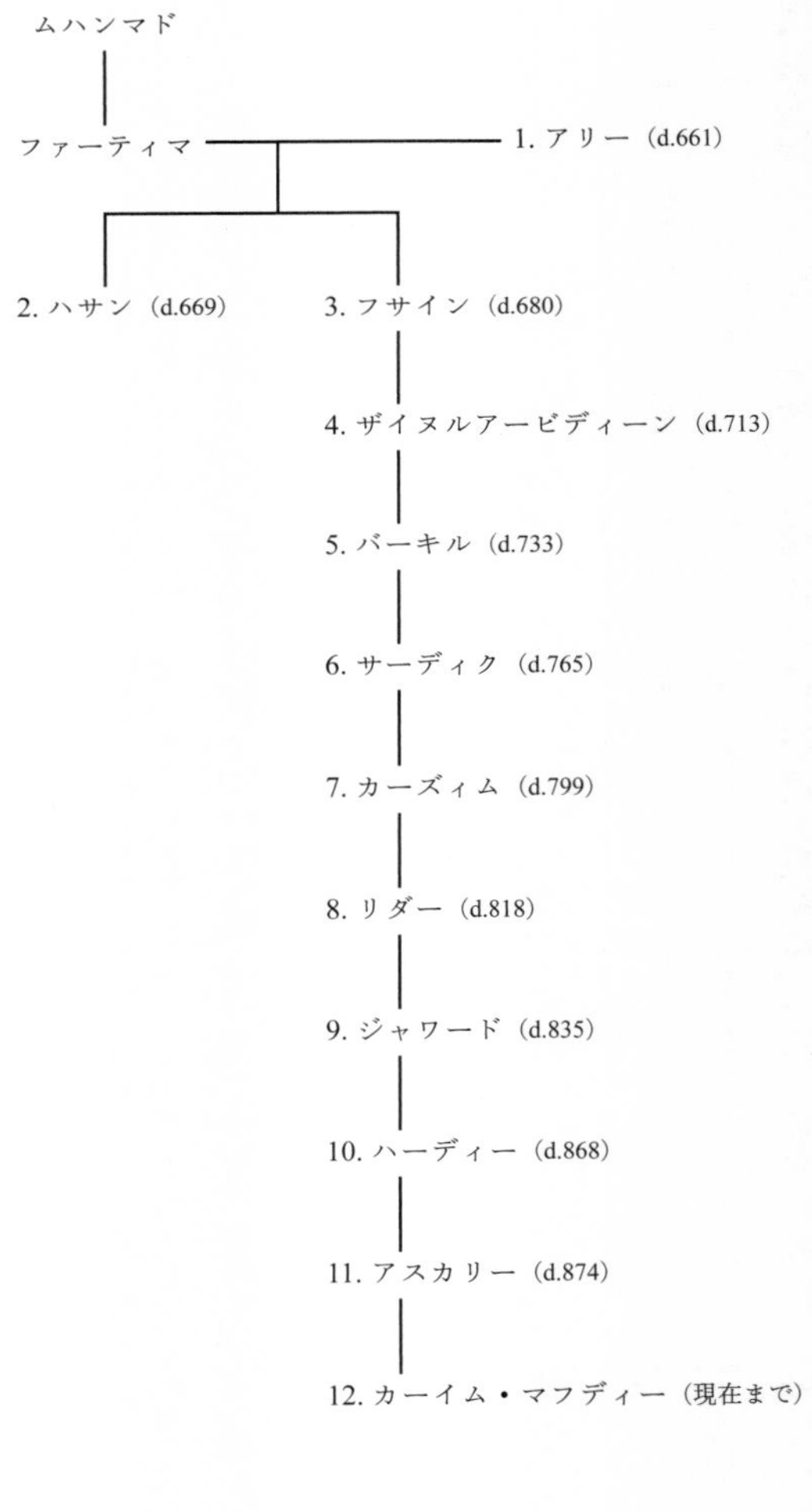


(Mūsā al-Kāẓim, d. 183/799)、八代目イマームはアリー・リダー('Alī al-Riḍā, d. 203/818)、九代目イマームはムハンマド・ジャワード(Muḥammad al-Jawād, d. 220/835)、一〇代目イマームはアリー・ハーディー('Alī al-Hādī, d. 254/868)、一一代目イマームはハサン・アスカリー(al-Ḥasan al-'Askarī, d. 260/874)である。そして一二代目イマームはムハンマド・イブン・ハサン(Muḥammad b. al-Ḥasan)であるが、シーア派の教義によれば、一一代目イマーム・アスカリーは次代のイマームとなる息子の存在をごくわずかな側近にしか伝えていなかったとされる。彼の息子ムハンマドは父の死によって一二代目イマームに就任したと信じられている一方で、

彼はイマームとなる前もなった後も人々の前に姿を現すことがなかった（詳細は後述）。シーア派は、彼をカーイム（al-Qā'im,）やマフディー（al-Mahdī）などの敬称で呼ぶが、カーイムとは「立ち上がる者」、「決起する者」といった意味合いで、マフディーとはいわゆる終末論の救世主メシアを意味する。彼は八七四年にイマームとなってから現在までどこかに隠れながら生き続けており、終末の頃に救世主として再臨すると信じられている。

**写真4**　12人のイマームたちが並べられたポスター。中央のカアバ神殿を挟んで左上がアリー、右上の血を流した人物がフサイン。

スンナ派はクルアーンの次に預言者ムハンマドの言行であるスンナを重要視し、それに従おうとして教義を形成した結果、自らの呼称を「スンナ派」と、正式には「スンナと集団の徒（ahl al-sunna wa-al-jamā'a）」とした。同様にシーア派は預言者と一二人のイマームたちの言行を重要視し、彼らに忠実であろうとした結果「イマーム派（al-Imāmiya）」を自称するようになった。現在までシーア派法学者たちの下す法判断はイマームの言行を典拠とし、世界中のシーア派がイマームたちの誕生日を祝い命日には死を追悼しているように、イマームの存在は彼らの精神的支柱であり続けている。そのため、一二人のイマームたちの歴史は教義という点でも精神性や宗教性という点でもシーア派の成立と教義形成に決定的な影響を与えてきたのである。そこで、本章はシーア派の歴史そのものでもある彼らの生涯をまとめていきたい。なお、図1の中でイマームの名前の後に書いた没年は多数説と思われるものであり、別の学説については各イマームの節で触れていく。

本章では預言者ムハンマドとアリーから初めて、残りのイマームを巡る歴史とそれに対するシーア派の評価を見ていきたい。なお、本章の内容は歴史的事実だけを語るものではないことを予め断っておきたい。本章は神話のような出来事やあまりにも脚色されたかのような物語、明らかな憎悪や愛ゆえの偏った記述などを収録しており、それらの中には歴史学的見地からは誤りや捏造だと判断される記述や物語もある。また、スンナ派にとっては、シーア派独自の伝承などはただの虚偽や捏造としてしか思われないだろう。また、シーア派の中でもどの伝承が真実でどの伝承が捏造であるかについての定説がないことも少なくない。預言者ムハンマドが生きていたのは今から約一四〇〇年前で、その頃の細かな出来事が歴史的事実かどうかを確かめることは困難を伴う。しかしながら、宗教思想においてそれが本当に事実であるどうか、客観的論拠に基づくかどうかは必ずしも重要ではない。日本でも昔から伝わる多くの言い伝えがあって、本当かどうか定かではない言い伝えが地域の信仰やお祭りに関係しているということはよくある。しかしながら、そのような言い伝えや伝承が事実かどうかにかかわらず、多くの信徒はそれを信じているのである。本章の多くの記述は非シーア派の人間から見ればただの物語のようであったり、時には非科学的にすら感じられるかもしれないが、それらはシーア派信徒にとって「非科学的」ではなく、人知を超えた「超科学的」なものであるということを注意しておいてもらいたい。また、後述するように、シーア派の中にもアフバール学派とウスール学派という二つの学派が存在し、それらの中でも歴史的に大きな思想的変化を遂げてきた。そのため、シーア派信徒の中にも本章の記述に必ずしも同意しない者がいる可能性もゼロではない。読者には歴史書を読むつもりではなく一部が伝説によって脚色された歴史物語を読むような心構えでいてもらいたい。

## 預言者ムハンマドとアリー

預言者ムハンマドの生涯についてシーア派の間で伝わる様々なエピソードはスンナ派とほとんど変わらず、彼の経験した出来事についての解釈もほとんど同じである。預言者ムハンマドは西暦五七〇年頃に現在のサウジアラビアのマッカという都市で誕生した。イスラーム世界は西暦とは異なるヒジュラ暦という暦を持っており、ヒジュラ歴はムハンマドがマッカからマディーナに移住した年（西暦六二二年）を元年とする太陰暦である。スンナ派ではムハンマドの生まれはヒジュラ暦の中の第三月であるラビーウルアゥワル月の一二日であったと言われる。[1] シーア派でも預言者の誕生日をスンナ派同様にラビーウルアゥワル月一二日と見なす学者はいるものの（al-Kulaynī 2007, vol. 1, 278）、同派の通説ではイマームの伝承に基づき同月一七日とされる（al-Mufīd 1992–3c, 50）。これは意外にも大きな違いであり、いまも毎年多くのイスラーム教徒がムハンマドの誕生日を祝っているが、同じ地域でもスンナ派とシーア派で異なる日に祝いを行うことになる。

当時のアラビア半島は部族社会によって成り立っており、ムハンマドはマッカの最有力部族であるクライシュ族に属し、ハーシム家という氏族の人間であった。ムハンマドの父アブドゥッラーはムハンマドがまだ母アーミナのお腹の中にいる時に死去している。当時のアラブ世界では父親がいない子供のことを孤児と呼んでいたため、ムハンマドは孤児として生まれたことになる。四歳の時には母アーミナも死去し（al-Kulaynī 2007, vol. 1, 278）、ムハンマドは祖父のアブドゥルムッタリブに引き取られるも、祖父は彼が八歳の時に死去し、彼はその後おじのアブー・ターリブに引き取られ、彼の家で過ごした[2]（ムスタファー 2001, 35; 小杉 2002, 13–14）。このアブー・ターリブという人物がムハンマドの父の兄弟であり、アリーの父親でもある。

ムハンマドは生まれてすぐに、サアド族のもとにひきとられ、ハリーマ（Ḥalīma al-Saʻdiyya）という乳母のもとで育てられたと伝えられている。誕生したばかりのムハンマドがまだハリーマのもとに連れられて行かれるまでの間の出来事について、シーア派では六代目イマーム・サーディクから伝わる次のような伝承がある。

預言者が生まれた時、数日間彼には乳がなかった。そこで、アブー・ターリブが彼を自身の胸に持っていくと、アッラーは彼に乳を下された。アブー・ターリブがハリーマ・サアディーヤを見つけるまでの数日間［預言者は］彼から乳を飲み、そして（アブー・ターリブは）彼女に彼を委ねた（al-Kulaynī 2007, vol. 1, 284）。

この超常的な内容が真実であったかどうかにかかわらず、この伝承はムハンマドにとってアブー・ターリブが親同然であったこと、そのため、まるでムハンマドとアリーが兄弟のような関係であったことを示唆する伝承と評価することができる。[3] その後、ムハンマドはアブー・ターリブの庇護のもとで生活していった。アブー・ターリブはムハンマドを大切に育て、自らの隊商に同伴させて彼を遠くまで連れていくこともあったと伝えられている。

ムハンマドは二五歳の時にハディージャ（Khadīja bint Khuwaylid b. Asad）という四〇歳の女性と結婚し、彼女との間で七人の子宝に恵まれた（小杉 2002, 13; ʻAbbās al-Qummī 2011, vol. 1, 71）。ムハンマドは四〇歳の時に預言者となるが、召命（預言者になること）以前には息子カースィムと三人の娘ルカイヤ、ザイナブ、ウンム・クルスームが生まれており、召命以後に二人の息子タイイブ、ターヒル、そして娘ファーティマが生まれたという。ただし、別の伝承によれば、召命後に生まれたのはファーティマだけであり、タイイブとターヒルは彼の召命以前に生まれたとされる（al-Kulaynī 2007, vol. 1, 278）。いずれにせよ、男の子三人は幼くして亡くなった。

アリーは西暦六〇〇年頃に父アブー・ターリブと母ファーティマ・ビント・アサド（Faṭima bint Asad）の子として誕生した。シーア派の通説では、アリーはムハンマドと三〇歳差であったとされ、ヒジュラ暦の第七の月であるラジャブ月一三日の金曜日にマッカのカアバ神殿の中で誕生したとされる（'Abbās al-Qummī 2011, vol. 1, 205）。

ムハンマドは幼いアリーを迎え入れて、まるで自分の息子のように育てるようになった。その時の状況については次のような逸話がある。アリーの幼少期に旱魃と経済危機がマッカを襲い、子沢山のアブー・ターリブは非常に苦しい経済状況に陥ってしまった。そこで、彼の負担を軽減させるため、まだ預言者になる前のムハンマドはおじのアッバースとともにそれぞれ一人ずつアブー・ターリブの子供を引きとろうと提案した。その時に、ムハンマドはアリーを選んで引き取ったとされる（al-Shīrāzī 2011, vol. 7, 383）。アリーに帰される説教の中で、アリー自身が幼児の頃に引き取られてからのムハンマドとの生活を次のように回顧している。

> かの方は私がまだ子供の頃、私をそばに置いてその胸に抱き締められ、私を寝具でご自身の横で寝かされ、そのお身体に私を触れさせ、私にその芳香を嗅がせられた。彼は食べ物を咀嚼してから私に一口ずつ食べさせてくださった。かのお方は私の言葉に一切の嘘を見出さず、私の行為に誤りを見出さなかった。かの方は離乳なされて以来、夜も昼も美徳と世界の倫理の徳の道に進んでいけるように、アッラーは最大の天使をかの方に付き添わせられた。私は母の足跡についていくラクダのように彼に追従した▼[4]（al-Raḍī 2010, 401–402）。

このアリーの説教にあるように、ムハンマドはアリーを我が子のように育て、アリーもひたむきにムハンマドの美徳や倫理観を学ぼうとしていたようである。

## ムハンマドとアリーの宗教

シーア派の合意するところでは、ムハンマドは預言者となる前において人生のいかなる時でも多神教徒になったことはない。しかし、ムハンマドの信じていた宗教がどのようなものであったかについては見解の相違がある。スンナ派とも共通して多くのシーア派学者たちが主張するのは、ムハンマドが預言者イブラーヒームの宗教を信じていたという説である（al-Shīrāzī 2011, vol. 7, 385–386）。イブラーヒームとは旧約聖書でアブラハムと呼ばれる預言者である。彼は出エジプトの物語で知られユダヤ教徒が信奉するムーサー（モーセ）、キリスト教徒が信奉するイーサー（イエス）よりずっと以前の預言者であったため、彼の時代にはまだユダヤ教もキリスト教も存在していなかった。イスラームの聖典クルアーンによれば、イブラーヒームは真の一神教を信じていた。クルアーン三章九五節では「いや、ひたむきなイブラーヒームの宗旨に従え。彼は多神教徒の仲間ではなかった」と記述されており、イブラーヒームの宗教に従う者たちはハニーフ（ḥanīf）と呼ばれている。[▼5] そして、ムハンマドもハニーフであったという。

それに対して、別の説によれば、ムハンマドはイブラーヒームを含む過去の預言者たちの宗教に従ったことはなく、彼のためだけの特別な法に従っていた。アッラーからの啓示を受け取るようになる前までは、ムハンマドは天使たちが彼に語りかける声を聞いて行動したり、夢の中で霊感を受け取ったりして、真理の道を進んでいたという（al-Shīrāzī 2011, vol. 7, 385–386）。

シーア派では、ムハンマド同様にアリーも生まれてから一度も多神教に陥ったことはないと信じられている。シーア派のイマームたちは生まれてから死ぬまで無謬であるとされているため（第三章参照）、アリーが大罪たる不信仰に陥ったことがないという帰結はシーア派の教義上必然である。アリーは物心ついた頃からムハンマドを模範に生きてきたため、彼の宗教はムハンマドの宗教と同じである。

## ムハンマドの預言者性

ムハンマドは四〇歳の時にアッラーからの啓示を受けて預言者となった。当時のアラビア半島には多神教が広まっており、イスラームの世界観ではこのイスラーム勃興以前の時代はジャーヒリーヤ時代と呼ばれている。ジャーヒリーヤ時代とは無道時代や無明時代と訳されることが多く、宗教的に退廃した時代として理解されている。ジャーヒリーヤ時代のクライシュ族は一年間のうち一ヶ月間をヒラーという名前の洞窟に籠って信仰活動に従事するという習慣を持っていたという（イブン・イスハーク 2010, 230; al-Sobḥānī 1998, vol. 121）。ムハンマドは多神教徒ではなかったが、彼らと同様にこれを行なっており、四〇歳になる年も一ヶ月間ヒラー洞窟に籠っていた。

スンナ派でよく知られている物語によれば、ヒジュラ暦第九の月であるラマダーン月にムハンマドが一人でヒラー洞窟に籠っていたところ、天使ジブリール（ガブリエル）が彼の前に現れたという。ジブリールが「詠め」と言ったが、スンナ派ではムハンマドは盲目であったとされているため、ムハンマドは「詠めません」と答えた。すると、ジブリールはムハンマドを摑んで覆いかぶさり、彼が苦しくなると離して、また「詠め」と言った。この「詠め」、「詠めません」のやり取りを三回した後で、最初の啓示である「詠め、お前の主の御名において、創造し給うた（主の御名において）。彼は人間を凝血から創造し給うた。詠め、そしてお前の主は最も気前よき御方であり、筆によって教え給うた御方であり、（つまり）人間に彼（人間）の知らなかったことを教え給うた」（クルアーン九六章一から五節）が啓示された。この出来事を聞いて最初にイスラームに改宗したのが妻のハディージャであり、二人目が当時一〇歳のアリーであったという（ムスタファー 2001, 43–45; イブン・イスハーク 2010,vol. 1, 231）。

このムハンマドの最初の啓示の物語ではアリーは確かに最初の男性ムスリムではあるものの、直接的にこの出来事に関与しているわけではなく、改宗順もハディージャの後の二番目の人間となる。それに対して、シーア派の有力説によれば、アリーはムハンマドの話を事後に聞いて彼を信じて改宗したのではなく、ジブリールが現れたその瞬間にハディージャとともに最初の啓示に立ち会っていた。アリー自身が啓示の瞬間を回顧して「私は啓示と使徒性の光を見て、預言者性の匂いを嗅いだ」と語ったと伝えられている（al-Raḍī 2010, 402）。アリーが同席していたことを確かめる状況証拠の一つとして、幼い頃のアリーはいつも預言者に同行して離れることはなく、預言者もアリーを砂漠や山までも連れていっていたという歴史書の記述が挙げられる。そして、シーア派の伝承によれば、啓示を受けた直後にムハンマドはアリーに対して「もし私が預言者たちの封印（つまり、最後の預言者）でなかったならば、あなたも預言者性を担っただろう。だが、あなたは預言者ではなく、あなたは預言者の遺言執行人にして、相続人である。いや、あなたは遺言執行人たちの長にして敬虔な者たちのイマームとなるだろう」と話した（al-Sobḥānī 1998, vol. 121; al-Shīrāzī 2011, vol. 7, 383–384）。

啓示と使徒性の光を見た後にアリーはその場で大きな呻き声を聞いた。そして、その声のことを預言者に尋ねると、ムハンマドはそれが悪魔の声であると伝え、「私に聞こえるものをあなたも聞くことができ、私に見えるものをあなたも見ることができる。しかし、あなたは預言者ではなく、宰相である」と語ったという（al-Sobḥānī 1998, vol. 121）。

以上のようなムハンマドが預言者になった際の物語についてのスンナ派とシーア派のヴァリエーションの違いは、主としてアリーがその場に立ち会っていたかどうかということである。シーア派版の伝承では、ムハンマドが預言者になったその時がアリーに対する最初の後継者指名の時として理解されている。

## マディーナへの聖遷まで

イスラームの多くの伝承で伝えられるところによれば、ムハンマドは預言者となって最初の三年ほどは公の布教をしておらず、イスラーム教徒は親類や友人など少数の人々に限られていた。その後、預言者ムハンマドが当時のアラビア半島で信奉されていた多神教を公に否定し、一神教のイスラームを宣教したことで、マッカのクライシュ族から大きな反感を買った。そして、すぐにムハンマドらに対する迫害が始まったが、おじのアブー・ターリブがマッカでムハンマドを庇護していたため、彼自身に直接大きな攻撃がなされるということはなかった。その状況が一変するのが、ムハンマドが預言者になってから一三年ほど経った時である。

六二二年に最愛の妻ハディージャが亡くなり、そしてまもなくして庇護者であったアブー・ターリブが亡くなったのである。シーア派とスンナ派はアブー・ターリブが死ぬ前にイスラームに改宗していたかどうかで見解を異にする。スンナ派の多数説ではアブー・ターリブは預言者ムハンマドを多神教徒から庇護してきたものの、彼自身はイスラームに改宗していなかった。スンナ派の伝える預言者の言葉によれば、アブー・ターリブはイスラームに改宗していなかったために懲罰の最も軽いところではあるものの火獄に行くとされる（Muslim 1998, 114–115）。それに対して、シーア派はアブー・ターリブが多神教徒であって火獄に落ちるという伝承を否定し、預言者がアリーに命じてアブー・ターリブのためにイスラーム式の葬儀を挙げたことなどを根拠として、アブー・ターリブはこっそりとイスラームに改宗しており、ムハンマドやアリーには改宗を伝えていたものの、それを公表していなかっただけであると主張する（al-Mufīd 1992–3d, 18–26; al-Kulaynī 2008, vol. 1, 284–285）。

ムハンマドはアブー・ターリブの死によって庇護者を失い、ハディージャという精神的支柱を失い、西

**写真5** ズルフィカールの模型。筆者がインドで購入。

暦六二二年にマッカを離れてマディーナに移住した（al-Kulaynī 2008, vol. 1, 278）。この移住のことをヒジュラと呼ぶ。マッカ脱出とマディーナ到着までの物語はスンナ派もシーア派も大きな違いはないようで、クライシュ族の刺客がムハンマド殺害に来た夜、アリーが預言者の寝台に入って敵を攪乱している間にムハンマドはアブー・バクルとマッカを脱出し、マディーナに逃げていった。アリーは数日かけて預言者に頼まれていた物事（借りていたものを持ち主に返却し、借金を返済すること）を済ませてから、マディーナに向かったという（Mufīd 2007, 31–35）。

## ヒジュラ後のムハンマドとアリー

ムハンマドとともにマッカからマディーナに移住した人々はムハージルーン（muhājirūn, 移住者たち）と、マディーナにもともと居住しており彼らを迎えた人々はアンサール（anṣār）と呼ばれる。ムハンマドはヒジュラの後まもなくしてムハージルーンとアンサールの間の絆を強固にするため、それぞれの集団から一人ずつペアで兄弟の契り（mu'ākhāt）を結ばせた。この時にムハージルーンの一人であるムハンマドは同じくムハージルーンの一人であるアリーを指名し、彼と兄弟の契りを結んだ。ムハンマドはアブー・ターリブに育てられたためアリーと兄弟のようであったが、この時に晴れて宗教的に兄弟の関係となったのである。シーア派ではこの兄弟の契りはアリーがムハンマドの後継者であることとの重要な根拠とされている（Amir-Moezzi 2011, 34）。

シーア派において兄弟の契りよりも重要な出来事は、ヒジュラ暦二年に預言者がアリーを自分の娘のファーティマと婚姻させたことである（al-Mufīd 1992–3c, 36）。ファーティマは預言者の召命から五年後に生まれたとされるため、預言者召命の時一〇歳のアリーとは一五歳ほどの歳の差があった。ムハンマドはアリーの兄のようでもありながら、彼を育ててきた父のようでもあった。そこで、アリーに娘と婚姻させることによって、正式にアリーを義理の息子としたのである。そして、この二人の間から預言者の孫のハサン、フサインが誕生し、彼らが後のシーア派イマームとして成長していくことになる。

ヒジュラ後のイスラーム共同体はマッカなどの多神教徒との戦いに専心した。このようにイスラームの大義のために異教徒と戦うことをジハードと呼ぶ。アリーは常にジハードで勇猛果敢に戦ったことが知られており、預言者からズルフィカール（dhu al-fiqār）という名の剣を受け取ったことは今もムスリム世界で有名である（写真5）。

## アリーの超人的側面

シーア派伝承の中にはアリーの超人的側面を強調する伝承がとても多くある。ここでは、後のシーア派思想史の中で問題となり得る伝承を含めていくつか紹介する。

シーア派伝承によれば、預言者は大人になっても常にアリーを連れて移動し、アリーも彼の家を頻繁に訪れていた。その折々に預言者はアリーにイスラームを教え込み、最後の審判の日までに起こる全ての出来事に至るまで自身に啓示された全ての知識を伝授した。そして、預言者がアッラーに祈願すると、アリーはそれを忘れることがなくなったという（al-Kulaynī 2008, vol. 1, 36–37）。ムハンマドの死後に行われたアリーの説教によれば、彼はあまりにも膨大な知識を持つあまり、もし自分の持つ全ての知識を語ったとすれば、人々がムハンマドを信じるのをやめてしまいアリーを崇めてしまうのではないかと懸念していたようである（al-Raḍī 2010, 332）。また、預言者はアリーに対して次のように語ったという。

あなたにはイーサー・イブン・マルヤム（マリヤの子イエス、イエス・キリストのこと）の面影がある。キリスト教徒がイーサー・イブン・マルヤムに対して主張したようなことを私のウンマ（イスラーム共同体）の一部が言うようなことがなければ、あなたが人々のところを通った時に彼らがその恩寵を得ようとしてあなたの足元から土を手にとることになるような、そのような言葉を私は言うだろう（al-Shīrāzī 2011, v. 6, 370; Ibn Abī al-Ḥadīd 1959, v. 10, 12）。

キリスト教徒がイーサーに対して行ったのは彼が神であるという主張である。歴史的にはアリーの死後にアリーを神格化する集団が現れて、彼らは「極端派（ghulāt）」と呼ばれた。この伝承によれば、ムハンマドは人々がアリーを神格化することを懸念しており、アリー自身もそれを懸念していたということになる。

宗派問わず、イスラーム教徒は預言者ムハンマドが一夜にしてマッカからエルサレム（現パレスチナ）のある地点（現在はその上に岩のドームという呼び名で知られるモスクが立っている）まで移動し、そこから天に昇っていって、天使ですら到達できない最上層まで至り、そこでアッラーに謁見し、それからマッカに帰還したと信じている。一夜にして行われたこの一連の出来事を「夜の旅と昇天（al-isrā' wa-al-mi'rāj）」と呼ぶ。スンナ派の伝承ではこの時にアッラーが預言者ムハンマドに命じたのは礼拝の義務であったとされるが（Muslim 1998, 164）、シーア派伝承ではアリーのイマーム位（もしくは、アリーのイマーム位を伝えるという義務）であったとされる（'Abbās al-Qummī 2011, vol. 1, 79）。

宗派を問わずイスラームの伝承において預言者ムハンマドはこの夜、天使たちに付き添われてブラークと呼ばれる馬のようなものに乗り天を昇っていったとされ、その時にいかなる教友も同行していなかった。それにもかかわらず、昇天についてのシーア派伝承の中にはアリーについての記述がある。その一つに預言者が天でアリーのような者と会ったというものがある。預言者がアッラーの玉座の下まで辿りつくと、そこにはアリーがいたという。預言者は「アリーよ、私より先に来ていたのか」と言って、いくつかの言葉を交わした。すると、天使ジブリールは預言者に「ムハンマドよ、この者はアリーではなく、慈悲深き御方（アッラーのこと）の天使である、アッラーはこの者をアリー・イブン・アビー・ターリブ（アブー・ターリブの息子アリー）の姿で創造されたのだ」と告げた。そして、ジブリールが説明するに、アッラーがその天使をアリーの形で創造した理由は、天使たちがアリーに会いたくなった時に、アリーの写し身である天使のところに来て満足できるようにするためであるとされる（al-Majlisī 1983, vol. 26, 306）。

また、ムハンマドは天の最上層で天使たちですら足を踏み入れることができない極致で「弓二つの間隔、あるいはさらに近かった」（クルアーン五三章九節）と比喩されるほどの近さでアッラーと対面した。あるシーア派伝承によれば、帰還した後の預言者ムハンマドは「昇天の夜、あなたの主は何の言葉であなたに話し給うたのですか」と弟子に質問され、以下のように回顧して話すに、アッラーはアリー・イブン・アビー・ターリブの言葉で話しかけたという。天の極致で預言者が「主よ、あなたが私に話しかけておられるのですか、それともアリーですか」と質問すると、アッラーは以下のように述べたという。

> ムハンマドよ、我は何物のようでもなく、人々でなぞらえられず、物事で描写されることはない。我はおまえを我が光から創造し、アリーをお前の光から創造した。我はお前の心のうちを知っている。我はお前の心にアリー・イブン・アビー・ターリブよりも愛するものを見出さなかった。だからこそ、お前の心を安心させるために、彼の舌で話しかけたのである（al-Kāshānī, 1959–60, vol. 3, 177）。

この伝承は必ずしも全てのシーア派が真と思っているわけではないようであるが、これを収録する伝承集は少なくない（al-Majlisī 1983, vol. 107, 31; al-Khwārazmī 2004–5, 78）。

ここまでは、世界の創造以降の現世で起こっている事柄であった。これらに加えて、シーア派伝承集には世界の創世時点でムハンマドとアリーが密接な関係にあったことを主張する伝承が多く収録されている。いくつかのヴァリエーションがあるが、一例をあげれば、イマーム・サーディクの次のような伝承がある。

祝福多くいと高きアッラーは仰せられた、「ムハンマドよ、実に我はお前とアリーを光として、すなわち、我が天も地も玉座も海も創造する前に［お前たちの光を］肉体無き霊（rūḥ）として創造した。そしてお前は我を唯一神として崇拝し、称賛し続けた。それから我はお前たち二人の霊を集めて、その二つを一つにし、それ（ムハンマドとアリーの霊）は我を称賛し、崇拝し、唯一神崇拝していた。それからそれ（ムハンマドとアリーの霊）を二つに分け、その二つをさらに二つに分けて、四つとなった。ムハンマドが一つで、アリーが一つで、ハサンとフサインが二つである（後略）（al-Kulaynī 2007, vol. 1, 279）。

ムハンマドとアリーの光が創造された時代は天地創造以前であり、この世界は「影的世界（ʻālam al-aẓilla）」や「粒子（dhurr）」などと呼ばれる。影的世界にはムハンマドとアリーの光から生まれた預言者の娘ファーティマとアリー以降のイマームたちもいたとする伝承もある（al-Kulaynī 2007, vol. 1, 279）。このムハンマド的光という概念はスンナ派の神秘主義の中にも見出され、その光はアーダムの腰に入れられ、最終的に歴史的な預言者ムハンマドに至ると言われる（竹下 2009, 731）。そのため、神秘主義の文脈では一見問題なさそうな伝承とも言えるが、これらの伝承はアリーを神格化する極端派思想にしばしば見られるものでもある。「影」とは肉体のような質料を持たない霊的存在者のこととされ、極端派の初期の文献にもたびたび見られる（菊地 2021, 35）。影的世界や粒子の中で霊が創造され、その後肉体が創造されて、霊と肉体が合わせられて現世に生まれるという思想はそれ自体が輪廻論であるという批判がシーア派の中にあり、一一世紀以降には影的世界の主張はほとんどなされなくなった（al-Mufīd 1992–3b, 82–86）。

## 後継者指名——公的かつ私的指名

後にシーア派とスンナ派の分裂のきっかけとなった出来事が預言者ムハンマドの死後の後継者に誰が就任するかという問題であった。スンナ派の理解では預言者は特定の人物を後継者として指名していなかったとされるが、シーア派では預言者が何度もアリーを私的にも公にも後継者として指名していたとされる。上記の「ムハンマドの預言者性」の節で、アッラーからの最初の啓示を受けた直後の「あなたは預言者ではなく、あなたは預言者の遺言執行人にして、相続人である。いや、あなたは遺言執行人たちの長にして敬虔な者たちのイマームとなる」という言葉も最初の私的な後継者指名（naṣṣ）と捉えることができる。以下、数ある後継者指名の中でも代表的なものをいくつか紹介したい。

### 位階の伝承

預言者ムハンマドが自身とアリーの関係を過去の二人の預言者ムーサー（モーセ）とハールーン（アーロン）になぞらえた伝承である。

アリーよ、私の後に預言者はいないので、預言者性以外において私にとってお前がムーサーにとってのハールーンの位階（al-manzila）にあることにお前は満足しないのか。

ムーサーは出エジプト（古代エジプトで奴隷にされたり虐げられていたイスラーイール（イスラエル）の民をムーサーが導き、海を割って逃げた出来事）で有名な預言者であり、ハールーンは彼の兄弟でムーサーがアッラーに頼んだことで預言者になった人物である。クルアーン七章一四二節から数節では、海を割ってファラオの軍勢から逃げ切った後に、ムーサーがシナイ山に登っていく場面が描かれる。その際に、ムーサーはハールーンを代理人としてイスラーイールの民のもとに残してシナイ山に登り律法書を与えられた。この物語を背景として、預言者ムハンマドはアリーが預言者ではないものの自分の代理人であると述べたのである、とシーア派では考えられている（al-Sobḥānī 1998, 188）。

### マントの伝承

シーア派においてイマームたちが無謬であることの啓典上の根拠はクルアーン三三章三三節「アッラーはただ、この家の人々（ahl al-bayt）よ、お前たちから汚れを取り除き、そしてお前たちを清らかに清めたいと欲し給うのである」である。この節が下された際に、アリー、そして彼の二人の息子のイマーム位も明示されたとされる。この出来事についても多くの伝承集に収録されており、若干の表現上の違いはあるものの、概ね以下のような内容である。預言者が妻の一人ウンム・サラマの家にいた時に、彼はアリーとファーティマ、孫のハサン、フサインを呼び、マント（kisāʾ）に自分を含めて五人で入って、「アッラーよ、これが私の家の人々（ahl baytī）です。彼らから汚れを取り除き、彼らを清らかに清め給え」と言ったという。ウンム・サラマが家の人々に自分も含まれるかを尋ねると、ムハンマドは「お前は善の上にいる」と返答したという。この時にクルアーンの上の節（三三章三三節）が啓示された（Furāt 2011, vol. 1, 331–342）。

この伝承はスンナ派も支持する伝承であるものの（Ibn Ḥanbal n.d., vol. 44, 217）、スンナ派には預言者の家の人々はこの五人だけであるという説以外にも、預言者の妻たちも含むという説や彼のおじやその子孫までを含む巨大な家族を指すという説もある。それに対して、シーア派では預言者の家の人々は彼ら五人だけであり、彼の妻や親類は含まれない（Amīn 2021, 50–51）。

**方舟の伝承**

預言者が自身の家族、つまりシーア派の考えるアリーらイマームを預言者ヌーフ（ノア）の方舟（safīna）にたとえるものである。

実にお前たちの中での私の家の人々（ahl baytī）は彼の民の中でのヌーフの方舟のようである。それに乗る者は救われ、それから離れる者は溺死する（al-Sobḥānī 1998, 189）。

旧約聖書の中のヌーフ（ノア）の方舟の物語は日本でもよく知られているだろう。ヌーフの時代に世界を覆うほどの巨大な洪水が起き、ヌーフに従いその方舟に乗った者たちと彼らが乗せた一対の動物たちのみが生き残ったとされる。ここでのムハンマドの言葉はアリー自身に対する後継者指名ではないが、彼の「家の人々」にすがることで人間が救済されるということを示した伝承として頻繁に引用される（al-Sobḥānī 1998, 189）。なお、「家の人々」とはマントの伝承でのアリー、ファーティマ、ハサン、フサインを、もしくは、後のイマームたち全員を指す。

**二つの重荷の伝承**

預言者は亡くなる三ヶ月ほど前に生前最後のマッカ巡礼を行った。それは「別離の巡礼（hajja al-wadāʻ）」という名前で知られている。別離の巡礼の際に預言者は次のように語ったという。

実に私は二つの重荷（thaqalayn）を残す。それはアッラーの書と私の家族にして私の家の人々（ʻitratī ahl baytī）である。この二つにすがっていれば、決して迷うことはない。この二つは［来世で］私のいる溜池に到達するまで決して離れることはない（al-Sobḥānī 1998, 191）。

これもアリーを名指ししての指名ではないものの、預言者が自身の後継者に自身の家族を選んだことを示す伝承であるとされる。なお、スンナ派でも同様の伝承が収録される（Ibn Ḥanbal n.d., vol. 17, 170）。

**ガディール・フンムの伝承**

これまでの様々な指名はアリーを含む少数人に向けてのものであることや、限定的な文脈で話すものが多かった。アリーに対する公式の後継者指名が為されたのはガディール・フンム（フンムの溜池）という地においてである。別離の巡礼を終えた預言者はマディーナへの帰り道に草も水もない暑い土地であるガディール・フンムで立ち止まった。そこで「使徒よ、お前の主からお前に下されたものを伝えよ。もしお前が行わなければ、お前は彼の便りを伝えたことにはならない。そして、アッラーはお前を人々から守り給う」（クルアーン五章六七節）という啓示をアッラーから受け取ったという。それからムハンマドはアッラーからの便りを伝える決意をし、集まった人々の前で「二つの重荷の伝承」を語ってから、アリーの手を掴んで上に挙げて、「人々よ、信仰者たちにとって自分自身より近いのは誰ですか（man awlā al-nās bi-al-muʼminīn min anfusi-him）」と声をかけると、人々は「アッラーと彼の使徒が最もよくご存知です」と返答した。すると、預言者は「実にアッラーは我が主人（mawlā-ya）です。また、私は信仰者たちの主人（mawlā）であり、私は彼らにとって彼ら自身よりも近いのです。それで、私が主人であるような者は、アリーがその者の主人となるのです。アッラーよ、彼を援助する者を援助し、彼に敵対する者に敵対し、彼を愛する者を愛し、彼を憎む者を憎み給え（後略）」と宣言した（al-Sobḥānī 1998, 192–194）。

スンナ派でも同じような伝承が伝わっていることから、この出来事は実際に行われたものと考えられるだろう。ここでスンナ派とシーア派の間で争点となるのは、引用文中で「主人」と訳した mawlā という単語の意味の解釈である。シーア派は mawlā を「服従すべき主人」と解釈するのに対して、スンナ派の中にはいくつかの学説があるが、一説では mawlā は「助け手 nāṣir」を意味するという。そのため、「私を助け手とする者にとって、アリーもその者の助け手である」と理解され、その意味合いは「私に世話になった者はアリーにも世話になるように」というほどのニュアンスであったと言われる（水上 2019, 31–33）。

## 預言者の死とカリフ位

六三二年、ガディール・フンムでの後継者指名が為されてまもなくして預言者ムハンマドは息を引き取った。預言者が実の弟や子供のように深く愛したアリーはそれ以降、受難の日々を過ごすこととなった。アリーが近親者としてムハンマドの葬儀の準備に取り掛かっている最中に、マディーナのサーイダ家の集会所（saqīfa）でムハンマド亡き後のイスラーム共同体を誰が統治するかについての話し合いが密かに行われていた。[6] そこではマッカ時代からムハンマドに付き従ったムハージルーンと彼を迎え入れたマディーナの人々であるアンサールの間の意見の対立が起き、彼らそれぞれが別の指導者を立てるという共同体分割案を唱える者も現れた。しかしながら、事態は後の第二代正統カリフ・ウマルの提言のもとで預言者の旧友であるアブー・バクルをカリフに擁立することでまとまった（森・柏原 2001, vol. 1, 71–75）。この出来事は一時的にイスラーム共同体を一つにまとめることに繋がったが、スンナ派とシーア派が分裂するきっかけとなった。問題となったのは預言者の近親者であるアリーがこの合議に立ち会っていなかったことである。

スンナ派の一部の伝承やシーア派伝承によれば、アリーはカリフ位が自身の権利であると考えており、この決定に異を唱え、カリフ位を主張するアブー・バクルへの忠誠の誓い（bay'a）を拒否したとされる。両派共通の理解として、アリーは説得されて最終的にアブー・バクルに忠誠を誓ったものの、シーア派伝承によればアリーは数々の脅迫を受けた結果、イスラーム共同体の分裂を回避するためにやむを得ずカリフ位を譲ったとされる。真正性の確かでない伝承によれば、ウマルがアリーの家に突入しようとし、その門に放火し、ファーティマを鞭で打って拷問し、また、アブー・バクルはある人物にアリーの殺害を命じていたとまで言われる（Sulaym 1999–2000, 377–386）。

彼のカリフ位を受け入れた後も、アブー・バクルとの対立は続いた。スンナ派も認める伝承では、ファーティマは預言者の所有していたファダクという土地の所有権を主張したが、アブー・バクルは「我ら預言者は相続されることはない。我らの残したものは寄付（ṣadaqa）である」とムハンマドから個人的に聞いていたと主張し、ファーティマの求めを拒否した。これにはアリーもファーティマ側に加担し、アブー・バクルは最終的にファダクの相続を認める文書を発行したという。しかし、ウマルがそれを破り捨てて妊娠中のファーティマの腹を殴りつけ、流産させた。そして、それ以降、ファーティマはアブー・バクルらと死ぬまで会話を交わすことがなかったという。彼女は預言者の死後六ヶ月、もしくは七五日や四〇日後に死亡したとされるが、アブー・バクルが自身の葬儀に参列するのを嫌悪し、アリーに秘密裏に埋葬するように懇願したという。そのため、現在までファーティマの墓の正確な場所はわかっていない。なお、ファダクの地は後にウマイヤ朝カリフ・ウマル二世によってアリー家に返還された▼7（Ayoub 1979, 49–50; al-Ḥillī 1988, 349–350, 356）。

二代目のカリフにはアブー・バクルの後継者指名によってウマルが就任した。アリーはアブー・バクルとウマルの時代は政権とは距離をとっていたが、ウマルとの間によく知られた逸話がある。ある日ウマルのもとに姦通を犯し妊娠した女性が連れてこられた。ウマルは彼女に既婚者の姦通に対する刑罰である石打ち刑を宣告したが、そこにアリーがやってきて彼女が重度の精神疾患を抱えており責任能力がないこと、そのため、彼女は罰せられるべきではないということを指摘した。すると、ウマル自身が「アリーがいなければウマルは滅んでいただろう」と言って、彼女を釈放したという（al-Ḥillī 1998, 349–350, 354）。

ウマル以降のカリフたちは「信徒たちの長（amīr al-mu'minīn）」と呼ばれるようになった。スンナ派では最初に「信徒たちの長」と呼ばれたのはウマルであると言われるが、シーア派では「信徒たちの長」とはアリーだけが持つ称号であり、この称号はアリーがカリフとなった時に得たものではなく、原初からアッラーが定めたものだとされる（Furāt 2011, vol. 1, 146; al-Ḥaqqānī 2022, 52）。

ウマルの死後、次のカリフはアリーを含む六人による合議で決定することとなった。▼8 そこで選ばれたのがウスマーンである。

## アリーのカリフ時代――アリーの党派の出現

預言者ムハンマドの生存時からアリーの周りには少数ながらも彼に深く心酔する教友たちがいた。シーア派はアリーの初代カリフとしての権利を認めなかった大半の教友たちに激しい非難を行ってきたが、同派はアリーの信奉者の教友は非常に高く評価してきた。有名な人物にはサルマーン・ファーリスィー、フザイファ、ミクダード、アブー・ザッル、アンマール、アブドゥッラー・イブン・マスウードらがいる。とくに後者三人に対してはカリフ時代のウスマーンが厳しい対応を見せ、彼らは更迭、追放、暴力、迫害を被ったことでも知られる（森・柏原 1996, vol. 2, 111–118）。

ウスマーンは自分の親族であるウマイヤ家の人々を厚遇し、政権の要人にウマイヤ家の人物を多く登用した。そのような縁故主義や政治的な汚職に対して、多くのムスリムが不満を持つようになり、最終的にウスマーンは自身の家の周りを暴徒によって包囲されるようになり、暴徒の手によって殺害されてしまう。ウスマーンの殺害を受けて、アリーがカリフとして擁立された頃、殺されたウスマーンを支持することでアリーに敵対した勢力が「ウスマーンの党派」と呼ばれるようになり、それに対して、アリーを支持する勢力が「アリーの党派（Shī'a 'Alī, シーア・アリー）」と呼ばれるようになった。「アリーの党派」というアラビア語をカタカナで表記すると、シーア・アリーとなる。当初「アリーの党派」と呼ばれていた集団が「アリーの」の部分が省略されて、アラビア語で単に「シーア」と呼ばれるようになる。これが「シーア派」という宗派の名前の由来である。

注意しなければならないのは、この時の「アリーの党派」としての「シーア」とは、まだ独自の宗教的教義を持っていたわけでもなく、独自の宗教意識があったわけでもない。この時点での「アリーの党派」はアリーをカリフとして支持し彼に追従するような政治的党派に過ぎなかった（菊地 2009, 32–33; Madelung 1978, 420）。

## 第一次内乱

ウスマーン殺害後、シリア総督であったウマイヤ家のムアーウィヤらがウスマーンの血の復讐をするようにアリーに求めたが、アリーは彼らの満足のいく対応をしなかった。その後、イスラーム共同体は第一次内乱に突入していき、アリーは三つの集団と戦うことになった。

### ①ラクダの戦い

一度はカリフとしてのアリーに忠誠を誓った教友タルハとズバイルがその誓いを反故にし、預言者の妻アーイシャを担ぎ出してアリーに対して蜂起した。スンナ派とシーア派の伝承によれば、アーイシャは預言者ムハンマド存命中に不倫疑惑をかけられたことがあり、その時アリーは預言者に対して彼女との離婚を進言していた。そのような経緯でアーイシャはアリーを嫌っていたと言われている（アーイシャ 2001, 107）。アーイシャがラクダに乗っていたため、この戦いはラクダの戦いと呼ばれる。後のシーア派は、ラクダの戦いに参戦した敵勢力を「反故にした者たち（al-nāqithūn）」と呼び、彼らをもはやイスラーム教徒ではなくなった不信仰者と判断する（al-Mufīd 1993–4a, 42）。この戦いでタルハとズバイルは戦死し、アーイシャは捕縛された。敵将ながら預言者の妻であったアーイシャをアリーは放免し、彼女を安全にマディーナに帰還させた。

**②スィッフィーンの戦い**

ウマイヤ家のシリア総督ムアーウィヤとイラクのクーファに拠点を置くアリーの戦いである。両者はスィッフィーンという土地で衝突するが、アリー陣営の決定的勝利には至らなかった。ムアーウィヤの腹心にしてエジプト総督であったアムル・イブン・アース（'Amr b. al-'Āṣ, d. circa 42/663）が槍の先にクルアーンを掲げて「私たちとあなたたちの間にクルアーンを」と呼びかけることで、調停を申し入れた。アリーは最終的に調停することに同意し、ムアーウィヤ陣営からはアムルが、アリー陣営からアブー・ムーサー・アシュアリーが選ばれて交渉の席についた。二人の話し合いは数ヶ月に及んだが、アムルが「人々がカリフを選べるようにするために、私たちそれぞれが同胞を解任しましょう」と提案し、アシュアリーはそれを承認した。しかしながら、これはアムルの策略であり、アシュアリーは人々の前でアリーの解任を宣言したが、アムルはムアーウィヤ擁立を目論んでいたため解任宣言を拒否した。そして、その場でアリーのカリフ位が廃位されるかのような出来事が起こったのである（al-Shīrāzī 2011, v. 6, 425–426）。シーア派ではアシュアリーはアムルと結託しアリーの廃位を意図的に謀ったとされ、呪詛の対象とされる（al-Ḥaḍramī

2002–3b, 263)。

シーア派では、ムアーウィヤ陣営の人々は「不正者（al-qāsiṭūn）」と呼ばれ、不信仰者として判断される（al-Mufīd 1993–4a, 42）。この時のアリー陣営にはアリーが真に正しく、ムアーウィヤが真に悪だと強く信じる者たちがおり、彼らはムアーウィヤとの和議についてアリーに強く反対した。そこで、彼らは悪なるムアーウィヤと和議を結んだアリーをもまた悪と見なし、アリー陣営から離脱し「ハワーリジュ派（al-Khawārij）」と呼ばれるようになった。

### ③ナフラワーンの戦い

ナフラワーンの戦いではアリーはハワーリジュ派の討伐を行った。結果はアリー陣営の勝利に終わった。この時代のハワーリジュ派はシーア派文献では「離脱者（al-māriqūn）」と呼ばれ、彼らも不信仰者として判断される（al-Mufīd 1993–4a, 43）。

## アリーの殉教

ナフラワーンの戦いで壊滅に追い込まれたハワーリジュ派の残党はアリー、ムアーウィヤ、アムル・イブン・アースの暗殺を狙った。彼らはマッカに集まり、三人の刺客がそれぞれの標的の暗殺に向かった。バラク（Barak）という名の男がムアーウィヤのいるシリアへ、アムル・イブン・バクル（ʻAmr b. Bakr）という名の男はアムル・イブン・アースが総督を務めるエジプトへ、そしてイブン・ムルジャム（ʻAbd al-Raḥmān b. Muljam）という男はアリーのいるイラクのクーファへ向かった（ʻAbbās al-Qummī 2011, vol. 1, 240）。

彼ら三人は西暦六六一年のラマダーン月一九日の早朝に同時に暗殺を決行すると約束した。バラクはシリアに辿り着き、ムアーウィヤが朝の礼拝を先導している時に後ろから毒の剣で突き刺し、彼は直後に取り押さえられた。その場で倒れたムアーウィヤは宮殿に運ばれ、医師による治療を受け命に別状はなかった。そして、ムアーウィヤはバラクの斬首刑を命じた。しかし、シーア派の別の伝承では、ムアーウィヤは犯人のバラクを留置したままにし、アリー殺害の報が届くと、歓喜し彼に恩赦を与えたとされる（ʻAbbās al-Qummī 2011, vol. 1, 240–241）。

二人目の刺客はエジプトに行き、早朝の礼拝の時間に合わせてモスクでアムル・イブン・アースを待っていたが、その日アムルは疝痛を起こしモスクに来なかった。それにもかかわらずハワーリジュ派の刺客はアムルと誤認して別の人物を刺してしまい、その刺客はすぐに処刑された（ʻAbbās al-Qummī 2011, vol. 1, 241）。

三人目の刺客イブン・ムルジャムはクーファに入り、早朝の礼拝を先導していたアリーの頭を後ろから毒の剣で切りつけ、その場で取り押さえられた。シーア派学者たちの通説では、アリーはラマダーン月一九日に刺されて、それから二日後のラマダーン月二一日に殉教したという（ʻAbbās al-Qummī 2011, vol. 1, 241–242）。長男ハサンによれば、その日はイーサーが天に挙げられた日、ムーサーの後継者ユーシャウ（ヨシュア）が亡くなった日でもあったという（ʻAbbās al-Qummī 2011, vol. 1, 316）。

アリーは自分が死ぬ前に長男のハサンに遺言を伝え、葬儀の方法などを指示した。また、イブン・ムルジャムへの刑もイスラーム法の規定で同害報復とするなどの指示も与えたという。しかし、アリーの遺言の内容の多くは現世的なものではなく、礼拝や喜捨の重要性、神を恐れることなどを伝えるものだった（ʻAbbās al-Qummī 2011, vol. 1, 247, 251–254）。この遺言から、現世的利益に興味を持たずアッラーのことばかりを考える高潔な人間としてのシーア派のアリー像が確認できる。

アリーは妻のファーティマの埋葬を内密にしたように、自身の埋葬も秘密裏にしてその墓を隠すように命令した。シーア派学者たちは、アリーが自身の墓を隠そうとした理由は、ハワーリジュ派とウマイヤ家がその場所を知った時に彼らが掘り起こす可能性があったからだと推測している。その後、時代が下り、六代目のイマーム・サーディクがアリーの墓の場所を公表しイラクのナジャフにアリー廟が建てられ、多くの参詣者が訪れるようになった（ʻAbbās al-Qummī 2011, vol. 1, 254）。

## ハサン

二代目イマームとなるハサンはアリーとファーティマの間の長男であり、預言者ムハンマドの最初の孫である。アリーとファーティマの婚姻の年は通説ではヒジュラ暦二年（西暦六二四年頃）であり、ハサンはヒジュラ暦三年（西暦六二五年頃）のラマダーン月の真ん中の火曜日に生まれた（al-Kulaynī 2007, vol. 1, 293; ʻAbbās al-Qummī 2011, vol. 1, 307）。

昔のアラブは名前に加えて、「〜の父」などのクンヤ、および称号やあだ名を示すラカブを持っていた。ハサンの場合、名前がハサンで、クンヤがアブー・ムハンマド（ムハンマドの父）である。ハサンを含むシーア派のイマームたちはラカブを複数持つが、ムジュタバー（mujtabā）が最もよく用いられる。ただし、彼はクンヤやラカブではなく、「イマーム・ハサン」と名で呼ばれることも多い。

西暦六二五年頃に生まれたハサンが預言者ムハンマドとともに過ごした期間は六三二年までと短いものであったが、ムハンマドにとってハサンは初孫であり、ハサンの翌年頃に生まれた弟のフサインとともに預言者に深く愛されて育てられたと伝えられている。スンナ派で権威の高いムスリム・イブン・ハッジャージュ（Muslim b. al-Ḥajjāj, d. 261/875）という人物の伝承集では、預言者ムハンマドは肩にハサンを乗せて「アッラーよ、私は彼を愛しています、ですので彼を愛し給え、彼を愛する者を愛し給え」と言ったという（Muslim 1998, 985）。また、礼拝の最中にハサンが預言者の背中に乗った時に預言者はいつもより長く跪拝をしてハサンが降りるまでゆっくり待っていたという話も有名である（al-Nasāʾī 2014, 1142）。また、預言者はハサンとフサインを「楽園の民の青年の二人の長（saydā shabāb ahl al-janna）」と呼んだ（al-Nasāʾī 1986, 150; al-Albānī 2009, vol. 2, 710–711; ʻAbbās al-Qummī 2011, vol. 1, 310）。預言者が逝去した際に一〇歳にも満たなかったハサンはその後、すぐに母ファーティマも亡くしたものの、父アリーから学び成長していった。

## アリー殉教後のハサン

アリーは西暦六六一年のラマダーン月二一日に逝去したが、ハサンはその日のうちにナジャフの地にアリーを埋葬し、そのままクーファに戻って人々の前で説教台に立って説教したという。その後、イブン・ムルジャムを公開尋問し、自らの手で処刑した。なお、スンナ派の通説ではイブン・ムルジャムはその場では処刑されず同月二六日に処刑された（ʻAbbās al-Qummī 2011, vol. 1, 259–260）。

当時三七歳ながらハサンは説教台からカリフとしての忠誠の誓い（bayʻa）を人々に呼びかけ、クーファの人々から第五代カリフとして擁立された（ʻAbbās al-Qummī 2011, vol. 1, 315–316）。アリー以前の三人のカリフの正統性を認めないシーア派にとっては意味のない議論であるが、スンナ派は一般的にアブー・バクルからアリーまでの四人を正統カリフと呼ぶ一方で、同派の中にはハサンを含めて五人を正統カリフと見なすという考えもある。それによれば、預言者ムハンマドは「私の後のカリフ位は三〇年間である。それからは王権になる」と語っていた。そして、彼らの計算ではアブー・バクルの統治は二年四ヶ月マイナス一〇の夜、ウマルの統治は一〇年六ヶ月一〇日、ウスマーンの統治は一二年マイナス一二日、アリーの統治は五年マイナス二ヶ月であったという。これにハサンのおよそ半年間の在位期間を足すと三〇年になるという（Ibn Kathīr 1992,vol. 6, 198, vol. 8, 14）。

ハサンはムアーウィヤと書簡のやり取りを行ったが、ついにはハサンのいるクーファに向けてのムアーウィヤ軍の出兵の知らせが届いた。そして、カリフとなったハサンはクーファの人々にムアーウィヤとの決戦を呼びかけたものの、ハサンに追従した人々は多くはなかった。また、ムアーウィヤに買収されて寝返った勢力もあり、ハサン陣営はアリー生存時よりも弱体化してしまった。それでもハサンは兵を集めて、クーファの民に決起を促すも、追従者の少なさや彼らの士気の弱さに失望し、最終的にはムアーウィヤとの決戦を諦め、彼と和議を結ぶことを選んだ（Mufīd 2007, 284–286; ʻAbbās al-Qummī 2011, vol. 1, 315–318）。

この和議はハサンが無条件降伏したのではなく、条件付きでカリフ位をムアーウィヤに譲るというものであった。その条件には預言者ムハンマドの家族や彼らの従者たちへの危害がないことなどに加えて、ムアーウィヤが自分の次の人間にカリフ位を譲ってはならず、彼の死によって和議は失効しカリフ位がハサンに返還されることが含まれていたという。また、ムアーウィヤから多額の年金が送られていたとも言われる（Momen 1985, 27; Mufīd 2007, 286, 299; ʻAbbās al-Qummī 2011, vol. 1, 321; Muḥammad Taqī Mudarrisī 2001–2002, 354）。ハサンを批判的に捉えるムスリム学者たちや欧米研究者からは、ハサンは戦いもせずに怖気付き、多額の年金をもらって多くの妻たちと楽しみながら過ごしていたと批評されることもある。それに対して、シーア派の理解によれば、ハサンがムアーウィヤの力に対して屈服したのはむしろ彼の勇敢さを示すものであるとされる。ハサン自身は当初は勇敢に戦うつもりであったが、クーファの民の一部がついてこなかったり裏切ったりしたため、戦っても勝てないことを冷静に判断したという。自身が最後まで戦ったならば、次のイマームである弟のフサインを含む預言者の一族全員、そして自分の側近たちも殺される可能性が高いことから、ハサンの行いはたとえ屈辱を受けたとしても彼らを生きながらえさせることによって正しいイスラームを存続させるという英断であったとシーア派では評価される（Khāmeneʼī 2013, 134–136）。

しかし、和議の後、ムアーウィヤが興したウマイヤ朝では金曜礼拝の際に説教師が説教台に登る時アリーの中傷から始めるなど、公にアリーへの中傷が行われるようになった。カリフ位を放棄した後のハサンは父アリーが拠点としていたクーファを離れ、マディーナに戻って余生を過ごした。彼は多くの子宝に恵まれ、その正確な人数については見解の相違があるものの、少なくとも男の子八人と女の子七人の合計一五人、多くて男の子一五人の女の子八人の合計二三人の子供がいたという（ʻAbbās al-Qummī 2011, vol. 1, 259, 325, 335, 337）。ハサンの死の日付については伝承の対立がある。一説ではヒジュラ暦五〇（西暦六七〇）年の第二の月であるサファル月七日、または、同月二八日に没したとされる。ハサンは四七歳の時に毒殺されたと言われている。シーア派の一つの学説では一二人のイマームたちのうち初代から一一代までのイマームたちは全員が殺害されたとされる（al-Ṣadūq 1993–4, 96–97）。イマームの自然死を認める学者たちにとっても、アリー、ハサン、次のフサインの三人が殺害されたことは合意されている。そして、ハサンはムアーウィヤの刺客によって毒殺されたという（Mufīd 1992–3b, 131–132; Mufīd 2007, 287; ʻAbbās al-Qummī 2011, vol. 1, 259, 325）。ハサンは死の直前に弟のフサインに対して遺言し、自身の遺体をまず預言者の墓の前まで持っていってから、その後で母のファーティマの隣に埋葬するように頼んだという（Mufīd 2007, 287–289）。

## フサイン

三代目イマーム・フサインはシーア派思想史においてアリーと並んで最も重要な人物である。フサインの殉教物語は後のシーア派アイデンティティ形成のきっかけとなった。

フサインのクンヤは「アブー・アブドゥッラー（Abū ʻAbd Allāh）」で、彼のラカブは「殉教者たちの長（Sayyid al-Shuhadā'）」である。通説ではヒジュラ暦三／西暦六二五年シャアバーン月三日にマディーナで生まれた。別の説ではヒジュラ暦四年／西暦六二六年とも言われ、シャアバーン月の五日、ラビーウルアゥワル月の末とも言われる。現在のシーア派の信徒は全イマームたちの誕生日を祝い、命日には追悼するが、実はイマームたちの誕生日、命日は複数の説があることが多い。兄ハサンの誕生から一〇ヶ月と二〇日後にフサインが生まれたという説と、六ヶ月と一〇日後に生まれたという説が存在する（al-Kulaynī 2007, vol. 1, 294–295; ʻAbbās al-Qummī 2011, vol. 1, 393–394）。

預言者ムハンマドが二人目の孫であるフサインを初孫ハサンと同じように可愛がっていたことはスンナ派、シーア派問わず多くの伝承で伝えられている。上述のように、預言者はハサンとフサインが「楽園の民の青年の二人の長（saydā shabāb ahl al-janna）」であると語っており、これは彼ら二人の宗教上の大きな美徳とされている（al-Nasāʼī 1986, 150; al-Albānī 2009, vol. 2, 710–711; ʻAbbās al-Qummī 2011, vol. 1, 310）。

## クーファからカルバラーまで

フサインはハサンを後ろから支えていたが、兄が没した六七〇年からは預言者の家族を率いる立場となった。彼の運命を決定付けたのが六八〇年のムアーウィヤの死である。ムアーウィヤはカリフ位をハサンに返還すると約束していたにもかかわらず、彼はハサンの後継者であるフサインではなく自分の息子であるヤズィード（Yazīd b. Muʻāwiya, d. 64/683）を次代のカリフに任命したのである。ヤズィードという人物は後にフサイン惨殺を指示することになるが、シーア派からは酷い言われようである。ヤズィードは飲酒の罪を犯し、アッラーと預言者に対して敵対し、預言者の家族を殺し、無実の者を捕え、子供も殺害したとされ、他にも多くの余罪がヤズィードに帰せられている（Mughniya 2005, 216）。彼の祖父は西暦六三〇年の預言者によるマッカ開城の時まで多神教徒を率いていたアブー・スフヤーンで、彼の祖母は「肝臓を食う女（ākila al-akbād）」と揶揄されるヒンド（Hind bint ʻUtba）である。彼女が「肝臓を食う女」と呼ばれる理由は、ヒンドが預言者のおじハムザの遺体の肝臓を食らったというムスリム世界の伝承にちなむ。このことから、シーア派はムアーウィヤとヤズィードを「肝臓を食う女の息子」と揶揄する（al-Kāshānī 2003–04, 94–95; 平野 2022, 1–12）。フサイン惨殺事件を含めたヤズィードの諸々の行為はスンナ派の中でも批判が多くあり、彼を呪詛することが合法であると考えるスンナ派学者も少なくない（松山 2016, 393）。

アリーはカリフ在位時代にイラクのクーファを拠点としていたが、ハサンがムアーウィヤにカリフ位を譲って以降、ハサンとフサインはマディーナに戻っていた。ハサンの死後、クーファの民はムアーウィヤをカリフ位から引きずり落とすことを狙っており、彼らはフサインに対して忠誠を誓う代わりにムアーウィヤに対して蜂起するよう求めていたものの、フサインはハサンがムアーウィヤと取り交わした和議が続いていることを理由にその打診を拒否してきた。しかしながら、西暦六八〇年のラジャブ月（ヒジュラ暦第七の月）にヤズィードがカリフを自称しフサインに忠誠の誓いを求めたことで、フサインは静謐主義的な方針を変えた（Mufīd 2007, 300）。それでも、クーファの民はハサンによるムアーウィヤとの戦いの呼びかけに応じなかったという過去があるため、フサインは彼らの打診をすぐに受け入れるのではなく、偵察のために従兄弟のムスリム・イブン・アキール（Muslim b. ʻAqīl, d. 60/680）をクーファに派遣した。ムスリム・イブン・アキールはフサインの代理として一説では一万八〇〇〇人もの人々からの忠誠の誓いを受けて、フサインにその状況を伝える手紙を書いた。しかし、クーファの支持者たちがムスリム・イブン・アキールのもとに集まっているという情報がヤズィードの耳にも届き、ムスリムはクーファ総督ウバイドゥッラーの指示で連行され、処刑されてしまった（Mufīd 2007, 306–324）。

同じ頃にフサインのもとにはヤズィード軍がマディーナに暗殺のための刺客を送ったとの情報が届いた。シーア派伝承によれば、フサインは聖地であるマディーナで血が流れることがあってはならないと考えて、ムスリム・イブン・アキールからの報告を待たずしてクーファに行くことを決意した。そこで、フサインはまずマディーナからマッカへ向かい、カアバ神殿への最後の巡礼を済ませてから家族と従者たちを連れてクーファを目指した（Mufīd 2007, 327）。

## カルバラーの悲劇

クーファに向かう道中でフサインを引き止めようとする人々がいた。とくに彼の異母兄弟であるムハンマド・イブン・ハナフィーヤ（Muḥammad b. al-Ḥanafiyya, d.81/700）は過去にクーファの民がアリーとハサンを裏切ったと主張し、自分は同行しないことを伝えたという（ʻAbbās al-Qummī 2011, vol. 1, 444–445）。彼らの反対を押し切ってフサインはクーファに向かった。

そして、ムハッラム月（ヒジュラ暦第一の月）二日にフサインらはシャラーフという地で、クーファから来たフッル（al-Ḥurr b. Yazīd）率いる騎兵一〇〇〇人と対峙した。フッルはヤズィードが任命したクーファ総督ウバイドゥッラーの命を受けて、フサインのクーファ行きを妨害しに来たのである。この時、フサインはフッルの兵士たちが水不足に陥っていることに気づき、敵であるフッルたちに水を提供すると申し出た。そして、フッルたちはフサイン陣営に一時合流してともに昼《ズフル》の礼拝をしてから、持ち場に戻って行った。フッルはフサインに対して大きな恩義を感じながらも総督ウバイドゥッラーからの新たな指示を待ちながらフサインを追尾し、彼らは最終的にカルバラーの地に辿り着いた（Momen 1985: 29; ʻAbbās al-Qummī 2011, vol. 1, 465）。

翌日のムハッラム月三日はウマル・イブン・サアド（ʻUmar b. Saʻd, d. 66/ 685–6）の指揮下にある四〇〇〇人の部隊が集結した。ウマルはフサインに対してヤズィードへの忠誠の誓いを求めるとともに、昨日フッルが水の提供を受けたにもかかわらずフサインたちのユーフラテス川への水路を断とうとした。その夜、フサインとウマルは二人で交渉の席についたが、交渉が実を結ぶことはなかった（Momen 1985, 29–30）。

数日間事態は膠着したが、ウバイドゥッラーはシムルという人物を通じてウマル・イブン・サアドにフサイン殺害を命令し、同月九日にウマイヤ朝軍はフサイン陣営への進軍を開始した。フサインはウバイドゥッラーからの攻撃命令が出たことを知ると、彼らに一日の猶予を求めた。その日の夜、つまり、アーシューラー（ムハッラム月一〇日）の▼9夜にフサインは従者たちを集め、これから起こり得ることについて語り、自身への忠誠の誓いを破棄して夜の闇に紛れて逃走することを許可した（‘Abbās al-Qummī 2011, vol. 1, 477–482）。

アーシューラーの日は早朝《ファジュル》の礼拝の後から戦争が始まり、日の入り近くまで続いた。シーア派の伝承によれば、フサイン陣営に残った戦士たちは七二人で、対するウマイヤ朝軍の数は二万に上ったという（‘Abbās al-Qummī 2011, vol. 1, 483）。戦いは完全な劣勢でフサインの側近、親族、子供たちがことごとく殉教していったが、数日前にフサインから水を提供してもらっていたウマイヤ朝の司令官フッルだけは悔悟し、フサイン陣営に寝返って戦死したことで知られている（‘Abbās al-Qummī 2011, vol. 1, 489–490）。戦死した者たちはみな殉教者と呼ばれ、殉教者全員について殉教譚が語り継がれてきたが、その中でもアッバース（‘Abbās b. ‘Alī, d. 60/681）の殉教はとくに重要である。彼はフサインの異母兄弟にあたりアリーの四番目の息子である。彼の母は預言者の娘ファーティマではないため、アッバースはムハンマドの子孫ではない。彼のクンヤはアブー・ファドル（Abū al-Faḍl）であり、ラカブは「水を運ぶ者（saqqā’）」であり、カルバラーの地でフサインの旗持ちでもあった。仲間たちが殉教する中、フサインは子供達のために水を調達するように弟アッバースに頼んだ。彼は水をくんだ後も喉が乾いて苦しむ子供たちやフサインのことを思い出し、自分は水を飲まずに野営地に戻って行ったものの、帰り道に敵と遭遇し、一説では手足を切断されて死亡した（‘Abbās al-Qummī 2011, vol. 1, 529–531; al-Jalālī 2013, 205–215）。後に彼はフサインとともにカルバラーで没した殉教者の象徴のような存在になり、現在でもアーシューラーの日の追悼儀礼ではフサインの名前と並ん

**写真6**　ズルジャナーフを描いた絵。

でアッバースの名前やクンヤが掲げられる。

戦争の最後にフサインは首をかき切られて殺された。フサイン殺害の実行犯はスィナーン（Sinān b. Anas）という人物だったとも、先のシムルであったとも言われている。その後、フサインの首は総督ウバイドゥッラーのいたクーファを経由してヤズィードのいるシリアのダマスカスに送られた。捕虜となったフサインの家族の女性らもまたダマスカスに連行されていった。乗り手のフサインが落ちて絶命した後、彼の馬ズルジャナーフ（Dhu al-Janāḥ）は悲しみにうめき声をあげて遺体の周りをまわっていたという（写真6）。フサインはヒジュラ暦六一年（西暦六八〇年）のムハッラム月一〇日土曜日に昼《ズフル》の礼拝の後に五八歳で殉教した（Mufīd 2007, 378; ʻAbbās al-Qummī 2011, vol. 1, 544–545）。

成人男性の中の生き残りは負傷した数人、また、病気で戦いに参加できなかったアリーという人物だけであった。このアリーが四代目イマームとなる。彼もウバイドゥッラーの捕虜となり、その後ヤズィードのもとに連行された。しかし、ヤズィードは彼を邪険にはせず、家族の女性たちとともにマディーナに安全に帰還させた（Momen 1985, 35; Mufīd 2007, 370）。

## フサイン廟参詣の起源

フサイン廟を参詣することには非常に大きな功徳があると信じられている。多くの伝承によれば、カルバラーにおけるフサインの廟の参詣はシーア派信徒の義務であるとされる。イマーム・サーディク曰く、「フサインの参詣は、アッラーからのイマーム位をフサインに対して信じて承認する全ての者の義務である」とされ、フサイン参詣の報酬は時期と心持ちによっては一〇〇〇回のハッジと一〇〇〇回のウムラの報酬と同等であるという。また、死者をカルバラーに運んで巡礼させると、その死者は楽園に行けるとも言われる。預言者も「フサインの死後に彼［の廟］を参詣する者には楽園がある」と語っていたという（守川 2007, 21–22; ʻAbbās al-Qummī 2011, vol. 1, 544）。

シーア派はフサインの追悼を彼の命日であるアーシューラーと彼の命日から四〇日後のアルバイーン（Arbaʻīn）の日に行うようになった。アルバイーンの追悼儀礼は、教友のジャービル・イブン・アブドゥッラー・アンサーリー（Jābir b. ʻAbd Allāh al-Anṣārī）がフサインの殉教の四〇日後にカルバラーの墓を参詣したことが起源であると言われる。長命であったジャービルは預言者からの言葉を五代目イマームに伝えた人物として有名であるが、彼はフサインの廟の最初の参詣者としても知られる。ジャービルはアティーヤ（ʻAṭiyya b. Saʻd al-ʻAwfī）という人物を伴って参詣した（ʻAbbās al-Qummī 2011, vol. 1, 622）。

アルバイーンの追悼儀礼はジャービルに帰されるものであるが、フサインの殉教を追悼すること自体は最初の人間のアーダムがすでに始めていたとされる。日本で宗教にあまり興味のない人でもアーダムの楽園からの追放の物語は聞いたことがあると思うが、イスラームもキリスト教とほとんど同じ物語を共有しており、アーダムはアッラーの禁じた木の実を食べた結果、楽園から落とされたと信じられている。イスラームでは、地上に落とされたアーダムは悔悟し、アッラーが彼の悔悟を受け入れたため、人間に原罪はないとされる。地上に落ちたアーダムはアッラーから示された言葉を詠み悔悟したとされるが（クルアーン二章三〇－三七節）、シーア派伝承によれば、この時アーダムが受け取った言葉とはムハンマド、ファーティマ、アリー、ハサン、フサインに対する承認や祝福祈願であったという。そして、フサインについての言葉を詠んだ時、天使がフサインの殉教を語り、アーダムは彼のために涙したという。また、ヌーフ（ノア）の方舟の物語において、洪水の中を進む方舟がある地点で激しく揺れたという。天使からフサインのことを伝えられたヌーフがカルバラーの悲劇を嘆き悲しんでフサインの敵を呪うと、方舟の揺れはおさまったという。また、弟子たちを引き連れて預言者イーサー（イエス・キリスト）がカルバラーを通りかかると、ライオンが彼の行く手を阻んだという。イーサーがライオンに訳を尋ねると、ライオンはその場所でフサインが殺害されることを告げ、イーサーがヤズィードを呪うまで道を通さないと話したという。そこで、イーサーがヤズィードを呪うとライオンは頭を下げて、道を開けたという。イーサーがカルバラーを訪れたことが歴史的事実とは言い難く、当然ながらこれらの伝承を信じないシーア派学者たちもいるだろう。しかしながら、フサインを追悼し、ヤズィードを呪詛するという儀礼を過去の預言者たちにまで遡らせるという伝承の存在自体が、その真偽を問わずシーア派におけるフサインの存在の大きさを物語っている（Ayoub 1978, 27–35）。

## 宗教宗派としてのシーア派の誕生

シーア派が宗教的な意味での宗派となった大きな転換点がフサインの殉教であった。それまでの「シーア派」つまり「アリーの党派」はアリー家の政治的正統性を主張する政治党派であった。アリーの党派の拠点はアリーが首都としていたクーファである。しかしながら、シーア派史においてクーファの民は裏切り者として描かれる。彼らはアリーを支えきれず、ハサンの呼びかけにも消極的で、フサインを呼び出して支援を約束するも、実際にはウマイヤ朝の前に怖気付き、カルバラーまで助けに行こうともしなかった。フサインの死の報を受けて、クーファでは彼を見殺しにしたことを後悔し、その贖罪として何をすべきかという話し合いが行われた。彼らは「シーア派の師（Shaykh al-Shīʿa）」と呼ばれるスライマーン・イブン・スラド（Sulaymān b. Ṣurad, d. 65/684）を指導者として選出し、四年の準備期間を置いて六八四年にウマイヤ朝への武装蜂起を行った。彼らはウマイヤ朝の打倒を真剣に目指すのではなく、フサインを見殺しにしたことへの激しい後悔の念から命を捨てて贖罪を果たそうとしたため、「悔悟者たち（al-tawwābūn）」と呼ばれた。彼らはたった三〇〇〇の兵で立ち上がり、ウマイヤ朝軍三万と戦い散っていった（Momen 1985, 35; 菊地 2009, 73–75）。

悔悟者たちの乱の中で彼らには、フサインを見殺しにした罪の意識、アリーの権威を継承するフサインの特別な地位、フサインの復讐とそれに伴う殉教の称揚、といったシーア派の特徴的思想があることが指摘されている（菊地 2009, 76）。これを契機に多数派とは異なる宗教宗派としての意識が生まれるようになり、急速に宗派としての「シーア派」が形成されるようになった。

## アリー・ザイヌルアービディーン

四代目イマームの名前はアリーで、彼のクンヤはアブー・ハサン（Abū al-Ḥasan）やアブー・ムハンマド（Abū Muḥammad）であり、彼のラカブにはザイヌルアービディーン（Zayn al-ʿĀbidīn）やサッジャード（al-Sajjād）などがある。一二人のイマームたちの中でアリーという名前の人物が四人もおり、一般的にアリーと言えば初代イマームを指す。そのため、四代目イマームをアリーとだけで呼ぶことはほとんどなく、伝承集の中ではアリー・イブン・フサインと呼ばれることもあるが、多くの場合はラカブのザイヌルアービディーンかサッジャードのどちらかで呼ばれている。日本語や英語の研究書などでは彼はザイヌルアービディーンと書かれることが多いため、本書でもこのラカブで呼ぶものとする。彼の生年月日については大きな見解の対立があるが、有力説ではヒジュラ暦三六年／西暦六五六年のジュマーダルウーラー月（ヒジュラ暦の五番目の月）の真ん中、もしくはヒジュラ暦三八年シャアバーン月（ヒジュラ暦の第八の月）五日とされる（al-Kulaynī 2007, vol. 1, 296; ʿAbbās al-Qummī 2011, vol. 2, 9–11）。ザイヌルアービディーンはカルバラーの悲劇の生き残りであり、フサインが殉教した時点で四代目イマームに就任したことになる。カルバラーの戦いの最中にフサインは長女ファーティマに書を預け、後に彼女が四代目イマームにそれを手渡したという▼10

（ʻAbbās al-Qummī 2011, vol. 1, 534）。

彼の母については神話的伝承が伝えられる。正統カリフの時代にイスラーム国家は急速に領土を広げ、それまで覇権を握っていたビザンツ帝国、およびササン朝ペルシアの支配地域の多くを手中におさめた。第二代カリフ・ウマルの時代にムスリム軍の侵攻によってササン朝ペルシア帝国が壊滅し、最後のペルシア皇帝ヤズデギルド三世の娘が捕虜となったという。彼女はとても綺麗な女性で、シャフルバーヌー（Shahrbānū）、または、ジャハーン・シャー（Jahān Shāh）、またはシャー・ザナーン（Shāh Zanān）、シャフラバーヌワイヒ（Shahrabanuwayh）などという風に呼ばれていたという（al-Kulaynī 2007, vol. 1, 297; ʻAbbās al-Qummī 2011, vol. 2, 9）。彼女がウマルの前に連行されてきたとき、ウマルはアラビア語を話せないペルシア人である彼女の言っていることがわからなかった。その時アリーは彼女に一人のムスリムを選ばせ、その男が彼女を戦利品代わりに受け入れるように提案した。すると、彼女はフサインのもとへ行き、彼の頭に手を置いたという。アリーは彼女と言葉を交わし、フサインに対して「アリー」という名の子供ができると伝え、その子はアラブの中でアッラーに選ばれたハーシム家と非アラブのペルシア人の血を引くのだと語ったという（al-Kulaynī 2007, vol. 1, 297）。アッラーがペルシア人を選び出し、ペルシア人の血がイマームたちの血筋に交わったというこの物語は現代でもイラン人が誇らしく思うものである。

フサインの死後からシーア派の中に分派が生まれるようになった。フサインの異母兄弟のムハンマド・イブン・ハナフィーヤは自身のイマーム位を主張したとされ、彼に従う人々がカイサーン派（al-Kaysāniyya）と呼ばれた（菊地 2009, 83）。イブン・ハナフィーヤはザイヌルアービディーンに手紙（か使者）を送り、イマーム位と遺言執行人としての地位が自身のもとにあることを伝えたという。すると、ザイヌルアービディーンは「おじよ、アッラーを恐れなさい、権利のないものを主張しないでください。私はあなたに無知者にならないように警告します。おじよ、わが父はイラクに出立する前に私を遺言執行人（waṣī，第二部で後述）とし、殉教する直前にも私にそれを約束したのです」と言い、二人の論争がマッカで行われた。二人はカアバ神殿に安置される黒石の前で向かい合い、お互いにアッラーに祈願することでその祈願に黒石が反応するかを試すことになったという。まず、イブン・ハナフィーヤが祈願したが、黒石には何の変化も起こらなかった。そこで、ザイヌルアービディーンが祈願すると、黒石が動き出し、黒石が明瞭なアラビア語で「アッラーよ、遺言執行人としての地位（waṣiyya）とイマーム位はフサイン・イブン・アリーの死後にアリー・イブン・フサイン・イブン・アリー・イブン・ファーティマ・ビント・ラスールッラー（ザイヌルアービディーンのこと）[11]のもとにあります」と話し始めたという。それを聞くと、イブン・ハナフィーヤはザイヌルアービディーンのイマーム位を認め、立ち去ったという[12]（al-Ṣaffār 2005–6, vol. 2, 450）。これはザイヌルアービディーンが起こした奇跡の一つとされ、また、彼のイマーム位を確証する伝承とされている。

ザイヌルアービディーンはウマイヤ朝からの権力奪取に関心を示すことはなく、フサイン死後のイマームたちは政治権力に対して静謐主義の立場をとり続けた。彼に帰される『サッジャードの書（*al-Ṣaḥīfa al-Sajjādiyya*）』は多くの祈願文が含まれていることで有名である。彼は信仰行為に勤しんで生涯をまっとうしたという。彼の命日についても大きな見解の相違があるが、ヒジュラ暦九四年（西暦七一二年）か九五年（西暦七一三年）のムハッラム月（ヒジュラ暦第一の月）一二日か、一八日か、二五日のいずれかで五七歳で没したとされる（ʻAbbās al-Qummī 2011, vol. 2, 53）。

ザイヌルアービディーンの死後に、シーア派の多数派はイマーム派とザイド派に分裂した。イマーム派は第四代イマームの息子バーキル（Muhammad al-Bāqir, d. 114/733）にイマーム位が継承されたと主張した。ザイヌルアービディーンはウマイヤ朝に対して静謐主義の立場をとっており、バーキルも父同様に静謐主義を貫いたとされる。

その一方で、ウマイヤ朝に蜂起したバーキルの弟ザイド（Zayd b. ʻAlī, d.122/740）を支持し、ザイドのイマーム位を主張したのがザイド派である（菊地 2009, 98–99, 170）。

## ムハンマド・バーキル

五代目イマームの名前はムハンマドで、クンヤはアブー・ジャアファル、ラカブはバーキル（al-Bāqir）である。母は二代目イマーム・ハサンの子孫のファーティマであったため、バーキルは父からも母からも預言者とアリーの血を引く者であった。

ヒジュラ暦五七年（西暦六七七年）のサファル月（ヒジュラ暦第二の月）三日にマディーナで生まれ、彼が四歳の時にカルバラーの悲劇が起きた。彼は最初のカルバラー参詣者の教友ジャービルと近しい関係にあったことが知られている。ジャービルがずいぶんと老齢となった頃、彼は道で預言者ムハンマドにそっくりな男の子に出会ったという。そこで、ジャービルが「アッラーの使徒の容貌だ、私の霊魂をその御手に持つ御方（アッラーのこと）に誓って。童よ、あなたの名前は何というのか」と言うと、バーキルは「私の名前はムハンマド・イブン・アリー・イブン・フサインです」と答えたという。すると、ジャービルはバーキルの頭に接吻して「あなたの父と私の母に誓って、あなたの父はアッラーの使徒です。彼はあなたに対して平安の挨拶をしておられ、そうおっしゃっていました」と感激して語ったという。それ以降、ジャービルは毎日バーキルを訪れるようになり、周囲の人々は老齢の教友ジャービルのその姿に驚いたという。四代目イマームが亡くなる頃にはバーキルの方からジャービルを訪れるような関係になっていた（al-Kulaynī 2007, vol. 1, 298–299）。

五代目のイマームとなったバーキルは弟子たちの育成に着手しつつ、シーア派の独自の実践と教義の形成に力を注いだ。六代目イマーム曰く、バーキルまでのシーア派は多数派と同じ信仰実践の方法を遵守していたが、バーキルがシーア派独自の実践方法を確立し始め、バーキル以降は多数派がシーア派イマームのもとに来て学ぶようになったという[13] (al-Kulaynī 2007, vol. 2, 16)。また、バーキルはシーア派のイマーム論の整備に着手した人物でもある。彼以前のイマームたちもイマームを自称していたが、彼らが自分自身を無謬で宗教の全てを知る存在と自認していたかどうかは定かではない。それに対して、バーキルは無謬な知者としてのイマーム論の整備を始めた (Lalani 2004, 58–83)。

他のイマームたちと同様に、バーキルの命日についても見解の相違がある。一説では、彼の命日はヒジュラ暦一一四年 (西暦七三三年) ズルヒッジャ月 (ヒジュラ暦第一二の月) 七日月曜日であり、五七歳の時にマディーナで没した (al-Kulaynī 2007, vol. 1, 298; ʻAbbās al-Qummī 2011, vol. 2, 154)。また一説では、ウマイヤ朝のカリフであるヒシャーム・イブン・アブドゥルマリクの命令でバーキルは毒殺されたとされる (ʻAbbās al-Qummī 2011, vol. 2, 154)。

## ジャアファル・サーディク

六代目イマームの名前はジャアファルで、クンヤはアブー・アブドゥッラー、ラカブはいくつかあるもののサーディク (al-Ṣādiq) が最もよく用いられる。彼の誕生日はヒジュラ暦八三年 (西暦七〇二年) ラビーウルアウワル月 (ヒジュラ暦第三の月) 一七日であり、その日は預言者ムハンマドの誕生日と同じである。この祝福多き日には断食や施しなどの善行に対してアッラーから普段よりも多くの報酬が与えられるという (ʻAbbās al-Qummī 2011, vol. 2, 159)。彼の母ウンム・ファルワは父方でも母方でも初代正統カリフ・アブー・バクルの曽孫であった (al-Kulaynī 2007, vol. 1, 300; ʻAbbās al-Qummī 2011, vol. 2, 160)。そのため、サーディクはアリーとアブー・バクルの両方の血を引く者であった。

父が始めた教義形成を引き継ぎ、それを体系化させたのがサーディクであり、彼はシーア派の教義形成に最も大きな功績を残した。後世のシーア派の教義はこの親子、とくにサーディクに帰される学説に依拠して整備されていき、バーキルとサーディクはしばしば「二人のサーディク（al-Ṣādiqān, 真実を語る二人）」と呼ばれる。シーア派の法学の学統はサーディクの名前を冠して「ジャアファル学派」と呼ばれている。また、イマームの無謬性や前任者からの指名が必要であることといった教義を整備し発展させ、また信徒が命や財産の危険がある場合に信仰を隠すことを意味するタキーヤ（taqiyya）の教義を理論化したとされる（Algar 2011, 77）。また、彼は父祖や父と同じように政治的な静謐主義を貫いた。ザイド派のイマーム・ナフス・ザキーヤ（Muḥammad b. ʻAbd Allāh al-Nafs al-Zakiyya, d. 145/762–3）が決起を求めて自分に忠誠の誓いを求めた時も、サーディクはそれを拒否し、ナフス・ザキーヤの死を予言したという（Crow 2015, 60–61）。

宗派を問わずイスラーム思想ではハディースというものがクルアーンに次いで宗教的な権威を持つ書物とされてきた。スンナ派が預言者ムハンマドの伝承のみをハディースと呼ぶのに対して、シーア派は預言者と一二人のイマームたちの伝承をハディースと呼ぶ。シーア派のハディースの中では、預言者ムハンマドの伝承はあまり多くなく、むしろサーディクの言葉が全体の五〇から六〇パーセントを占め、バーキルの伝承が一五パーセントくらいである[14]（Lecont 1970, 97–98; Buckley 1999, 38）。そのため、ハディースをもとに形成された九世紀後半以降現代までのシーア派の教義形成においては全イマームの中でサーディクの影響が最も大きい。

様々な分野における彼の学識はシーア派に限らず、多くの人々を惹きつけるものであった。スンナ派四大法学派のハナフィー学派の学祖アブー・ハニーファ（Abū Ḥanīfa, d. 150/767）とマーリク学派の学祖マーリク・イブン・アナス（Mālik b. Anas, d. 179/795）はサーディクから学んでいた。また、初期の神学派であるムウタズィラ学派の創始者ワースィル・イブン・アター（Wāṣil b. ʻAṭāʼ, d. 131/748）も彼から学んでいた。サーディクの学識は法学と神学だけではなく、文字学、占術、錬金術などにも及び、イスラーム世界の有名な錬金術師ジャービル・イブン・ハイヤーン（Jābir b. Ḥayyān, d. circa 815）も彼に師事していた（Algar 2011, 78; Crow 2015, 57）。

このようにイスラームのほとんどの宗派が自派の主張と立場を強化するために、サーディクを自派の歴史の中に組み込んでいった。スンナ派学者たちでさえサーディクを自派の偉大なる先人と見なし、彼がスンナ派を擁護し、シーア派を否定したのだと主張する。スンナ派の伝承によれば、サーディクがアブー・バクルとウマルを最良の教友と呼んだり、また、この二人と絶縁する者に対してはサーディク自身が絶縁すると述べたという（Algar 2011, 78–81）。

サーディクの知はムハンマドから伝わる奥義的知を含むものとも言われる。スンナ派の神秘主義教団は一般にスーフィー教団と呼ばれているが、神秘家であるスーフィーは預言者ムハンマドから自分の師匠までの教えの系譜（silsila）を重要視している。そして、ほとんどのスーフィー教団の系譜はアリーから始まるものであり、その系譜にサーディクらシーア派のイマームたちの名前が連なることもある（ザルコンヌ 2011, 22–23）。

サーディクの起こした奇跡は非常に多く伝えられており、例えばムファッダル・イブン・ウマル（al-Mufaḍḍal b. ʻUmar al-Juʻfī, d.178/794）という弟子が伝える伝承では、ある日サーディクは子供を連れて泣いている女性の側を通りかかった。そこで、サーディクが女性に泣いている理由を尋ねると、彼女は自分たちが生活の糧としてきた牛が死んだために路頭に迷ってしまったのだと説明した。そこで、サーディクが彼女のために祈ると、彼女の目の前でその牛が生き返り、その女性は思わず「カアバ神殿の主に誓って、（このお方は）イーサー・イブン・マルヤム（マリヤの子イエス、イエス・キリストのこと）です」と叫んだという（al-Rāwandī 1989, vol. 1, 294）。このようにサーディクは預言者イーサーが人間の死者を復活させたように死んだ生物をアッラーの許しで復活させることもできたという。また、サーディクらイマームたちは相手が心の中で秘めている思いもわかるとされる（al-Ṣaffār 2005–6, vol. 1, 472）。

彼の時代にウマイヤ朝が倒れ、アッバース朝が成立した。アッバース朝はもともとカイサーン派（上述のフサインの異母兄弟のイブン・ハナフィーヤを信奉する最初期に存在したシーア派系分派）のイマームを指導者として預言者の家族を重んじる勢力だったが、スンナ派に転向しシーア派から距離を置くようになった（菊地2009, 151–161）。アッバース朝カリフたちは彼らの権威を害する恐れのあるシーア派イマームたちを脅威に感じ、イマームたちへの監視を強めていった。そのため、マディーナにいたサーディクはわざわざアッバース朝の首都のあるバグダード（現イラク）まで召喚されることもあったという。サーディクは、六五歳でヒジュラ暦一四八年（西暦七六五年）シャウワール月（ヒジュラ暦第一〇の月）に没したとされる。一説では、命日は同月二五日であったとされるが、別の説ではラジャブ月（ヒジュラ暦第七の月）の真ん中であったと言われる。アッバース朝二代目カリフのマンスールが暗殺を命じて、サーディクは毒の盛られたブドウを食べて死んだとも言われる（ʻAbbās al-Qummī 2011, vol. 2, 203）。

**分派の形成**

シーア派史においてはこれまでもフサイン死後のカイサーン派、四代目イマームの死後のイマーム派とザイド派といった分裂が起こったが、サーディクの死後に分派活動が盛んになった。サーディクが誰を後継者指名していたのかを巡って、彼の四人の息子それぞれのイマーム位を主張する集団、およびサーディクの死を否定する集団が現れ、サーディク存命時には彼を神格化する集団も活動していた。分派の名称を挙げるとサーディクの存命時すでに没していた長男イスマーイール（Ismāʻīl b. Jaʻfar, 没年不詳）ないしその息子ムハンマド（Muḥammad b. Ismāʻīl, 没年不詳）をイマームに担ぐイスマーイール派、サーディクの子ムハンマドを信奉するスマイト派（Sumayṭiyya）、アブドゥッラーを信奉するアフタフ派（Afṭaḥiyya）、ムーサーを

図2　サーディク死後の分派

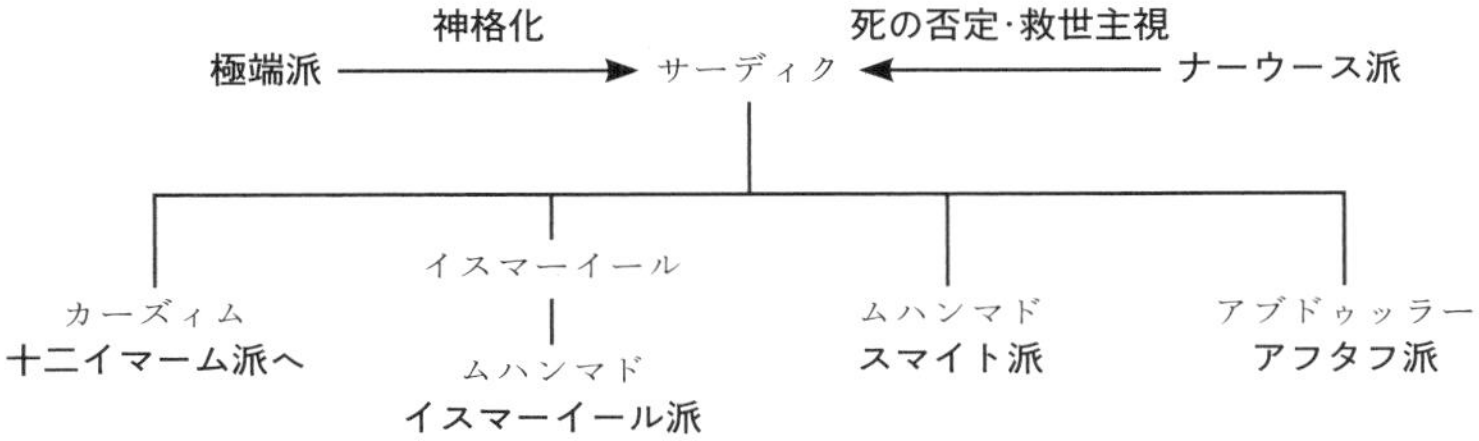


信奉する（十二）イマーム派、サーディクの死を否定し彼をメシアと見なすナーウース派（Nāwūsiyya）、彼を神格化する「極端派（Ghulāt）」などである。ただし、これらの分派はすぐにイスマーイール派、（十二）イマーム派、極端派のどれかに合流した（al-Shahrastānī n.d., 148–149; ak-Nawbakhtī 2012, 113–130）。

イスマーイール派は名祖イスマーイールの息子ムハンマド（Muḥammad b. Ismāʻīl, 没年不詳）が没した後に地下に潜り、彼らが再び表舞台に姿を現したのがファーティマ朝の勃興した頃であった。西暦九〇九年に建国され、九六九年にはエジプトを支配する帝国に発展し、アッバース朝をも脅かす存在となった。

極端派とはイマームたちを神格化する集団の蔑称であり、アリーの死後には存在していたようではあるものの、その活動はとりわけサーディクの時代に活発化した（Modarressi 1993a, 20–21）。サーディクの時代に最も影響力を持った極端派は「ハッターブ派（Khaṭṭābiyya）」と呼ばれた。[15]

## ムーサー・カーズィム

七代目イマームの名前はムーサー、クンヤはアブー・ハサン（Abū al-Ḥasan）、アブー・イブラーヒーム（Abū Ibrāhīm）であるが前者が最もよく用いられる。彼のラカブは複数あるがカーズィム（al-Kāẓim）が最も有名である。また、ハディース集の中ではサーリフ（al-Ṣāliḥ）と呼ばれることもある（'Abbās al-Qummī 2011, vol. 2, 239）。カーズィムはマッカとマディーナの間のアブワーの地で生まれた。ヒジュラ暦一二八年（西暦七四五年）もしくは一二九年（西暦七四六年）サファル月（ヒジュラ暦第二の月）七日日曜日に生まれたとされる（al-Kulaynī 2007, vol. 1, 303; 'Abbās al-Qummī 2011, vol. 2, 239）。

カーズィムのイマーム在位期間は約三五年になるにもかかわらず、先に見たように全ハディースの中での彼のハディースの数は父サーディクや祖父バーキルと比べれば、ずっと少ない。これは非シーア派的な見方では先代二人にカーズィムの学識が及ばなかったと理解することもできるが、シーア派の論理では後代のイマームが先代に劣るということはあり得ないため、カーズィムの伝承の少なさは、彼が直面した二つの事態から説明される。一つ目はサーディク死後の混乱であり、サーディクの従者たちが六つかそれ以上の集団に分裂してしまったため、カーズィムにとっては弟子の育成よりも自分の地位固めと他派の取り込みが急務であり重要であった。二つ目はアッバース朝による迫害の激化である。カーズィム以降のイマームたちはアッバース朝カリフによる厳しい監視下に置かれたり、幽閉されたり、投獄されるようになった。カーズィムの在位期間の最初の一〇年ほどの間のカリフはサーディクの時代から君臨するマンスールであり、マンスールはイマームに厳しい迫害を加えなかった。しかし、マンスールの後に、マフディー、次いでハールーン・ラシードがカリフとなると、カーズィムは厳しい監視下に置かれ、逮捕されてバグダードに連行された上で投獄され、釈放された後も再び収監された（Momen 1985, 39–40）。彼がここまで危険視された背景はいくつか考えられるが、その一つは当時のイスラーム世界で救世主を待望する暴動や蜂起が頻発していたことである。実際にザイド派や極端派系の反乱が多発しており、先代のサーディクやカーズィムを救世主と信じる人々も存在していたため、カーズィムは政権から危険視されたのだろう。

カーズィムは通説ではヒジュラ暦一八三年（西暦七九九年）ラジャブ月（ヒジュラ暦第七の月）二五日に獄死したとされる。同月五日に没したという説もあるが、いずれにせよ享年は五五歳であった。カーズィムが収監されていたのはイラクのバグダードにあるスィンディー（al-Sindī b. Shāhak）という人物の管理する牢獄であり、シーア派の多くの伝承ではカリフ・ハールーン・ラシードが毒殺を命じたとされる（al-Kulaynī 2007, vol. 1, 303; ʻAbbās al-Qummī 2011, vol. 2, 279）。カーズィムの遺体は人々に晒されて、彼らは「これが、ラーフィド派（非ザイド派系シーア派のこと）が死なないと主張しているムーサー・イブン・ジャアファルだ。よく見ろ」と叫んだという[16]（Momen 1985, 40; ʻAbbās al-Qummī 2011, vol. 2, 279）。

カーズィムの死後、従者たちは大きく分けて二つに分裂した。一つ目はカーズィムの子供アリーにイマーム位を認める集団で、これが十二イマーム派に成長する。二つ目がワーキフ派（Wāqifa）であり、彼らはカーズィムは死んでおらず彼の時点でイマーム位は停止したと主張する人々である。ワーキフ派とは「イマーム位を停止する人々」の意味であり、その後のイマームたちの死後にもワーキフ派は発生した。

カーズィムの子供の数はとても多く、三〇人から六〇人ほどとも言われている（ʻAbbās al-Qummī 2011, vol. 2, 291）。カーズィムの子孫は彼の名前のムーサーにちなんでムーサウィー（mūsawī）と呼ばれるため、その名前がつく人はカーズィムの子孫と言える。例えば、イラン・イスラーム革命の指導者はルーフッラー・ムーサヴィー（ムーサウィーのペルシア語訛り）・ホメイニーであり、彼はカーズィムの子孫である。

## アリー・リダー

八代目イマームの名前はアリーで、彼のクンヤはアブー・ハサンである。父カーズィムのクンヤもアブー・ハサンであるため、彼はアブー・ハサン二世と呼ばれることもある。彼の最も有名なラカブはリダー（al-Riḍā）である。リダーはペルシア語ではレザーと発音され、イラン周辺の地域ではイマーム・レザーと呼ばれることも多い。

通説では一四八年（西暦七六六年）ズルカアダ月（ヒジュラ暦第一一の月）一一日にマディーナで生まれた。

また、別説では、一五三年（西暦七七〇年）ズルヒッジャ月（ヒジュラ暦第一二の月）一一日に生まれたとされる（ʻAbbās al-Qummī 2011, vol. 2, 333）。

イマーム・カーズィムに敵対したアッバース朝の五代カリフ・ハールーン・ラシードの死後、アッバース朝は東のマアムーンと西のアミーンに分かれて対立したが、マアムーンの軍隊が東から首都バグダードを落とし勝利した。しかしながら、マアムーンはすぐにはバグダードに戻らずにホラーサーン地方のメルヴ（現トルクメニスタン）に滞在しており、その時にマアムーンはリダーをメルヴまで召喚した（Momen 1985, 41）。

マディーナにいたリダーはマアムーンの召喚に応じて西暦八一五から八一六年頃にかけてホラーサーンに向かった。リダーはマディーナやシーア派信徒の多く住むイラクのバスラとバグダードを経由し、そして、同じくシーア派が多く住むイランのコムを通ってメルヴに到着した。マアムーンは彼を歓待し、有力者たちを集めて、「人々よ、私はアッバース家とアリー家を見回したが、アリー・イブン・ムーサー（リダーのこと）よりもカリフの権威に優先し相応しい者を見つけられなかった」と語り、「私はカリフ位を辞任し、それをあなたに譲り、あなたに忠誠を誓おうと思う」と続けたという。すると、リダーは「カリフ位はあなたの権利であり、アッラーはそれをあなたのものにされたのです。ですので、あなたはアッラーが着せ給うた衣服を脱いで、他人に渡すことは許されません。また、もしカリフ位があなたの権利ではないとすれば、自分のものではないものを私に渡すことは許されません」と固辞したという。マアムーンはその後、次期カリフとしての皇太子職につくことを打診し、条件付きでリダーは受託した（al-Kulaynī 2007, vol. 1, 312–313; ʻAbbās al-Qummī 2011, vol. 2, 365–375）。

この時マアムーンはユダヤ教、キリスト教、ゾロアスター教など諸宗教の信徒たちを集めてリダーと討論させるという催しを開いた。シーア派伝承では、無謬のイマームたるリダーが全てを論破し、明らかな根拠を示していく様が描かれている（'Abbās al-Qummī 2011, vol. 2, 376–386）。

マアムーンはリダーを連れて首都のバグダードへの帰路につこうとしたが、リダーはイラン北東のトゥースの地で逝去してしまった。シーア派の中でもリダーの死因を自然死と考える学者もいるが、一説ではマアムーンがリダーに敬意を示していたのは見せかけで、実は最初から悪意を持っており、リダーを毒殺したとされる（'Abbās al-Qummī 2011, vol. 2, 374, 393）。

リダーが亡くなったのは通説ではヒジュラ暦二〇三年（西暦八一八年）サファル月（ヒジュラ暦第二の月）で、享年は五五歳であった。命日は同月の最後の日と言われたり、また別の説では同月一四日や一七日、または、ズルカアダ月（ヒジュラ暦第一一の月）の二三日とも言われる（'Abbās al-Qummī 2011, vol. 2, 374, 393）。

### マシュハドとコムの繁栄

シーア派の一二人のイマームたち（一二人目は存命中と信じられている）の廟の所在地を確認しておきたい。サウジアラビアのマディーナに二代、四代、五代、六代の墓が、イラクに初代、三代、七代、九代、一〇代、一一代の墓が、そしてイランに八代目の墓がある。反シーア派で宗教的逸脱の排除を目指したワッハーブ派という勢力が力を持つサウジ領内ではイマームたちの廟は破壊されており、彼らの廟は大きな巡礼地にはなっていない。シーア派国家イランにはイマーム廟は一つしかなく、その他の巡礼地となるようなイマームたちの廟はイラクに集中している。国民国家が成立するまでの前近代であれば、イランからイラクへの巡礼を妨害する政治的問題は今よりずっと少なかったものの、近代以降はパスポートがなければ国境を越えることができず、国家同士の関係において国境が閉鎖されることもある。このような状況下でリダー廟のある都市マシュハドはイランの領土内にある唯一のイマーム廟であるがゆえに極めて大きな重要性を持つ。

イランやイラクではイマーム廟は一大聖地となっており、毎年非常に多くの巡礼客を迎える。イマームだけではなく彼らの兄弟や子孫にもアッラーからの特別な恩寵が与えられているという考えに基づき、イマームの家族を安置する聖者廟（ペルシア語で emām zāde、エマームザーデ）が各地で建てられた。その中で、イランでマシュハドに次いで重要な聖地がリダーの姉妹であるファーティマ（ペルシア語でファーテメ）廟を中心に据えたコムという都市である。法学上の「聖地」は廟を囲む建物の敷地の中を指すだろうが、わかりやすくするためにマシュハドやコムといった都市を聖地と呼ぶこととする。

マシュハドはイラン北東部にあるが、コムはイラン中央部の荒野の中にある。イラン国内では両方ともに宗教都市であり、学問の拠点でもある。マシュハドはイマームの廟でもあるため、多くの参詣者が訪れる巡礼地としての色合いの方が濃い。それに対して、コムは現在ではシーア派の最大の学問の拠点となっており、有名なイラン人法学者たちの多くがコムで学んできた。例えば、イラン・イスラーム革命の指導者ホメイニー師、現・最高指導者ハーメネイー、現・大統領ライースィー、前・大統領ローハーニーらはコムでイスラーム諸学を学んだ。

### ムハンマド・ジャワード

九代目イマームの名前はムハンマドで、彼の最も有名なクンヤはアブー・ジャアファルで、彼のラカブはムフタール、ムルタダー、アーリムなどもあるが、ジャワード（al-Jawād）やタキー（al-Taqī）がよく使用される。彼の名前ムハンマド・イブン・アリー（アリーの子ムハンマド）は五代目イマーム・バーキルと同名であるため、ムハンマド・イブン・アリー二世とも呼ばれる。彼のクンヤも五代目イマームと同じであるため、アブー・ジャアファル二世とも呼ばれる。

彼の母サビーカ（Sabīka）はもともと奴隷であり、コプト教徒（キリスト教の一派）のマーリヤ（預言者ムハンマドの子を産んだことのある女性）の家族のヌビア人であったという（al-Kulaynī 2007, vol. 1, 314; ʻAbbās al-Qummī 2011, vol. 2, 365–419）。ジャワードは通説では一九五年（西暦八一一年）ラマダーン月一九日、もしくは同月半ばにマディーナで生まれたとされる。また、別の説ではラジャブ月一〇日に生まれたとも言われる（al-Kulaynī 2007, vol. 1, 314; ʻAbbās al-Qummī 2011, vol. 2, 419）。

父リダーの子供の人数については見解の相違があるが、少なくともリダーが逝去した時には七歳と数ヶ月の息子ジャワードしか男児は生存していなかったようである。もし彼より年長者がいればその者がイマームであるべきだという主張や分派活動があってもおかしくないが、別のイマームを新たに擁立しようとするような大きな動きは起きなかった（ʻAbbās al-Qummī 2011, vol. 2, 374, 400）。

父リダーが没したことでイマームとなったジャワードはまだ七歳であったため、幼い子供がイスラーム共同体全体を指導する無謬の宗教指導者たり得るのかという疑念を持つ者も少なくなかった。実際に他派の人々だけではなく、当時のシーア派学者たちですらその事態に困惑していた。そのため、ジャワードは自分のイマーム位を立証するためにその疑念を晴らすほどの奇跡を起こす必要があり、彼については多くの奇跡譚が伝えられている（al-Kulaynī 2007, vol. 1, 312–313; ʻAbbās al-Qummī 2011, vol. 2, 431–440）。

ジャワードの最初の奇跡は生後三日目にしてイスラームの信仰告白を行ったことである。また、彼のイマーム位を立証する奇跡は、学者たちとの問答の中で明らかになった。シーア派学者たちが一〇歳のジャワードを訪ねると、一回の集まりの中で三万もの質問に対して全て正確に回答したという（al-Kulaynī 2007, vol. 1, 312–313; ʻAbbās al-Qummī 2011, vol. 2, 365–375）。このように、幼くしてどの学者よりも多くの正しい知識を持ち、それを教授できたというのがジャワードのイマーム位を立証するものと信じられている。

リダーを次期カリフとして指名していたカリフ・マアムーンはジャワードに対しても大きな敬意を表していたようである。彼は自身の娘ウンム・ファドルをジャワードと婚姻させようとしたが、カリフの周りのアッバース家の者たちがアリー家の若年者ジャワードとカリフの娘を婚姻させることに反対し、ジャワードの審問を求めた。シーア派伝承によれば、マアムーンは学者たちを招いて大規模な会を催し、アッバース家は当時のバグダードの裁判官で著名な法学者のヤフヤー・イブン・アクサム（Yaḥyā b. Aktham, d. 242/857）を代表として選ばれたとされる。[17] 結果として、ジャワードがヤフヤーを討論で打ちまかし、それに満足したマアムーンは娘を彼と婚姻させることを宣言した（'Abbās al-Qummī 2011, vol. 2, 423–426）。

上記のようにシーア派の中では全てのイマームたちは殺されたという学説があり、マアムーンがジャワードの父リダーを暗殺したと考える学者も多くいる。しかし、多くの史料から客観的に見て、マアムーンが他のカリフたちよりも少なくとも表面上はずっとシーア派イマームに敬意を示して、厚遇していたことは間違いない。マアムーンが大規模な討論会を開いたことからもわかるように、シーア派の思想を表明して議論すること自体が七代目イマーム・カーズィムの時よりはやりやすくなっていたようである。事実、リダーの伝承は父カーズィムや彼以降のイマームたちよりもずっと多く伝えられており、彼の伝承だけを集めた『リダーの伝承の本質（*'Uyūn Akhbār al-Riḍā*）』という書物が一〇世紀に編纂されている。八三三年にマアムーンが没して以降、再びシーア派イマームたちにとって苦痛の日々が続くことになる。八三五年にカリフ・ムウタスィムがジャワードをバグダードに召喚し、その年にジャワードは没した。彼の死因についてはシーア派の中で見解の相違があるが、ムウタスィムの命令によってジャワードの妻ウンム・ファドルが彼を毒殺したと主張する学者もいる（Momen 1985, 48）。

ジャワードの命日について通説では、二二〇年（西暦八三五年）ズルカアダ月（ヒジュラ暦第一一の月）の終わりである。一説ではズルヒッジャ月の六日とも言われる。また、別の説では、彼の命日は二一九年（八三四年）ズルヒッジャ月五日である。彼は幼くしてイマーム位を受け継いだが、彼の享年は二五歳と数ヶ月と若かった（al-Kulaynī 2007, vol. 1, 314; 'Abbās al-Qummī 2011, vol. 2, 449–452）。

## アリー・ハーディー

一〇代目イマームの名前はアリーで、彼のクンヤはアブー・ハサンで、カーズィムとリダーもアブー・ハサンというクンヤで呼ばれているため、彼はアブー・ハサン三世とも呼ばれる。彼のラカブにはハーディー、ナキー、アスカリー、マーディーなどがあるが、最も有名なラカブはハーディー（al-Hādī）とナキー（al-Naqī）である。本書は彼をハーディーと呼ぶことにする。通説では二一二年（西暦八二八年）ズルヒッジャ月半ばにマディーナ近郊で生まれた。別の説ではラジャブ月の二日もしくは五日に生まれたとされる（al-Kulaynī 2007, vol. 1, 318; ʻAbbās al-Qumm, 2011, vol. 2, 365–375）。

彼のイマーム在位期間は三三年と長いものであったが、同時に過酷なものでもあった。先代の父ジャワードが没した際のハーディーはまだ七歳から八歳ほどで、シーア派はまたしても幼い子供以外にイマーム位の資格を持つ者がいないという危機的状況に直面した。ハーディーはイマームになってから最初の一三年間をマディーナで過ごしたものの、カリフ・ムタワッキルは西暦八四八年に新帝都サーマッラーにハーディーを召喚した。それ以降、死ぬまでの二〇年間をサーマッラーでカリフの厳しい監視のもと、時に軟禁されて生きることとなった（ʻAbbās al-Qummī 2011, vol. 2, 495）。そのため、ハーディーには弟子たちを集めて講義をするような機会はほとんどなく、彼のハディースの数もとても少ない。

しかしながら、ハーディーは監視下に置かれて何もしていなかったわけではなく、代理人を介した地下活動を通じて信徒との交流を図っていた。アッバース朝による大きな迫害はイマーム・カーズィムの頃より始まったが、カーズィムは幽閉されている時も弟子たちに命令し、弟子がイマームの代理人としてシーア派共同体の運営を担った。この代理人制度（wikāla）はジャワードの時代に大きく拡大し、イスラーム世界の各地にイマームの代理人たちが派遣されるようになった（Hussain 1982, 49–55）。そして、ハーディーの時代にはイマームが物理的に幽閉されていたために、代理人制度がイマームと信徒を繋ぎ、シーア派共同体を存続させる役割を果たすようになっていたのである。ハーディーの代理人の中でもとりわけウスマーン・イブン・サイード・アムリー（ʻUthmān b. Saʻīd al-ʻAmrī, d. after 280/894）という人物が共同体の運営に取り組み、信徒たちからの喜捨（zakāt）やフムス（五分の一税）という宗教税の徴収システムを担った（第二部参照）。イマームが幽閉されたことで信徒の数は減るどころか、アムリーの指揮のもとでむしろ増加したとまで言われる。彼は一一代目イマーム、そして、一二代目イマームの代理人も務めることになった（Momen 1985, 49; Abdulsater 2011, 308）。

この時期からイマームの手紙に署名（tawqīʻāt）が添えられるようになった。信徒がイマームに直接会って質問する機会が極めて限定的となったため、何かの問題に直面した信徒は手紙を代理人に渡してイマームに照会するようになった。代理人たちはイマームにそれを伝えて、イマームが自身で署名して返答するようになったとされる。その署名はイマームからの直接の手紙であることを証明するものとして用いられた（ʻAbbās al-Qummī 2011, vol. 2, 505）。

シーア派の合意によれば、ハーディーはヒジュラ暦二五四年（西暦八六八年）に亡くなった。しかし、命日については見解の相違があり、多くの学者たちはラジャブ月（ヒジュラ暦第七の月）三日が命日だと考える。彼の享年は四一歳であり、サーマッラーの自宅で埋葬された（ʻAbbās al-Qummī 2011, vol. 2, 502）。ハーディーの死因についても他のイマームたち同様に学説が分かれるが、一説ではカリフ・ムイッズの兄弟ムウタミドが毒殺したとされる。ハーディーには五人の息子がいたが、とくにハサンとジャアファルが有力人物で、両者ともハーディーの死後にイマームを自称した。本書が「シーア派」と呼ぶ「十二イマーム派」は前者のハサンのイマーム位を主張しており、ジャアファルはイマームの息子でありながら「嘘つき（Kadhdhāb）」と呼ばれ、彼に対する多くの批判がシーア派文献に収録されている（ʻAbbās al-Qummī 2011, vol. 2,

509)。

## ハサン・アスカリー

一一代目イマームの名前はハサンで、クンヤはアブー・ムハンマドで、彼の最も有名なラカブはアスカリー（al-ʻAskarī）である。彼もまた父とともにサーマッラーで幽閉生活を送った（ʻAbbās al-Qummī 2011, vol. 2, 519)。サーマッラーは別名アスカル（ʻaskar, 軍営都市という意味）と呼ばれており、アスカルで監視下に置かれた彼ら親子は二人ともそれぞれアスカリーと呼ばれ、二人まとめて「二人のアスカリー（al-Askariyān）」と呼ばれる。ただし、多くの場合は単に「アスカリー」とだけ言えば、一一代目イマームを指して用いられる（ʻAbbās al-Qummī 2011, vol. 2, 471, 519)。

アスカリーはヒジュラ暦二三二年（西暦八四六年）のラビーウッサーニー月（ヒジュラ暦第四の月）に生まれた。通説では同月八日誕生とされるが、同月四日という学説もある（ʻAbbās al-Qummī 2011, vol. 2, 519)。シーア派伝承によれば、アスカリーは人生の大半を捕縛されて過ごし、弟子たちと接見することもほとんど禁止されていた。彼は専らイスラームの崇拝行為に勤しんでおり、弟子の信徒への直接的な指導を行うこともほとんどなかったため、アスカリーのハディースは極めて少ない[18]。そのため、アスカリーの思想的貢献はほとんどないといっても過言ではないが、ハーディー同様に代理人を通じて信徒との交流を継続していた（Hussain 1982, 55)。

シーア派では、アスカリーには人知れず息子が生まれており、彼はその息子を次のイマームとして指名していたと信じられている。しかし、アッバース家に自分の子供の存在が知られて息子が処刑されてしまうことを危惧するあまり、徹底的に息子の存在を隠匿し、ごく少数の親類や側近だけに息子の存在を明かしていたとされる。彼の息子の誕生については以下のようなエピソードがある。長い伝承だがシーア派のイマーム観がよくわかるものなので全文紹介したい。アスカリーの叔母のハキーマ（Ḥakīma）がその時の様子をある人物に語ったという伝承である。

アブー・ムハンマドことハサン・イブン・アリー〔アスカリーのこと〕——彼ら二人に平安あれ——は私に〔手紙を〕送り、言われました、「おばよ、今夜は私たちと一緒に断食を解いて下さい。今夜はシャアバーン月一五日です。祝福多くいと高きアッラーは今夜、地上における証を明らかにし給います」と。

〔ハディースの伝承者が語るに〕彼女〔ハキーマ〕は言いました。

「私は彼に『その者の母は誰でしょう』と言いました。すると、彼は私に『ナルジス（Narjis）です』と言われたのです。私が彼に『アッラーが私をあなたの犠牲とされますように。彼女には〔妊娠の〕何の印もありません』と言うと、彼は『これこそ私があなた〔だけ〕に話した理由です』と言われました」。

彼女は〔この伝承の伝承者に〕言いました。

「私は赴きました。そして挨拶をして座ると、彼女〔ナルジス〕が私の靴をどかしてやってきました。すると、彼女は私に『私の主人様、〔私の家族の主人様〕、今夜はどのようにお過ごしですか』と言ったので、私は『いいえ、あなたこそ私の主人にして、私の家族の主人です』と言いました」。

彼女〔ナルジス〕は私の言ったことをよくわかっておらず、「おばさま、それはどのようなことでしょう」と言いました。彼女〔ハキーマ〕は「私は彼女に『娘よ、至高なるアッラーは今夜あなたに現世と来世の長となる男の子を授け給うのです』と言い、また『彼女は当惑し、恥ずかしがっていました』と言いました」。

「私は夜の礼拝を終え、断食も解き横になり眠りにつきました。真夜中に起きて礼拝をしましたが、彼女は眠っており、私が礼拝を終えた時にはまだ何も起きていませんでした。私は少し座ってから［再び］眠りにつきました。その後、私は怖くなって目覚めましたが、彼女はまだ寝ていました。それから、彼女（ナルジス）は立ち上がって、礼拝し、また眠りにつきました」。

ハキーマは言いました。

「彼女はまだ寝ていましたが私は［礼拝の時刻を知るために］最初の晩を探し始めました。狼の尻尾みたいに暁の礼拝を終えると、私は［アスカリーの言ったことに対して］疑念を抱き始めました。すると、アブー・ムハンマド（アスカリー）が部屋から私に叫んで言われました、『おばよ、急ぐ必要はありません。ほら、この事は近づいています』と」。

彼女（ハキーマ）は言いました。

「私は座って［クルアーンの］跪拝章（第三二章）とヤースィーン章（第三六章）を詠みました。私がそのようにしていると、彼女も恐れて起きてきたので、私は彼女に飛びついて『アッラーの御名があなたの上にありますように』と言い、それから私は彼女に『何か感じますか』と言いました。彼女は『はい、おばさま』と言ったので、私は彼女に『勇気を持って、心を保ってください。これこそ私があなたに言ったことです』と言いました」。

彼女（ハキーマ）は言いました。

「疲労が私と彼女を襲い、私は我が主人を感じて眠りから醒めました。そこで、［覆っていた］布を外すと、私の目の前で彼（一二代目イマーム）は跪拝しており、彼の跪拝する部位（手や足や額）は地についていました。私は彼を抱き寄せましたが、何と私の前にいた彼は清潔でした。すると、アブー・ムハンマド――彼に平安あれ――は『おばよ、我が息子を私のもとに連れてきて下さい』と叫びました。

私が彼を連れて行くと、彼（アスカリー）は自分の手を彼（一二代目イマーム）のお尻と背中の下に入れて、自身の足を彼の胸に当て、それから自身の舌を彼の口につけて、自身の手で彼の目と耳と関節をさすって、それから『我が子よ、話しなさい』と言われました。すると彼（一二代目イマーム）は『アッラーの他に神はない、彼はお独りにして並び立つものはないと私は証言します。また、ムハンマドはアッラーの使徒であると証言します』と言われて、それから信徒たちの長（アリー）に対して、そして父に至るまでのイマームたちに対して祝福を祈願なされました。そして、その後に黙りました」。

それからアブー・ムハンマド――彼に平安あれ――は言われました、「彼が母に挨拶できるよう、母のもとに連れて行ってください。そして、私のもとにまた連れてきてください」と。私が彼を連れて行くと、彼（一二代目イマーム）は彼女（ナルジス）に挨拶し、彼女も彼に挨拶をしました。そして、彼を部屋に置いていきました。すると、彼（アスカリー）は「おばよ、七日目にまたいらしてください」と言われました。

ハキーマは言いました。

「朝になると私はアブー・ムハンマド――彼に平安あれ――に挨拶するためにやっていきました。私は我が主人（一二代目イマーム）――彼に平安あれ――を探して覆いを外しましたが、彼を見つけることはできませんでした。私は［アスカリーに］『私があなたの犠牲となりますように。我が主人は何をされておられるのですか』と言いました。すると、彼は『おばよ、ムーサー（モーセ）の母がムーサーを託した御方に、私たちは彼を託したのです[19]』と言われたのです」。

ハキーマは言いました。

「七日目に私はまたやってきて挨拶をして座りました。すると、彼は『我が子を連れてきてください』と言われました。私は布で包まれていた我が主人を連れて行くと、前やっていたようなことを行い、それからミルクや蜂蜜を口移しで与える時のように自身の舌をその口に入れられてから、『息子よ、話しなさい』と言われました。[20]すると、かの方は『アッラーの他に神はいないと私は証言します』と話され、ムハンマド、信徒たちの長、そして自分の父に至るまでの清らかなるイマームたち――彼ら全員にアッラーの祝福がありますように――を祝福され、それから『慈悲あまねく慈悲深きアッラーの御名において。そこで我らは地上で虐げられた者たちの上に恵みを下し、彼らを指導者たちとなし、また彼らを相続人となそうと望む。そして、我らは彼らにこの地で権勢を与え、フィルアウンとハーマーンと両者の軍勢に、彼らが警戒したことを見せようと望んだ』（クルアーン二八章五から六節）を読まれたのです」（al-Ṣadūq 1991, 390–391）。

この伝承にあるように、一二代目イマームはその妊娠の兆しすらもなく生まれ、生まれた時に立ち会ったのはアスカリーとおばハキーマのたった二人だったという。アスカリーは生まれてから七日目にはすでに親類に対しても息子を隠し始めており、その後もごくわずかな弟子たちにしか息子の存在を明かしていなかったという（'Abbās al-Qummī 2011, vol. 2, 471, 544–545）。

アスカリーの命日について、多数説ではヒジュラ暦二六〇年（西暦八七四年）のラビーウ・アル＝アウワル月（ヒジュラ暦第三の月）の八日に没したとされるが、同月一日（西暦八七三年末）であったという説もある。享年は二九か二八歳であり、約六年間イマームを務めた。イマームは全員殺されたのだと考える学者たちによれば、カリフ・ムウタスィムが彼を毒殺したのだという。彼の遺体はサーマッラーで父の隣に埋葬された（'Abbās al-Qummī 2011, vol. 2, 471, 544）。

アッバース朝カリフはこれまで長年にわたり王朝の権威を揺るがす存在であったアリー家のイマームの血筋が途絶えたことを確認すべく彼の家に使者を送り、さんざん捜索させた結果、アスカリーに息子はいなかったと結論づけて彼の遺産をスンナ派の相続法に基づいて分配した（ʻAbbās al-Qummī 2011, vol. 2, 471, 542)。

### アスカリー死後の分派

アスカリー死後のイマーム位を巡り、シーア派内には過去に例を見ないほどの分派が生まれた。シーア派の分派学者ナウバフティーによれば、当時一三もの分派が誕生したという。[21] それぞれの分派の主張を要約すると、①アスカリーは死んでおらず姿を隠しただけである、②アスカリーは一度死んだが死後も生き続けるメシアである、③と④アスカリーの死後のイマームは弟のジャアファルと見なすが、それぞれの根拠が異なる、⑤アスカリーの兄弟ですでに死んでいるムハンマドがイマームであった、⑥アスカリーの死の二年前に生まれた息子ムハンマドがイマーム（細部が十二イマーム派と異なる）、⑦アスカリーの死後に彼の子供が生まれた、⑧預言者を従兄弟のアリーが継いだように、アスカリーも従兄弟アブドゥッラーが継いだ、⑨イマーム位は途切れた、⑩ハーディーの生前に死んだ兄弟ムハンマドを通じてジャアファルがイマーム位を継承、⑪誰が正しいかわからない、⑫息子ムハンマドをメシアとみなす十二イマーム派、⑬兄弟間のイマーム位の移動はあり得ないが致し方なく弟ジャアファルを認める、という集団である（al-Nawbakhtī 2012, 151–171)。

このようにアスカリーの死によって一〇以上もの分派が形成されたということから、当時のシーア派が大混乱に陥っていたということがわかる。彼らの争点はアスカリーの死後（死を認めない者たちにとっては失踪後）に誰がイマームとなるのかということであった。アスカリー生前に死去した兄弟ムハンマドの息子、アスカリーの兄弟ジャアファル、姿を隠したと言われるアスカリーの子供、などの候補者がおり、それぞれに信奉者がいたのである。この時点における分派ごとの信徒数の割合については分派学書に全く記述がないものの、少なくともアスカリーの消息不明の隠し子をメシアと見なす「十二イマーム派」は数ある分派の一つに過ぎなかった。

また、上記の分類に含まれないものの、この時期に極端派のヌサイル派が誕生した。この宗派の名前はイブン・ヌサイル（Muḥammad b. Nuṣayr al-Namīrī, 没年不詳）にちなみ、一説ではアスカリーは彼を破門していたと言われるが、少なくとも彼はアスカリーの従者の一人であったようである。イブン・ヌサイルはアスカリーの神性を主張し、彼自身は神であるアスカリーから啓示を受け取った預言者であると主張した。現在は極端派集団のほとんどが消滅してしまったが、ヌサイル派はアラウィー派と呼称を変えてシリアに現存している（Bar-Asher 2009, 73–80; Talhamy 2010, 175–176; 菊地 2021, 32）。

## 一二代目イマーム

当初は一二代目イマームの名前を口に出すこと、およびそれを明かすことは禁止されており、古い時代の文献の中に彼の名前を見つけることは難しい（al-Ṣadūq 1991, 353; al-Kulaynī 2007, vol. 1, 204）。その後、一三世紀のシーア派哲学者ナスィールッディーン・トゥースィー（Naṣīr al-Dīn al-Ṭūsī, d. 672/1274）が名前に言及することを解禁し、彼以後の多数説では十二代目イマームの名前に言及しても良いとされた（ʻAbbās al-Qummī 2011, vol. 2, 471, 566）。

初期の伝承でも彼の名前をM Ḥ M Dと子音だけで暗示的に示すことはある（al-Kulaynī 2007, vol. 1, 329–330）。預言者ムハンマドの言葉「マフディー（メシア）は私の子孫から現れる。彼の名は私の名で、彼のクンヤは私のクンヤである」に基づいて、一二代目イマームの名前はムハンマドであり、彼のクンヤはアブー・カースィムである（al-Ṣadūq 1991, 272）。名前を呼ぶことが禁止されていたことを背景として、彼は現在までラカブで呼ばれるのが通例である。その中でも、マフディー（al-Mahdī, メシア）、カーイム（al-Qāʼim, 決起する者）、ムンタザル（al-Muntaẓar, 待望される者）、イマーム・ザマーン（Imām al-Zamān, 時のイマーム）、サーヒブルアムル（Ṣāḥib al-amr, 権威の持ち主）、などがよく用いられる。以下、彼について「一二代目イマーム」、もしくは、シーア派伝承で最も多く用いられる「カーイム」の呼び方を基本とするが、終末論の文脈ではマフディーと呼ぶこともある。

他のイマームたちと同様に、一二代目イマームの誕生日についても見解の相違がある。彼が生まれた年について、通説ではヒジュラ暦二五五（西暦八六九年）であるとされるが、ヒジュラ暦二五六年（西暦八七〇年）、ヒジュラ暦二五八年（西暦八七二年）だったという説もある。また、誕生日については通説ではシャアバーン月（ヒジュラ暦第八の月）一五日の金曜日であったとされるが、別の説では同月八日であったと言われる。アスカリーが徹底して息子を隠したということであれば、彼の誕生年とその日付に関して後世のシーア派学者たちの間で見解の相違があっても仕方ないだろう。アスカリーがサーマッラーで幽閉されていたため、一二代目イマームの出生地がサーマッラーであることについては異論がない（al-Kulaynī 2007, vol. 1, 329–330; ʻAbbās al-Qummī 2011, vol. 2, 471, 555）。

父アスカリーはムハンマドとアリーの血を代々継承する者であり、それと同時に四代目イマームの母であるペルシア帝国の皇帝の娘シャフルバーヌーを通じてペルシア王家の血を引いていると信じられている。また、アスカリーの妻ナルジスはビザンツ帝国の王女であったと伝えられている。ナルジスの父方は歴史上長い間東ヨーロッパや現在のトルコのアナトリアなどを支配したビザンツ皇帝の血を引き、ナルジスの母方はキリスト教のカトリックにおいて初代ローマ教皇と見なされているペトロの子孫であったという（al-Ṣāfī 2015, vol. 2, 219–224）。シーア派伝承によれば、預言者イーサー（イエス・キリスト）は自身が天に召される前にペトロを遺言執行人（waṣī, イマームの類義語）として任命していたと言われる（平野 2021b, 14–20）。このようにして、伝説的に一二代目イマームには、①最後にして最良の預言者であるムハンマドとその遺

**図3　2つのガイバの違い**

| 小ガイバ | 大ガイバ |
|---|---|
| 期間は西暦874年から941年 | 941年から現在まで |
| 代々1人ずつ、合計で4人の代理人がいた | 代理人制度は廃止 |
| イマームは代理人を介して信徒を指導 | イマームは信徒との一切の交流を絶った |
| 信徒は問題に直面したとき、代理人に照会 | 法学者がイマームの代わりに信徒を指導するようになる |

言執行人アリーの血、②イーサーの遺言執行人たるペトロの血、③西洋史上名高いビザンツ帝国の皇帝の血、④同帝国と肩を並べたペルシア帝国の皇帝の血、が流れているということになる。

一二代目イマームは生まれてすぐに父によって隠されたとされるが、父の死以降も信徒の前から姿を隠したままであった。イマームが信徒の前から姿を隠した状態をガイバ（ghayba）と呼び、ガイバは後世のシーア派において中核的な教義の一つとなる。シーア派によれば、ガイバは二つあり、一つ目は一二代目イマームが信徒の前から姿を隠したものの、四人の代理人を通じて信徒を導いたとされるヒジュラ暦二六〇（西暦八七六年）から三二九年（西暦九四一年）までの「小ガイバ（al-ghayba al-sughrā）」、二つ目はイマームが先代のイマームたちから続く代理人制度を廃止し、完全に信徒との交流を絶った「大ガイバ（al-ghayba al-kubrā）」である。大ガイバは西暦九四一年に始まり、現在まで続いている。シーア派では、この地上には必ず預言者かイマームが存在するとされているため、ムハンマド没後にイマーム位が空位になることはあり得ない。そのため、九四一年に完全に信徒との交流を絶ったイマームは今も地上のどこかにおり、終末の前に信徒たちの前に再臨するマフディーであると信じられている。

アスカリー亡き後の諸分派乱立は早々に収まり、その多くが十二イマーム派に合流したようである。幽閉されていた先代のハーディー、アスカリーも公に姿を現す機会が非常に少なかったこともあり、一二代目イマームの小ガイバは信徒たちから受け入れられたようである。

シーア派伝承では小ガイバ期間におけるイマームの目撃情報がいくつも伝えられているが、いずれも個人的な邂逅であったとされている。ただし、有力な伝承によればガイバする一二代目イマームが公に姿を現した機会が一度だけあった。イスラームでは親が没した時には、成人した子供が葬儀の礼拝を挙げなければならないが、アスカリーの子供の存在は知られていなかったため、彼の葬儀の礼拝を弟のジャアファルが行うことになった。ジャアファルがシーア派信徒たちを引き連れて、アスカリーの葬儀の礼拝を始めようとすると、顔が褐色で、髪は巻き毛で、すきっ歯の男の子が歩み出てきてジャアファルの服を掴み、「おじよ、後ろに下がってください。父に対しては私の方がより相応しいのです」と言った。すると、驚いたジャアファルは後ろに下がり、その男の子が前に進み出て葬儀の礼拝を行い、アスカリーの遺体を埋葬したという（al-Majlisī 1983, vol. 52, 67）。

この伝承は必ずしも全てのシーア派学者が受け入れている訳ではないようだが、いずれにせよ一二代目イマームはその後すぐに姿を隠し、原則的に四人の代理人とだけ交流を持っていたとされている。この代理人をサフィール（safīr）と呼ぶ。サフィールは代々一人ずつ合計で四人いたが、彼らは宗教学者ではなく、地下活動を通じて宗教税の徴収と分配を行いシーア派共同体を運営する存在であった。以下にその四人のサフィールの経歴を見ていきたい。

### ①ウスマーン・イブン・サイード・アムリー

一〇代目イマームの節でも紹介したように、ウスマーン・アムリー（ʻUthmān b. Saʻīd al-ʻAmrī, d. after 260/874）は長い間、幽閉されていたイマーム・ハーディー、イマーム・アスカリーが任命した代理人である。彼は若い頃からハーディーに仕え、シーア派宗教税の徴収ネットワークの長にまでなった人物である。アスカリーの死とともに、彼は一二代目イマームの代理人を自称した（Abdulsater 2011, 308）。彼の活動は地下活動が主であり、彼はサフィールを生業にしていたわけではなく、表向きはバター売りをしていた。

一二代目イマームのガイバ直後にシーア派内で一〇以上もの対抗する宗派が誕生し、アスカリーの弟ジャアファルが信徒を獲得しつつあった。また、エジプトではイスラーム世界を震撼させた同じシーア派系のイスマーイール派がファーティマ朝という巨大な帝国を建国し、教宣組織を形成した。その結果、一部の信徒がイスマーイール派に流出したと考えられている（菊地 2009, 180; Abdulsater 2011, 307）。アムリーの功績は、十二イマーム派にとっての存続危機を乗り越えさせ、対抗する諸宗派を取り込んで一二代目イマームに対する信仰を広めることに成功したことである。

アスカリーの相続問題がアムリーにとっての最初の困難であった。シーア派伝承では、息子の存在がアッバース朝に知られることを危惧してアスカリーは自身の遺産について息子ではなく母に遺言したものの、弟のジャアファルは自分が兄の遺産の相続権を持つのだと訴え、アッバース朝を味方に訴訟を起こしたという。その結果、ジャアファルが勝訴したものの、敵であるアッバース朝と結託したジャアファルの権威はシーア派内で失墜し、結果としてアムリー陣営の影響力が増すこととなった（Hussain 1982, 78; Abdulsater 2011, 309）。近年の研究では、アムリーがシーア派内で支持を勝ち取った理由は①彼が先代の二人のイマームから選ばれた代理人であったこと、②彼が築いた宗教税徴収ネットワーク、③アスカリーの母フダイス（Ḥudayth）が彼を支持したこと、などが指摘されている（Abdulsater 2011, 309）。

イマームがガイバすると、イマームたちへの弾圧が行われてきた帝都サッマーラーに滞在する理由はなく、アムリーはシーア派信徒が多く住むバグダードへ移住した。アムリー以降の三人のサフィールたちもまたバグダードを拠点とした。地下活動を行ってきたアムリーの死についてはほとんどわかっていないが、アスカリーが没したヒジュラ暦二六〇年（西暦八七四年）以降、二六七年（西暦八八〇年）までの間であると推測されている（Hussain 1982, 97）。

## ②アブー・ジャアファル・ムハンマド・イブン・ウスマーン・アムリー

アブー・ジャアファル・ムハンマド・イブン・ウスマーン・アムリー（Abū Ja'far Muḥammad b. 'Uthmān, d. 305/917）は初代サフィール・アムリーの息子であるため、彼自身もアムリーと呼ばれる。そのため、両者を区別するために、初代サフィールがアムリーと、二代目サフィールがクンヤのアブー・ジャアファルと呼ばれることが多い。アブー・ジャアファルは事前にアスカリーから指名を受けていたと言われる（al-Ṭūsī n.d., 223）。

アブー・ジャアファルは父の家業を継いで、表向きはバター売りをしていたが、秘密裏の地下活動として宗教税の徴収と運用というサフィールとしての任務を果たしていた（Hussain 1982, 105–106; Abdulsater 2011, 309）。

彼に関する伝承は、彼が一二代目イマームに会ったことがあること、および彼自身がそのことを信徒に語ることを強調しているという（Abdulsater 2011, 311）。一例を挙げれば、毎年一二代目イマームはマッカ巡礼に参加して人々を見ているが、人々は彼のことを認知することはないという。それにもかかわらず、アブー・ジャアファルは彼を見て認知したという（al-Ṭūsī n.d., 226）。

アブー・ジャアファルはイマームの代理職を主張する敵対宗派との対抗に注力した。アスカリー死後に誰がイマームとなるのかという論争には早い段階で父アムリー、そして息子アブー・ジャアファルが勝利したようである。しかし、その次にイマームの代理人としての地位（sifāra）を主張する人々が現れた。その最初がシャリーイー（Sharī'ī）と呼ばれる人物であり、先のヌサイル派の名祖イブン・ヌサイルもその一人である（al-Ṭūsī n.d., 246–257）。

この時期のバグダードの有力家系にナウバフト家（āl Nawbakht）があり、彼らの中のアブー・サフルという人物はガイバに関しての最初の本『教示の書』（*Kitāb al-Tanbīh*）を執筆したと伝えられている。アブー・ジャアファルはナウバフト家と密接な関係を持ち、娘を同家に嫁がせたという。さらには次のサフィールにナウバフト家の有力者を指名した（Abdulsater 2011, 311–313）。

アムリーとアブー・ジャアファルという二人のサフィールは、アスカリーの息子への信仰を広めることに成功し、十二イマーム派の宗教税徴収の地下ネットワークを活用し同派の権威を上昇させることにある程度は成功した。アブー・ジャアファルは三〇五／九一七年頃に没したとされる。

### ③アブー・カースィム・フサイン・イブン・ルーフ・ナウバフティー

一二代目イマームの命令によって、二代目サフィールのアブー・ジャアファルはアブー・カースィム・フサイン・イブン・ルーフ・ナウバフティー（Abū al-Qāsim al-Ḥusayn b. Rūḥ al-Nawbakhtī, d. 326/938）を後継者として指名したという（al-Ṭūsī n.d., 230）。彼がサフィールとなった理由は実際には先代の指名という単純なものだけではなく、当時のシーア派有力者たちの間の力関係が影響しているようである（Sachedina 1981, 92–94; Hussain 1982, 121）。彼はアッバース朝の宮廷にも影響力を持つナウバフト家出身であるが、この時代には彼よりも有名なナウバフティーが二人いる。この時代のバグダードは知性的推論に重きを置く合理主義的潮流が支配的であったが、その代表的な人物がアブー・サフル・ナウバフティー（Abū Sahl al-Nawbakhtī, d. 311/923）、および、その甥であるハサン・イブン・ムーサー・ナウバフティー（al-Ḥasan b. Mūsā al-Nawbakhtī, d. between 300/912–310/922）である。三代目サフィール・イブン・ルーフはアブー・サフルと実際に交流があり、思想的にも合理主義的考えを共有していたとの指摘もある（Newman 2000, 19–20; Abdulsater 2018, 10）。同時代の三人のナウバフティーを区別するために、サフィールをイブン・ルーフ、もしくはアブー・カースィムと、神学者二人を順番にアブー・サフル、ハサン・イブン・ムーサーと呼ぶのが一般的である。

イブン・ルーフもまたイマームの代理権を巡る対立に巻き込まれることになった。とくに有名である論敵はイスラーム神秘主義者で有名なハッラージュ（al-Ḥsayn b. Manṣūr al-Ḥallāj, d. 309/922）と法学者のシャルマガーニー（Muḥammad b. ʿAlī al-Shalmaghānī, d. 322/934）である。

ハッラージュはイスラーム神秘主義の歴史の中でよく知られている人物であり、彼は神秘主義における神と被造物との融合の諸相を「我は真理（≒神）なり」と大胆に表現したことで法学者たちや周りの神秘主義者たちからも疎まれるようになった。彼は自分自身が一二代目イマームの代理人を自称していたため、サフィールの権威に挑戦する存在として受け取られた。ただし、結果的にハッラージュのシーア派への影響は限定的であり、彼自身は上記の発言に加えて悪魔イブリースを崇拝するなど逸脱的教説を表明したため、カリフ側から不信仰者宣言を受けて逮捕、投獄され、九二二年に処刑された（al-Ṭūsī n.d., 226; al-Mufīd 1992–3b, 134; 藤井 2009, 765; 井上 2014, 158）。

二人目のシャルマガーニーはイブン・ルーフにとって最も大きな対抗馬となった。シャルマガーニーは著名なシーア派法・神学者の一人であり、シーア派の中心コムの学者たちが彼のガイバの書から学んでいたほどの人物であった。当初イブン・ルーフは彼と良好な関係にあり、彼にバグダードで職務を与えていた。しかしながら、イブン・ルーフが投獄された九二四年頃から、シャルマガーニーは神の受肉、預言者・イマーム間での神性の移動など極端派の思想を持つようになり、自分自身が一二代目イマームの代理人であると主張し始めた。そして、彼はシーア派有力家系フラート家から支持を受け従者を獲得していったという。イブン・ルーフとシャルマガーニーの対立はシーア派を二分しかねない大きな問題となったものの、最終的にはシャルマガーニーが政争に敗れ、処刑された（Hussain 1982, 126–131; Abdulsater 2011, 317–318; Hayes 2022, 189–209）。

初代および二代目サフィールは一二代目イマームの存在証明に尽力したが、イブン・ルーフはイマームの代理権の正統化に専心した。彼はヒジュラ暦三二六年（西暦九三八年）に没した。

### ④アリー・イブン・ムハンマド・サンマリー

第四代目サフィールはアリー・イブン・ムハンマド・サンマリー（'Alī b. Muḥammad al-Sammarī）であり、三年間サフィールとして活動したとされる。しかしながら、サンマリーの生涯はほとんど知られておらず、彼がサフィールとして果たした仕事もほとんどわかっていない。そのためか、彼の名のサンマリーの読み方は研究者・ムスリムの校訂者によって異なることもあり、サマッリー（Samarrī）、サムリー（Samurī）、サイムリー（Ṣaymurī）などと呼ばれることもある。一説では彼の出身がイラクの都市バスラの一画であるサンマル（Sammar）ないしサイマル（Ṣaymar）であるとされ、この説に従えば彼の名前の読み方はサンマリー（Sammarī）かサイマリー（Ṣaymarī）になる（Hussain 1982, 133）。後者の二つの呼び方の中ではおそらくサンマリーの方がよく使われるため、本書ではサンマリーと呼ぶ。

彼の功績を示すとすれば、一二代目イマームから大ガイバが到来することを伝えられ、それを公表したことである。サンマリーはヒジュラ暦三二九年（西暦九四一年）の一二代目イマームの誕生日であるシャアバーン月（ヒジュラ暦第八の月）一五日に死去した（Hussain 1982, 134）。サンマリーは死の数日前にイマームの署名の入った手紙を持ち出して人々に差し出したという。イマームからのメッセージは以下のようであった。

慈悲遍く慈愛深きアッラーの御名において。アリー・イブン・ムハンマド・サンマリーよ、アッラーがあなたでもってあなたの同胞たちの報酬を大きく成し給いますように。あなたは六日以内に死ぬでしょう。そのため、自分の事を決めなさい。そして、あなたの死後にその地位を継承するような者に遺言（後継者指名）してはなりません。すでに完全なるガイバとなったのです。至高なるアッラーのお許しの後でのみ（ガイバから）顕現します。それ（顕現）は長い時間が経ち、［人々の］心は頑迷になり、地上が不正で満ちた後のことです。我が党派（シーア派）の中に［私を］目撃したと主張する者が現れるでしょう。そして、スフヤーニー（アリーの敵であったムアーウィヤの父アブー・スフヤーンの一族）の蜂起と呼びかけ（ṣayḥa, 天からのイマーム再臨の呼びかけ）がある前に、［私を］目撃したと主張する者は、虚偽を言い捏造する者です。いと高く偉大なアッラーによる以外には力も威力もありません（al-Ṭūsī n.d., vol. 1, 245）。

これが一二代目イマームの最後のメッセージであり、現在に至るまでの大ガイバが始まる。再臨後のカーイムについても多くの伝承が伝わっているが、ガイバ論や救世主としての役割の詳細は第二部に譲る。

## 大ガイバ中の一二代目イマーム

現在までイマームは地上のどこかに隠れていると書いたが、その原因は迫害を恐れるためであると信じられている。主として①敵の数が多すぎること、②支援者の数がとても少ないこと、を理由として、イマームは自身の命を守るために姿を隠し続けているのだという（Ghaemmaghami 2020, 129）。

小ガイバの頃にはすぐにイマームが顕現すると思われていたようであるが、大ガイバになると一二代目イマームが再臨するまでに長い期間を要することが明らかとなった。イマームと一切の交流が絶たれたとしても、シーア派にとってガイバとは姿を隠すことであり、ガイバの間もイマームの存在は無ではなく有である。つまり、イマームの存在は継続しており、彼は姿こそ見ることができないものの常に信徒を見守り指導しているのだと信じられている。このことはシーア派伝承で、預言者ムハンマドやイマームたちの言葉として繰り返し言及される。一例を挙げると、教友のジャービル（初代から五代目までのイマームに師事）が伝えるところ、預言者ムハンマドはアリーから始まる一二人のイマームたちを名指しで指名し、一二代目イマームにガイバがあることを語ったという。ジャービルが「アッラーの使徒よ、その者の党派（シーア派）は彼のガイバ中に彼から利益を得ることができるのでしょうか」と質問すると、預言者は「預言者性を伴わせて私を派遣し給うた御方に誓って、彼らは彼（一二代目イマーム）の光によって照らされ、ガイバの間にも彼への忠誠（walāya）によって利益を得る。たとえ雲が隠していようとも人々が太陽から利益を得られるように（後略）」と答えたという（al-Ṣadūq 1991, 241）。この伝承は得られる利益を具体的に説明していないものの、この利益とはイマームが常に自身の行動を見ていると確信することで、イマームからの叱責を恐れるがゆえに、信徒は善行を行い、悪行を避けるようになるということであると解釈される（Ghaemmaghami 2020, 123–128）。

これまでイマームにすがって生きてきた敬虔なシーア派信徒は、イマームと会うための機会を諦めなかった。イマームが四代目サフィールに渡した最後の署名付きの手紙には「我が党派の中に［私を］目撃したと主張する者が現れるでしょう。そして、スフヤーニーの蜂起と呼びかけがある前に、［私を］目撃したと主張する者は虚偽を言い捏造する者です」という記述があったが、この文言を文字通りに読めば、大ガイバ以降にイマームと会える可能性はゼロであると読めるだろう。しかしながら、一部の学者たちは一二代目イマームが非難したのはイマームを目撃したと口外して「主張する者」であって、「目撃すること」の可能性自体を否定したわけではないと解釈し、その結果、彼らはイマームと会う可能性があることを否定しなかった（Ghaemmaghami 2020, 124–125）。その手段の一つは、夢でイマームに会うことである（Amir-Moezzi 2011, 444–456）。また、現実においてイマームを見ていないが、彼の存在を感じるというような伝承もある。イブン・ターウース（ʿAlī b. Mūsā b. Jaʿfar b. Ṭāwūs, d. 664/1266）という著名な学者は一二四一年にサッマーラーの地下室で礼拝をしていたところ、そこでイマームがクルアーンを読む声を聞いたという。この物語ではイブン・ターウースはイマームの姿を目撃してはおらず、彼の声を聞いたに留まっている（Ghaemmaghami 2020, 149）。また、イランの聖地コム近郊に建てられたジャムキャラーンのモスクはあるシーア派信徒の夢の中で一二代目イマームがそこにモスクを建設するように命じたのが由来だとされる（al-Majlisī 1983, vol. 53, 230–231）。

一方で、信仰心がとりわけ強い信徒であれば、夢のみならず現実でもイマームと邂逅する可能性もあるとも言われる（Amir-Moezzi 2011, 447–448）。ただし、イマームとの邂逅は信徒の意志によるのではなく、イマームの意志によるものである（Amir-Moezzi 2011, 450）。よく知られた伝承に、「白い海の緑の島（al-jazīra al-khaḍrā' fī al-baḥr al-abyaḍ）」の物語がある（Ghaemmaghami 2014, 137–173）。ある時、マーザンダラーニーという男がスペインにいた時に、ラーフィド派（シーア派のこと）の諸島なるものがあると聞き、そして、そこの人々がどこから生活の糧を得ているかを知りたいと思った。彼らが一二代目イマームの息子たちの統べる「白い海の緑の島」から糧を得ていることを彼は知り驚いたという。その四〇日後に七隻の小型船隊がやってきて、彼は端正なシャイフから乗船許可を得た。航海から一六日後、海が白く甘くなった。シャイフが語るに、白い海は近づく敵船を沈没させて緑の島を守っているのだという。そして、マーザンダラーニーは見たこともないほど美しい緑の島に辿り着き、そこのモスクにいたシャムスッディーンという学者に師事した。周りの者たちがイマームに定期的に会っていると聞くと、彼はなぜ自分は会えないのかとシャムスッディーンに質問した。すると、シャムスッディーンは、マーザンダラーニーがここまでの旅ですでに二度イマームと会っており、その声も聞いていると伝えた（Ghaemmaghami 2014, 138–140）。この物語ではマーザンダラーニーはイマームに確かに会っているものの、それに気づいていない。

一六世紀にイランで勃興したサファヴィー朝期の初期には、一二代目イマームは西方の島で子供たちと生活しているとの信仰が広まっていた。この「白い海の緑の島」の物語は真正性に疑問を残すものの、多くの学者たちを魅了してきた。イラン革命の指導者ホメイニーの師ボルージェルディー（Ḥoseyn Ṭabāṭabā'ī Borūjerdī, d. 1380/1961）ですらこの伝承の解釈に言及している（Ghaemmaghami 2014, 144–149）。

イマームがどこにいるのかという問題は今も昔もシーア派にとって関心の的である。最近ではあまり聞かなくなっているが、二〇世紀には世界中でバミューダトライアングルの都市伝説が流行り多くの人たちがその都市伝説を信じていた。バミューダトライアングルとは中央アメリカのカリブ海におけるプエルトリコとバミューダ諸島を繋いだ三角形のことであり、この海域を通った船や飛行機は行方をくらましてしまうというのである。シーア派世界では、一二代目イマームはバミューダトライアングルの中にいるのではないかという都市伝説が囁かれていた。おそらく彼らは、先の物語で白い海が敵船を沈めたように、同海域にはイマームを守る作用があるのだと考えたのだろう。バミューダトライアングル説は都市伝説好きの一般のシーア派信徒だけでなく、学者の中にもそれを支持する者たちがいた（Ghaemmaghami 2014, 152–153）。

## 一二代目イマームの再臨

大ガイバが始まると、彼の終末論的救世主マフディーとしての役割が強調されるようになった。今でもシーア派信徒は礼拝後や様々な場面で「アッラーよ、ムハンマドとムハンマドの家族を祝福してください。そして、彼（マフディー）の喜びを早めてください」と唱えて、彼の再臨が早まることを祈願している。

彼の再臨前のイスラーム世界は不正に満ちていて退廃しており、大半の人々はイスラームの教えから離れ、イスラームは有名無実と化しているという。正しくイスラームを実践する人はムスリムの中でも少数派であり、虐げられている。そのような状況で、彼はカーイム（決起する者）として圧政者に対して決起して、抑圧された者たちを救ってイスラームの正しい姿を復活させるマフディーである（al-Majlisī 1983, vol. 51, 82）。彼はカルバラーの悲劇におけるフサインの復讐を果たし、世界を正義で満たすという。カーイム・マフディーの議論についての詳細は第二部で後述する。

## 第一章のまとめ

シーア派においてイマームたちは啓示を受け取る以外の権能を継承するムハンマドの正統な後継者たちである。ムハンマドと一二人のイマームたちはみな罪からも過ちからも免れた無謬者であるとされる。彼らの中でもムハンマドとアリーとフサインの存在はとりわけ大きい。シーア派はアリーを支持する政治勢力「アリーの党派」からカルバラーの悲劇を経験して宗教宗派に発展していった。宗教宗派としてのシーア派の教義の整備に着手したのがバーキルとサーディクであり、とくに後者のシーア派思想史に残した影響は極めて大きい。

サーディク以降のイマームたちはアッバース朝カリフの監視下に置かれたため、彼らがシーア派の教義形成に果たした役割は大きくはない。彼らの時代にはイマームの代理人が各地で地下活動を展開するようになり、代理人たちが宗教税の徴収と分配、共同体の運営を担うようになった。一二代目イマームが小ガイバを始める頃には、代理人としての地位は最終的にアムリー一人に集約されており、彼やその後のサフィールたちによって小ガイバ期の数々の存続危機は乗り越えられた。

# 第二章　ガイバ以降のシーア派

ガイバ以降の思想史を考察する前に、思想を導くための材料について説明しておきたい。スンナ派の法学を例に見てみると、ある問題の答えを導くために最初に参照しなければならないのは聖典クルアーンである。クルアーンの記述からその問題の答えがわかればそれで十分であるが、もしクルアーンの中に明確な答えを見つけることができなければ、預言者ムハンマドの慣行を意味するスンナを参照しなければならない。そして、スンナを収録した書物がハディースと呼ばれる。クルアーンの中にもスンナの中にも答えが見つからなければ、法学者たちの合意（ijmāʿ，イジュマー）を参照する。それでもわからなければ他の類似の規定からの類推（qiyās，キヤース）を行うことになる。このようにスンナ派における法源は順番にクルアーン、ハディース、イジュマー、キヤースとなる。

次にシーア派法学に目を移すと、スンナ派同様に最初に参照するのがクルアーンで、次に参照するのがスンナであり、スンナの次にイジュマーを参照する。ただし、シーア派はキヤースを行うことを禁止しており、イジュマーの次の法源として知性（ʻaql）を挙げる。

クルアーンはスンナ派とシーア派が全く同じテキストを共有しているが、両派はそれぞれ異なるハディース集を持っている。正確にはスンナ派における「スンナ」とは預言者ムハンマドの言葉（qawl）、行為（fiʻl）、黙認（taqrīr）の三つを指す。黙認とは預言者の前で何かが行われた時に彼が黙っていれば、それを認めたことになるという考えである。それに対して、シーア派におけるスンナとは「無謬者の言葉、行為、黙認」を指す。スンナ派は預言者だけを無謬の存在と見なすため、ただ「スンナ」と言えばムハンマドのスンナだけを指すことになる。しかし、シーア派はムハンマドと一二人のイマームを無謬と見なすために、無謬者たる預言者とイマームたちの言葉、行為、黙認がスンナと見なされる。よって、スンナ派のハディースは預言者からの伝承であるが、シーア派ハディースでは預言者とイマームたちの伝承であり、シーア派ハディースは預言者のものよりイマームのものの方がずっと多い。

また、スンナ派とシーア派ではイジュマーが法源となる根拠が異なる。スンナ派ではイジュマーは「宗教問題に関するムハンマドのウンマの一世代の学者（全員）のコンセンサス」と定義され、「私のウンマは誤りと逸脱において一致することはない」という預言者のハディースに基づきイスラーム学者全員が誤りを犯すことはないと考えられ、教友のイジュマーに限らずあらゆる時代のイジュマーは無謬性を有するという（中田 2003, 49）。それに対して、シーア派はイジュマー自体の権威を認めているわけではない。一一世紀頃の合理主義の学者たちは、大ガイバの後でもウンマが合意に達したということはガイバ中の一二代目イマームの言説も含まれているはずだという推定に基づき、イジュマーをイマームの見解を反映するものと見なしていたようである。しかしながら、時代を経るに従い、後世のイジュマーは法源とは見なされなくなった[22]（村田 2009, 885–886）。

このように、ガイバ以降においてもシーア派信徒たちはまずはイマームたちの言葉を頼りにしつつ、時にスンナ派の方法論を用いたり、時に合理主義神学派の方法論を採用したり、ギリシア由来の哲学や論理学を用いたり、イスラーム神秘主義の要素を取り入れたりしていった。この章では、イマームの時代から現代までのシーア派思想史を年代ごとに概略的に示していく。

## イスラーム世界における学問の始まり

イスラーム世界に最初から法学、神学といった学問分野があったわけではない。預言者ムハンマドの生きていた時代には、アッラーに服従することが預言者に服従することと完全に同義であった。何か問題に直面した時、預言者ムハンマドに質問することによって、信徒たちは正しい道を歩むことができた。クルアーンの内容についても預言者が解釈を信徒たちに教えていたが、この状況は預言者の死（シーア派ではイマームのガイバ）によって大きく変化した。もう新たな啓示が下ることはなく、その正しい解釈が開示されることもなくなったのであり、そこで人々は復活の日までの全ての事柄が書いてあるというクルアーン、および預言者のスンナを最初の頼りとして、イスラームの教えを体系化していかなければならなかった。

最初に神学の形成を見てみよう。イスラーム神学を発生させた初期の議論の一つはハワーリジュ派（アリー陣営から離脱した人々）によって提起された「信仰と行為」の問題であった。ハワーリジュ派は、人間の信仰はその者の行為によって増減して、大罪を犯した場合にはその者の信仰は失われイスラーム教徒ではなくなってしまうと説いた。これとは反対に、ムルジア派という集団は人間の信仰と行為を切り離し、人間の行為によって信仰が増減するという説を否定した。（青柳 2005, 21; 松山 2016, 114）。

また、アッラー自体をどのように捉えるのかを巡って二つの立場が生まれた。「お前たちの主はアッラー、諸天と地を六日間で創り、それから高御座に座り給うた御方」（クルアーン七章五四節）のように、クルアーンにはアッラーを擬人的に表現する節がある。そこで、これらの節を文字通り理解する擬人神観論者が現れると同時に、アッラーは人間とは隔絶した神であるためこれらの節を比喩的に理解すべきとする集団が現れた。後者はジャフム派という名前で知られていた。また、同時期に、人間は自分の行為を自由に行うことができるのか、もしくは、アッラーによって人間の全ての行動が予め決定されて強制されているのかという、自由意志説と予定説の間の論争が発生した。予定説を支持した学派はジャブル派と呼ばれ、自由意志説を支持した学派はカダル派と呼ばれた（青柳 2005, 22–24; 松山 2016, 29–31）。

カダル派のように自由意志説を採り、ジャフム派のように擬人神観を否定する集団はムウタズィラ学派という神学派に成長した。ムウタズィラ学派の学祖ワースィル・イブン・アター（Wāṣil b. ʻAṭāʼ, d. 131/748）は六代目イマーム・サーディクから学んだ人物である。ムウタズィラ学派は合理主義的神学派であり、アッラーを伝承だけではなく理性によって理解するという道の先駆者となった（鎌田 2015, 121）。ワースィル以降のムウタズィラ学派内には様々な教義を信奉する集団が包摂されるようになるが、ムウタズィラ学派の諸集団が共通して信奉する教義は、「タウヒード（tawḥīd, 神の唯一性）」、「（神の）正義（ʻadl）」、「楽園の約束と火獄の威嚇（al-waʻd wa-al-waʻīd）」、「中間の立場（al-manzila bayn al-manzilatayn, 大罪を犯したムスリムを信仰者（muʼmin）と不信仰者（kāfir）の中間の罪人（fāsiq）と見なす教義）」、「善を命じ、悪を禁じること（al-amr bi-al-maʻrūf wa-al-nahy ʻan al-munkar）」という「五原則」がある（塩尻 2001, 20–21）。この五原則は一一世紀以降のシーア派神学に非常に大きな影響を与えた。また、ムウタズィラ学派の主要な教義の中に「クルアーン被造物説」がある。後のスンナ派に繋がる神学者たちはクルアーンを神の属性と見なし、永遠の存在であると見なした。それに対して、神の属性を否定するムウタズィラ学派はクルアーンの永遠性を認めずに、クルアーンはアッラーの被造物であるとの学説を主張した（井筒 2014, 240–241; 松山 2016, 236–237）。後述のように、ムウタズィラ学派はシーア派との共通点が指摘されているが、シーア派学者はムウタズィラ学派をスンナ派の神学派と位置付けている（al-Amīn 1983, vol. 1, 41; al-Faḍl 2009, 6）。

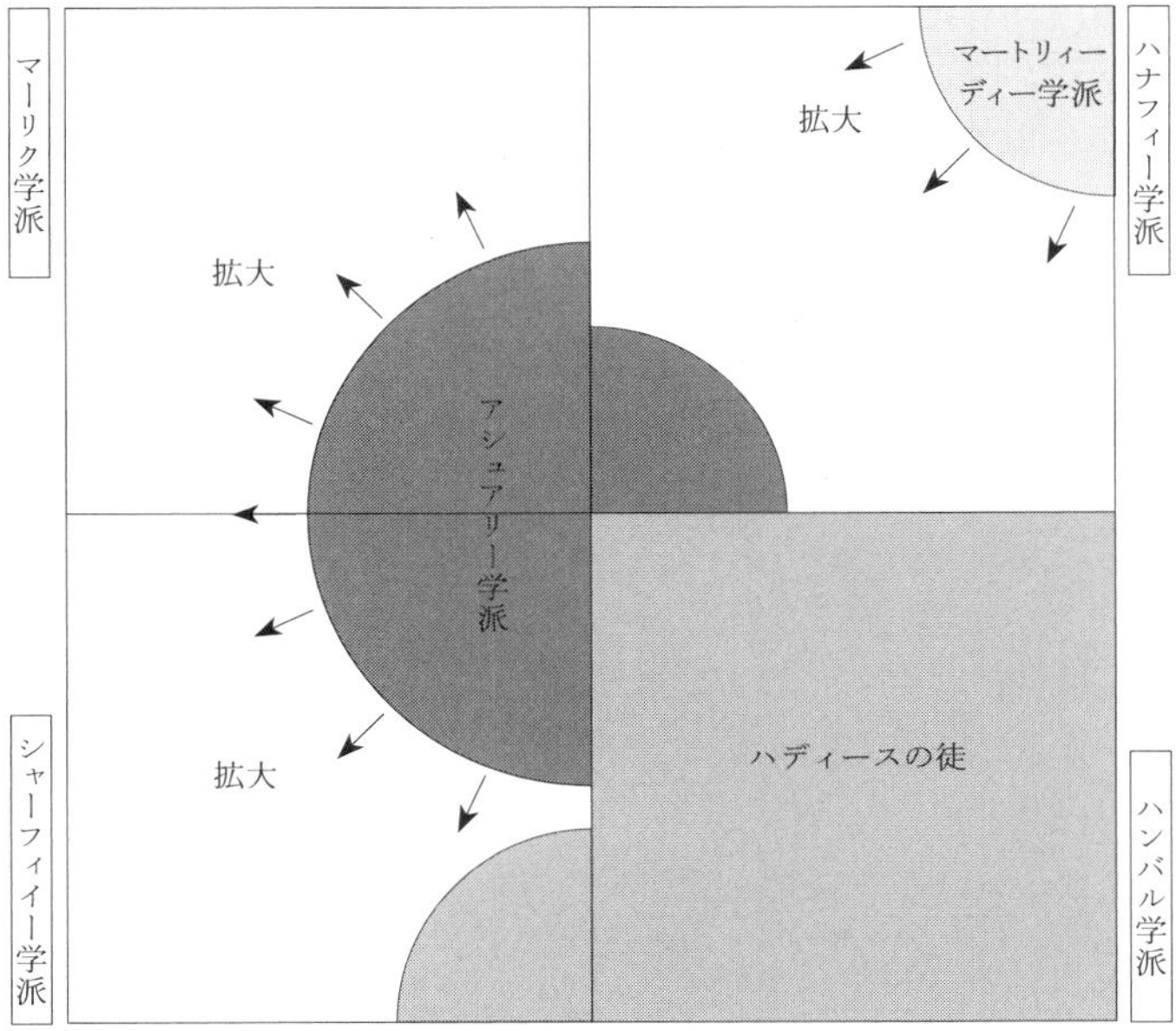


図４　10世紀ごろのスンナ派の神学派と法学派の関係（中田 2021 より引用。表記は本書に合わせた）

現在でこそ独立した神学派としてのムウタズィラ学派は消滅してしまったが、同学派はアッバース朝のカリフ・マアムーンの時代に隆盛を誇り、公の神学派に近い地位にあったことがある（青柳 2005, 24–26; 松山 2016, 54）。マアムーンはミフナ（miḥna, 異端審問）を実施し、クルアーン被造物説を強制して、この説を認めない者たちを弾圧したのである。彼の後のカリフたちもミフナを継続し、第一〇代カリフ・ムタワッキルが撤回するまで続いた。

マアムーンはそれまでアッバース朝が推進してきた翻訳活動を拡大するため、「知恵の館（dār al-ḥikma）」と呼ばれる翻訳センターを首都バグダードに設立し、そこでは、ギリシア語文献をはじめ、パフラヴィー語やシリア語などの過去の文献をアラビア語に翻訳していった（青柳 2005, 27–28; 三村 2010, 23–25; マンフレッド 2022, 49–65）。当時のヨーロッパではすでにプラトンやアリストテレスら古代ギリシアの学問は失われていたが、それらの文献がアラビア語に翻訳され、そのアラビア語訳された古代ギリシアの文献がスペインを通じてヨーロッパに逆輸入され、西ヨーロッパで一二世紀ルネサンスが起こることとなった。古代ギリシアの哲学と論理学はイスラーム哲学という形で発展し、後にヨーロッパでアヴィセンナという名で知られたイブン・スィーナーら大哲学者を生み出した。また、医学や天文学のような自然科学の分野でも古代ギリシアの医学が大きな影響を与えた（三村 2010, 93–97; ウルマン 2022, 41–45）。

アシュアリー（Abū al-Ḥasan al-Ashʿarī, d. 324/936）という人物の登場によってイスラーム神学の中の新たな潮流が生まれることとなった。アシュアリーはもともとムウタズィラ学派の学者のもとで学んでいたものの、後にムウタズィラ学派から転向し、スンナ派の信条を思弁神学によって証明しようとする立場をとった。彼の名を冠したアシュアリー学派はスンナ派の中の代表的な神学派として成長していった（松山 2016, 33）。アシュアリー自身の評価に直接的に関わることではないものの、彼はスィッフィーンの戦いにおいてムアーウィヤ軍との調停役としてアリー陣営から選ばれたアブー・ムーサー・アシュアリーの子孫である。アブー・ムーサー・アシュアリーはムアーウィヤの腹心アムルの策略にはまり結果的にアリーを窮地に追い込んだ人物であるため、アシュアリーはスンナ派の神学派の名祖であるにもかかわらず、その先祖がシーア派の呪詛の対象者の一人となっているような人物である（al-Ḥaḍramī 2002–3, 263）。

以上が神学の初期の簡単な形成史であるが、法学も同じくらいの時期に発展していった。ムハンマドの亡き後の教友たちの時代に法的な努力の必要性は生まれたようであるが、一般的にイスラーム世界の法学の学問的な成立は預言者からの第二世代（tābiʿūn）の時代だと考えられており、彼らが活動した時代はウマイヤ朝期であって、シーア派の四代目イマームの頃である。この時に成立した法学が独立した学問として発展したのはスンナ派四大法学派の学祖たちの時代で、ヒジュラ暦二世紀／西暦八世紀から三／九世紀にあたる（中田 2003, 12–13; 堀井 2005, 41–45）。四大法学派とはアブー・ハニーファ（Abū Ḥanīfa al-Nuʻmān, d. 150/767）が名祖のハナフィー学派、マーリク・イブン・アナス（Mālik b. Anas, d. 179/796）が名祖のマーリク学派、シャーフィイー（Muḥammad b. Idrīs al-Shāfiʻī, d. 204/820）が名祖のシャーフィイー学派、アフマド・イブン・ハンバル（Aḥmad b. Ḥanbal, d. 241/855）が名祖のハンバル学派である。前述のように、この四人うち、年代的に早い時代に生きたアブー・ハニーファとマーリクは六代目イマーム・サーディクに師事していた。[23]

## イマームたちの時代の学問

シーア派において宗教諸学が学問として議論されるようになったのはスンナ派と同時期であった。しかし、スンナ派と大きく異なるのは、その時期のシーア派の神学・法学の教養形成の主体は神学者や法学者ではなく、イマームであったということである。例えば、大罪を犯した者は信仰者か否かという初期の神学的問いについてイマーム・サーディクは「大罪を犯した者がそれ（その大罪）は合法だったと主張したならば、そのことで彼はイスラームから出ていき、最も厳しい懲罰を受けるだろう。もしその者が罪を犯したことを告白し、それでもって死んだならば、その者は信仰（īmān, シーア派としての信仰のこと）からは出ていくことになるが、イスラームからは追いやられず、前者の罰より軽い罰を受けるだろう」と語ったという（al-Kulaynī 2007, vol. 2, 167）。つまり、大罪を犯してもそれを後悔することなく、その大罪すら罪とも思わない者はイスラーム教徒とは言えないが、大罪を犯したもののそれを後悔していれば信仰者（シーア派のこと）とは言えないがムスリムではあるということである。

また、クルアーン被造物説について弟子ズラーラ・イブン・アアヤン（Zurāra b. Aʻyan, d. 148/767）が尋ねると、イマーム・バーキルは「［クルアーンは］創造主でもなく、被造物でもない。それは創造主の言葉である（lā khāliq wa-lā makhlūq wa-lākinna-hu kalām al-khāliq）」と言ったという（al-ʻAyyāshī 1991, vol. 1, 17–18）。

基本的に最初期のシーア派の教義形成はとりわけイマーム・バーキルとサーディクが担った。前述のように、シーア派のハディース集の中で預言者伝承はそれほど多くなく、サーディクの言葉が全体の五〇パーセントから六〇パーセントを占め、バーキルの伝承が一五パーセントくらいであり、この二人のハディースが全体の四分の三近くを占める（Lecont 1970, 97–98; Buckley 1999, 38）。彼らの思想史上の貢献は彼らの弟子たちの人数からもわかる。一一世紀の碩学シャイフ・トゥースィー（Shaykh al-Ṭā'ifa al-Ṭūsī, d. 460/1067）の人物学書（人物学とはハディースの伝承者たちを調べる学問）には初代から一一代目までのイマームたちの伝承者がリスト化されており、合計で五四三六人のハディース伝承者のうち、サーディクの伝承者が三七一七人と全体の五九パーセントほどを占めているという（Hashemi 2012, 102）。

現在のシーア派学者たちの認識では、イマーム・バーキルが弟子のアバーン・イブン・タグリブ（Abān b. Taghlib, d. 141/758）に対して「マディーナのモスクに座り、人々にファトワー（教義回答）を出せ」と命じたのが、シーア派法学者たちの活動の起源であるとされる（al-Khāmene'ī 1995, p. 51）。アバーン以外にもブライド・イブン・ムアーウィヤ（Burayd b. Mu'āwiya, d. 767）、ジャービル・ジュウフィー（Jābir b. al-Ju'fī, d. 745）らもイマームの伝承者であるとともに、法学者としても知られている（Takim 2006, 31）。イマームのみが宗教的権威であることから、イマームたちは弟子たちに対して私見（ra'y）によって解釈することやキヤース（上述の類推）、イジュティハード（ijtihād）を禁止していた（Amir-Moezzi 1994, 14; Lalani 2000, 53; Melchert 2001, 273–274）。私見とはクルアーンとハディースに依拠しない推論であり、イジュティハードは法源から法規定を導き出す努力を意味する。このように、イマームは弟子たちに対して法学者としての活動を許可しつつも、イマームの教えを無視して勝手に法解釈を行うようなことは禁止していたと考えられる。

神学の分野においてもイマーム・サーディクは弟子たちが他派との神学論争に参加することを許可したため、スンナ派の書物にもその名前が言及されるようなシーア派神学者たちが誕生した。ムゥミン・ターク（Mu'min al-Ṭāq, 没年不詳）という人物は擬人神観的な悪評があったものの、彼の最大の論敵はスンナ派のハナフィー学派の学祖アブー・ハニーファであった。ヒシャーム・イブン・サーリム・ジャワーリーキー（Hishām b. Sālim al-Jawālīqī, 没年不詳）、ズラーラもその名がスンナ派書物にも登場する。彼らの中でもおそらく最も有名であるのが、ヒシャーム・イブン・ハカム（Hishām b. al-Ḥakam, d. 179/795–6）である。彼はイマーム論の発展と擁護に大きな役割を果たした神学者である。とくにイマーム論の根幹的教義である前任者による後継者指名（naṣṣ）と無謬性（'iṣma）、イマームの知識、に関する初期のシーア派的解釈を示している。その結果、イマーム・サーディクは多くの機会においてヒシャームを他の弟子たちよりも重宝していた。ただし、ヒシャームのイマーム論は必ずしも後世の議論とは一致せず、後世のシーア派は預言者とイマームたちの無謬性を主張するが、ヒシャームはイマームたちの無謬性は認めるものの預言者の無謬性を否定した。彼によれば、預言者は誤りを冒してもアッラーの啓示で正すことが可能だが、イマームたちが誤りを冒したならば誰も訂正できなくなるためイマームにこそ無謬性が必要であるのだという。また、イマームの知識について後世の学者たちによれば、イマームは先代から学ぶとともに、天使たちから語りかけられたりアッラーから霊感を受け取ることができるとされる。それに対して、ヒシャームは霊感を否定し、イマームの知識の源泉が先代から学ぶこと、代々継承される書から学ぶこと、だけであると主張した（Bayhom-Daou 2003, 73–78）。

また、彼はアッラーを「物質（jism）」と見なし、三次的空間で捉えられるものと描写した。彼と同時代のヒシャーム・イブン・サーリム・ジャワーリーキーは神が形相であると主張した。そこで、彼ら二人に対して、イマーム・サーディクとカーズィムは神を物質や形相で形容することを否定し、彼らの主張を批判・訂正している▼24（al-Kulaynī 2007, vol. 1, 61）。

サーディクが没してからガイバまでの期間は、アッバース朝の監視下でイマームたちの活動が制限されたこともあり、新たな思想的展開は起こらなかったと言って良い。しかしながら、この期間に宗教の学問的活動が一切停止していたわけではない。イマームと接触が難しくなった信徒たちは主にサーディクの言葉を集めた小規模のハディース集を編纂するようになり、それらは「四〇〇の根本書（Uṣūl al-Arbaʿ Miʾa）」と総称される。▼25

## 伝承主義の時代

イマームのガイバはシーア派学者が学問的活動を活発化させる大きな要因となった。というのも、一般信徒がイマームに問題を照会できなくなったことで、学者たちが日常的な問題に対して適切な答えを出さなければならなくなったからである（al-Khāmeneʾī 1995, 27–30; Zabihzade 2010, 79）。ガイバの始まる西暦八七四年から一〇世紀末までのシーア派では伝承主義的潮流が支配的であった。この潮流の学者たちはイマームたちの残したハディースの収集に尽力し、クルアーンとイマームたちのハディースに忠実に従おうとした。彼らはイマームの言葉に基づいて、法学においてはキヤースとイジュティハードを禁止し、神学においては個人の私見や知性的推論を厳しく禁止した。そのため、彼らは知性的推論を行う同時代の思弁神学者たちに対して否定的な態度をとった（Amir-Moezzi 1994, 13; Zarvani 2013, 103–104）。

小ガイバ期のコムの伝承主義を代表する学者が、クライニー（Muḥammad b. Yaʿqūb al-Kulaynī, d. 329/941）である。彼の『充全の書（*Kitāb al-Kāfī*）』という書物はシーア派において最も権威の高いハディース集である。ハディースの数え方は学者ごとにそれぞれ異なるが、筆者の利用した刊本の記述によれば、『充全の書』は一五一二一のハディースを収録しており、信仰箇条を扱う「根幹の部（Uṣūl al-Kāfī）」は四三八〇、法規定を扱う「枝葉の部（Furūʿ al-Kāfī）」は一〇七四一、説教を中心に扱う「庭園の部（Rawḍa al-Kāfī）」は五九七のハディースを収録している。これほど大規模なハディース集がまとめられたのは小ガイバからであり、イマーム顕在期の著作や根本書のほとんどが特定の主題に関するイマームの言葉を集めた短い伝承集であった。

大ガイバ発生から五年後の九四六年にシーア派系王朝のブワイフ朝がアッバース朝の首都バグダードを制圧した。ブワイフ朝はスンナ派に敵対的ではなかったが、シーア派学者への支援やイマームたちの廟の拡大に取り組んだ。そのため、ブワイフ朝の存在はシーア派の学問発展に大きく寄与した。ブワイフ朝期のシャイフ・サドゥーク（al-Shaykh al-Ṣadūq, d. 381/991）はハディースに基づいてガイバを正当化し、イマームを終末の前に再臨するカーイム（立ち上がる者）でありマフディー（導く者、メシア）であると位置付けた（吉田 1993, 30; 吉田 2000, 100）。

クライニーとサドゥークはシーア派ハディース四書の著者として知られる。四書とはシーア派で最も有名なハディース集のことで、クライニーの『充全の書』、サドゥークの『法学者が同席していない者（*Man Lā Yaḥḍuru-hu al-Faqīh*）』、および一一世紀の碩学シャイフ・トゥースィーの『対立する伝承への洞察（*al-Istibṣār fī-mā Ukhtulifa min al-Akhbār*）』と『『ムクニア』の注釈における規定の精錬（*Tahdhīb al-Aḥkām fī Sharḥ al-Muqni'a*）』の四つである。クライニーの伝承集は信仰と法学に関するハディースを収録するが、サドゥークとトゥースィーの著作は法学に関するハディースしか収録していない。

一〇世紀末まではコムの伝承主義が支配的であったが、当時のバグダードにはムウタズィラ学派に近い合理主義的潮流が存在した。バグダード学派は伝承にこだわらず理性的推論を積極的に行使した合理主義的潮流であり、前述のアブー・サフルとハサン・イブン・ムーサーらナウバフト家がこの潮流を代表する。バグダード学派はムウタズィラ学派の基本的な教義である属性論、正義論、自由意志説をシーア派の中に取り入れ、その結果イマーム論を除いてはほとんどムウタズィラ学派と同様の学説を奉じていた。彼らの中にはムウタズィラ学派の五原則を受け入れながらムウタズィラ学派への帰属意識を持たない学者もいた

(al-Khāmene'ī 1995, 27–33; Newman 2000, 41–43)。

バグダード学派は地域的利点を持ち、小ガイバ期のバグダードは四人のサフィールたちが拠点を置いていた都市である。そのため、バグダード学派の学者たちはサフィールと密接に交流を持っていたことが知られている。実際に三代目サフィール、アブー・カースィム・ナウバフティーはその名の通りナウバフト家の長老であり、バグダード学派の最大の学者アブー・サフル・ナウバフティーは三代目サフィールと親密に交流していたと伝えられている（Abdulsater 2018, 10）。バグダード学派はイマーム派の思想史において重要な存在ではあるものの、文献がほとんど現存していないため、彼らについてはわかっていないことが多い。

## 一一世紀以降の合理主義の時代

一一世紀初頭にバグダードとコムの学者たちの力関係が逆転し、以降長い間合理主義的潮流が支配的となった。とくにシャイフ・ムフィード（al-Shaykh al-Mufīd, d. 413/1022）、シャリーフ・ムルタダー（al-Sharīf al-Murtaḍā, d. 436/1044）、シャイフ・ターイファ・トゥースィー（d. 460/1067）の三人の学者がシーア派の合理主義的潮流の法学・神学の土台作りを担った。

ムフィードは一一世紀初頭のバグダードにおける指導的学者であった。彼は伝承主義の大学者シャイフ・サドゥークに師事していたが、サドゥークがそのハディースが正しいかどうかをあまり調べずに使っていたことを痛烈に批判するようになった。彼の批判の程度をわかりやすく示すと、サドゥークが著した『信条（*al-I'tiqādāt*）』を批判して、ムフィードは『『信条』の修正（*Taṣḥīḥ al-I'tiqādāt*）』という書を執筆したほどである。ムフィードは多くの著作を残してきたが、大部のものは残っておらず、確認できる資料は短いもの、もしくは法規定・信条を箇条書きしたようなものが多い。そのため、彼の著作にはあまり伝承は引用されていない。また、彼の神学的教説の中にはムウタズィラ学派と共通のものが非常に多い。前節で見たように、ムフィード以前のバグダードのシーア派はイマーム論を除いてムウタズィラ学派のほとんどの教義を信奉しており、欧米研究はムフィードをそれまでのバグダードの学者たちと同様に純粋な合理主義者と見なす。それに対して、シーア派は全く別の理解を示しているが、それについてはトゥースィーのところで説明する。

ムルタダーはムフィードの地位を継承し、シーア派の指導的学者となった。彼が伝承利用に極めて消極的であり、ムウタズィラ学派の教説を積極的に導入した人物であるということには欧米研究、シーア派学派の間にほとんど異論がない[26]（Abdulsater 2017, 215, 218）。しかし、多くの欧米研究者はシーア派がムウタズィラ学派神学を採用したと主張するのに対して、シーア派学者たちはその逆でムウタズィラ学派がシーア派から学んだのだと主張する。[27]

ハディースの利用に関しては、ムフィードとムルタダーはその真正性を疑い得ないほど多くの伝承者が伝えている伝承（khabar mutawātir）を法源とし、単一伝承（khabar āḥād, 信頼するには不十分なほどの少人数だけが伝えている伝承）については法源として認めていなかった。単一伝承を法源として認めないという立場は合理主義者たちの多くの見解であったという（Modarressi 1984, 42）。

トゥースィーはムルタダーの行き過ぎた合理主義を見直し、イマームたちのハディースの中でも信頼のおける伝承は採用した。その点で、彼は合理主義と伝承主義の中庸的人物、もしくは、知性と伝承の調和をとった学者として位置付けられている。このような啓示と知性は矛盾しないとする立場は後のシーア派では「知性が判断するならば啓示も判断する」という両立の原則（qāʿida al-mulāzama）と呼ばれる（al-Khūʾī 1998, 72–73）。トゥースィーがハディースの利用に積極的であったことは彼のハディース集と人物学書からわかる。彼の編纂した二つのハディース集は前述のように両方ともハディース四書に含まれる。さらに彼は『トゥースィーの人物学（*Rijāl al-Ṭūsī*）』を執筆し、『カッシーの人物学（*Rijāl al-Kashshī*）』という過去の人物学書を編纂した[28]。ハディースは「AはBから伝え、BはCから伝えるところ、イマームは〜と言った」のような構成になっており、イマームが語った内容である本文（matn）とそれを伝えてきた伝承者たちを列挙した伝承経路（isnād）の二つから成り立っている。人物学とはハディースの伝承経路に登場する伝承者たちが信頼するに値するかを調べる学問である。このように、トゥースィーは自分でハディース集を二つも編纂し、それを真偽判定して利用するための手段もそろえようとした。トゥースィーが合理主義に傾きつつも中庸の学者であったことについては欧米研究者とシーア派学者の間でほとんど異論はないが、見解が分かれるのは彼と師ムフィードとの関わりである。シーア派では、理性と伝承の調和を目指す思想はトゥースィーがムフィードから学んだのだと言われる（al-Khāmene'ī 1995, 61–66）。

トゥースィーは師匠たちとは異なり、単一伝承を法源として認めた。また、彼は法学書においてスンナ派のテキストを引用し、そこにシーア派伝承に基づいた自身の学説を加えた。その結果、スンナ派的な思想や枠組みと彼のシーア派思想や枠組みが必ずしも調和したわけではなく、その克服は後世の学者たちの課題となった（Modarressi 1984, 44）。

## トゥースィー以降の学問的衰退——セルジューク朝の襲来

トゥースィーの存命中にシーア派において非常に大きな出来事が起きた。新たに台頭したスンナ派至上主義のセルジューク朝がこれまでシーア派を庇護してきたブワイフ朝を倒し、一〇五五年にバグダードを制圧したのである。その翌年にはトゥースィーの家が襲撃され、シーア派の図書館が燃やされてしまった。そのため、トゥースィーはバグダードを離れて、初代イマーム・アリーの廟のあるナジャフへの移住を余儀なくされた。セルジューク朝の侵攻、シーア派モスクや図書館の破壊、トゥースィー宅と彼の図書館の破壊などで一万にも及ぶシーア派文献が被害を受け、完全に散逸したものも少なくなかった（Newman 2013, 104; Momen 2016, 88–89）。これによって、トゥースィー以降の学者たちにとって一〇五五年以前の文献に直接参照することが非常に困難になり、トゥースィーの思想や方法論を批判的に検討する材料を持つ学者たちが生まれにくくなった。それゆえ、シーア派学者たちはトゥースィーの方法論に無批判に従うようになり、トゥースィーの「追従者（muqallida）」と呼ばれている。トゥースィーの方法論に批判的検討がなされるようになるのは、彼の死から一世紀ほど後になってからである（村田 1985, 514; Modarressi 1984, 44–46; Momen 1985, 88–89; Newman 2013, 101）。

　トゥースィーはその時代のシーア派の指導的学者であったが、彼の死によって同派の学問の中心というものは存在しなくなった。一〇世紀の間はイランのコムが、一一世紀のムフィードからトゥースィーまでの間はイラクのバグダードが中心であったが、これ以降は一強が存在するのではなく、イスラーム世界に点在するシーア派コミュニティがそれぞれ発展するようになった。いくつかシーア派の拠点を紹介すると、一一四五年から五〇年ほどの間、シリアのアレッポはシーア派の学問の拠点の一つとして成長し、トゥースィーの学統を継ぐイブン・ズフラ（Ḥamza b. ʻAlī b. Zuhra, d. 585/1189）、イブン・シャフラーシューブ（Muḥammad b. ʻAlī b. Shahr Āshūb, d. 588/1192）ら大学者を輩出した。また、イラン北部のタバリスターン（現マーザンダラーン）も当時の重要な学問拠点であったとされ、イランの北東部のホラーサーン地方では古典クルアーン解釈書として非常に名高いタブリスィー（Faḍl b. al-Ḥasan al-Tabrisī, d. 548/1153）が現れた。シーア派の学問の拠点が各地で広がりながらも、後に最も大きな影響力を持つに至ったのが、イラクのヒッラという街である（Momen 1985, 89; Newman 2013, 105–106）。ヒッラは一一〇一年に建設され、すぐにシーア派の学問の拠点になった。ヒッラの学者の一人であるイブン・イドリース・ヒッリー（Muḥammad b. Manṣūr b. Aḥmad b. Idrīs al-Ḥillī, d. 598/1202）は一〇〇年近く多くのシーア派学者たちが追従してきたトゥースィーの理論を激しく批判したことで知られている。彼はトゥースィー批判においてあまり支持者を集めることはなかったものの、ヒッラの学者たちは単一伝承を法源とするトゥースィーの説を批判し、単一伝承を法源から排除するムフィード・ムルタダー説に回帰したという（Modarressi 1984, 45–47; Momen 1985, 89; Newman 2013, 109）。また、ハディース評価に関してはこれまでの基準は曖昧な部分が多かった。スンナ派ハディース学ではハディースの真正性について、各世代の多くの信頼できる伝承者たちから伝わったムタワーティル（mutawātir）な伝承を「真正」、伝承経路が「真正」ほどは十分でない伝承を「良好」、信頼されない人物が伝える伝承を「薄弱」と評価する。イブン・ターウース（Aḥmad b. Ṭāwūs, d. 673/1274–5）というヒッラの有力家系の学者はスンナ派のこの分類法をシーア派に導入し、非シーア派の伝承者で信頼に当たる者たちが伝える伝承を指す「信頼（muwaththaq）」という分類を追加した（Afsaruddin 1995 26–28; Takim 2007, 30; al-Māmaqānī 2007, vol. 1, 139–145）。これによって、シーア派のハディース学は大いに進歩することになった。

## モンゴルによる蹂躙

セルジューク朝の侵攻の時よりさらに甚大な被害を与えたのがモンゴル帝国によるイスラーム世界の蹂躙である。日本にフビライ・ハーンの軍が攻めてくる元寇より少し前に、チンギス・ハーンの孫のフラグ率いるモンゴル軍がイスラーム世界を席巻し、ついには一二五八年にバグダードを陥落させ、五〇〇年続いたアッバース朝を滅亡させた。モンゴル軍によるバグダードでの略奪と破壊が起こり、この時にセルジューク朝の侵攻時に焚書を免れた文献が多く散逸してしまったと推定されている。モンゴル軍による蹂躙によってバグダードだけではなく、七代目と九代目イマームの廟であるカーズィマインのようなシーア派の重要な宗教施設も被害を受け、イランのコムも壊滅的な被害を受けたと言われる（Newman 2013, 122）。アッバース朝最後のカリフの宰相でシーア派のイブン・アルカミー（Mu'ayyad al-Dīn b. al-'Alqamī, 656/1258）が事前にフラグと交渉の席についていたことから、スンナ派の中にはシーア派がアッバース朝を裏切り、モンゴル軍をバグダードに入城させたのだという陰謀論もある（保坂 2017, 109–110）。これが事実かどうかは定かではないが、少なくともシーア派も甚大な被害を受けたことは事実である。

ただし、モンゴルによるイスラーム世界蹂躙の中で、イラクのヒッラのシーア派有力者はバグダード陥落前にモンゴルのフラグに接触し交渉を行い、その中で彼らはモンゴルがアッバース朝の支配を終わらせることを初代イマーム・アリーが予言していたのだとモンゴル側に伝え、彼らに莫大な金銭と著作を献呈した。それによってヒッラはモンゴルの侵攻を免れて学問の拠点として成長し、ナジャフやカルバラーといった近郊の聖地を守ることにも成功した（Newman 2013, 123）。

この時期の著名な学者の中でもまずナスィールッディーン・トゥースィー（Naṣīr al-Dīn al-Ṭūsī, d. 672/1274）が有名である。シーア派で一般的に「トゥースィー」と言えば先のシャイフ・トゥースィーを指すことが多いため、ヒッラのトゥースィーはナスィールッディーン・トゥースィー、もしくはハージャ（Khwāja）・トゥースィーと呼ばれる。彼はもともとイランのアラムートという城砦でイスマーイール派のイマームに仕えて同派の教義を反映する著作を書いていたものの、モンゴル軍がアラムートを攻略すると彼はフラグのもとで仕えるようになり、それ以降は十二イマーム派の思想書を執筆するようになった。彼はモンゴルからの使者としてアッバース朝カリフと会った経験を持つ。

彼はシーア派（十二イマーム派）の神学者としてだけでなく、哲学者や天文学者としても大きく名を馳せた（鎌田 1992, 120–121）。スンナ派ではガザーリー（Abū Ḥāmid al-Ghazālī, d. 505/1111）が徹底的に哲学を批判したことで、哲学的側面は非常に弱まったものの、ナスィールッディーン・トゥースィーは哲学・論理学の考え方をシーア派神学に埋め込むことに成功し、彼以降のシーア派神学書は哲学的様相を持つものが多くなった（Moṭahharī 2009, 57; Momen 2016, 90）。

この時期に法学上最も大きな功績を残したのがムハッキク・ヒッリー（Ja'far b. al-Ḥasan al-Muḥaqqiq al-Ḥillī, d. 676/1277）とアッラーマ・ヒッリー（al-Ḥasan b. Yūsuf b. Muṭahhar al-ʻAllāma al-Ḥillī, d. 726/1325）の二人である。アッラーマはムハッキクの甥にあたり、おじから法学の教えを受けた。また、アッラーマはナスィールッディーンの弟子の神学者としても有名である。ムハッキクはシャイフ・トゥースィーの法学を精錬し、一貫性を持つように再構成し、アッラーマはその路線を継承しとくにスンナ派の商法をシーア派の枠組みの中で取り込み、また礼拝時間や方向の計算に数学を導入した（Modarressi 1984, 46–48）。

また、彼らの重要性はイジュティハードを解禁したことにある。[29] イマームたちは当時まだ意味の違いが明確ではなかったもののイジュティハードとキヤースとラアイを厳しく禁止しており、伝承主義者たちも合理主義者たちもその方針を踏襲していた。[30] それに対して、ムハッキクはイジュティハードをキヤースとラアイとは明確に区別して「論拠と法源から聖法の規定を演繹する際に法学者が費やす努力」という一般的な意味で再定義した（al-Ṣadr 2015–6, 60–61）。その意味で再定義されたイジュティハードをイマームたちが禁止したキヤース（類推）やラアイ（私見）とは異なるものであると見なし、前者の合法性を主張した。また、アッラーマはイジュティハードを行う資格のある者をムジュタヒド（mujtahid）、資格のない者をムジュタヒドに追従するムカッリド（muqallid, 追従者）に分類した（Gleave 2007, xvii; al-Kulaynī 2007, vol. 1, 32–35; Melchert 2001, 274; Newman 2013, 126–127; Mavani 2015, 12）。

ヒッリーの時代になるとモンゴルのイスラーム化も始まった。モンゴルの中でもイラン周辺を支配した王朝はイルハーン朝と呼ばれるが、その七代目の君主ガザン・ハーンがイスラームに改宗し、次の君主であるオルジェイトゥは当初スンナ派であったが、自身の家族問題の裁定においてスンナ派四大法学派の学者よりアッラーマ・ヒッリーの判断に従い、シーア派に転向した（鎌田 1992, 123）。

アッラーマ・ヒッリーの死後は彼の息子のファフルルムハッキキーン（Muḥammad Fakhr al-Muḥaqqiqīn al-

Ḥillī, d. 771/1370）が指導的学者の一人となったが、アッラーマの弟子には後に「シャヒード・アッワル（al-Shahīd al-Awwal,「第一の殉教者」の意味）」と呼ばれるムハンマド・アーミリー（Muḥammad b. Makkī al-ʿĀmilī, d. 786/1384）らレバノンのジャバル・アーミルという地域出身の学者たちがいた。シャヒード・アッワルはスンナ派のマムルーク朝下で自身のシーア派としての信仰を隠し、表向きにはスンナ派法学者のふりをし、裏ではシーア派法学者として振る舞った。彼には後に正統カリフを呪詛したとの嫌疑がかけられて、スンナ派の法廷で裁かれ死刑が宣告された。死刑宣告後、彼が処刑される前に獄中で一週間で書いたとされる『ダマスカスの輝き（*al-Lumʿa al-Dimashqiyya*）』という著作は今も重要な法学書として読まれ続けている（Momen 2016, 90–91）。反シーア派的機運はありながらも、レバノンのジャバル・アーミルには多くのシーア派学派たちが集まり、学問の拠点の一つとして成長していった。

このように確かにヒッラ隆盛の時代にナスィールッディーン・トゥースィーや二人のヒッリーという天才的な学者たちによる学問的発展は見られたものの、彼ら以降はヒッラも衰退の道を辿ることとなった。セルジューク朝に続いてのモンゴルによる蹂躙で失った書物や施設、遺産はあまりにも大きいものがあり、シーア派の学問が再び大規模に活性化するのは一六世紀になってからであった。

### シーア派とスーフィズムの混交

スーフィズムとはイスラーム神秘主義と訳され、人間の内面的な修行を通じてアッラーとの合一を図ろうとするものであり、神秘主義者のことをスーフィーと呼ぶ。スーフィズムはスンナ派のコミュニティの中で成長・発展していったものであるものの、スンナ派スーフィズムとシーア派には深い関係性や共通点がある。

スーフィーはクルアーンやハディースを読めばわかるような外面的実践に加えて、預言者から代々伝えられてきたとされる奥義のようなものを体得しようとする。著名な導師（アラビア語でシャイフ shaykh、ペルシア語でピール pīr などと呼ばれる）のもとには多くの弟子たちが集まり、原則的に弟子は導師に服従して修行を積まなければならない。一〇世紀頃には師が修行を積んだ弟子たちに免状（ijāza, イジャーザ）を与える習慣が成立し、その結果、預言者ムハンマドから始まる免状に基づいた歴代のシャイフたちの思想の系譜（silsila）が成立した。シャイフのもとに形成されたスーフィー教団はそれぞれが異なる系譜を持つが、その大半の教団の系譜は預言者から最初に奥義を受けた人物としてアリーを挙げている（ティエリー・ザルコンヌ 2011, 22–28; Momen 2016, 93）。スーフィー教団にはアリー以降のシーア派イマームたちを系譜に加えているものも多く、彼らにとって一部のシーア派イマームたちは精神的指導者として見なされた。また、スンナ派から生まれたスーフィズムに近い立場を表明するシーア派学者も現れるようになった。ハイダル・アームリー（Ḥaydar al-Āmulī, d. after 787/1385）というシーア派学者は、スーフィーたちの教えの根源はアリーらイマームたちに遡るとし、真のシーア派と真のスーフィーは名称が異なるだけで、その本質は同一のものであると主張した（鎌田 2005, 128–129; Momen 2016, 96）。

一四世紀から一五世紀（王朝としてはモンゴル時代とティムール朝時代）にかけてのイラン西部などの地域ではシーア派の一二人のイマームたちに深い敬意を示すスンナ派のスーフィー教団が生まれた。彼らの多くは一二人のイマームたちをシーア派から切り離してスンナ派の枠内で理解しており、スンナ派でありながらシーア派の一二人のイマームたちを信奉している者たちを「十二イマーム・スンナ派」などと呼ぶ研究者もいる（Algar 2011, 87; 水上 2019, 24）。これらのスーフィー教団の中にクブラー（Najm al-Dīn al-Kubrā d. 617/1220）というスーフィーが創始したクブラウィー教団があり、同教団はアリーを強く崇敬する集団というだけではなく、スンナ派の考える四人の正統カリフの中でアリーを最上位と見なしていた（Momen 2016, 95）。スンナ派では一般的に正統カリフは初代から順番に優れているとされ、アリーの地位は着任順の四番目に位置する。そのため、アリーを最上位に置くクブラウィー教団の思想はスンナ派でありながら「シーア派的」と表現されることがある。

クブラウィー教団からいくつかのシーア派系スーフィー教団が誕生した。一五世紀には同教団を母体としてヌールバフシュ教団が派生した。開祖となるヌールバフシュ（Nurbakhsh Muḥammad b. ʻAbd Allāh, d. 869/1464）はもともとスンナ派だったが、自身がアリーの血筋を継ぐことを強調し、信奉者たちからマフディーと見なされていたようである。彼は最初の頃はスンナ派スーフィズムの枠内でのシーア派寄りの思想を持っていたが、後に公然とシーア派であることを示すようになった（写真7）。また、クブラウィー教団からザハビー教団やニアマトゥッラーヒー教団というシーア派系スーフィー教団も派生した。後者はイランでシャー・ニアマトゥッラー・ワリー（Shah Niʻmatullāh Wali, d. 834/1430–1）が創始した教団で、彼も最初はアリーの子孫を自称しアリーに傾倒するスンナ派のスーフィーだったが、後にシーア派に転向した（Momen 2016, 95）。これら三つの教団は数少ないシーア派系スーフィー教団として現存している。

**写真7**　ヌールバフシュ廟。テヘラン近郊の集落に位置する。

一七世紀にはシーア派とスーフィズムの教説が合流した神秘哲学（イルファーン、ヒクマ哲学などとも呼ばれる）が花開いた。彼らはイブン・アラビーという神秘哲学者の存在一性論を基礎として、神秘主義的哲学を構築した。モッラー・サドラー（Mullā Ṣadrā Ṣadr al-Dīn al-Shīrāzī, d. 1040/1640）という学者がその最高峰に位置する。彼らは伝承主義の学者たちや伝統的な立場を踏襲する学者たちから批判されることが少なくなく、迫害を受けた時期もあった。彼らがクルアーンやハディースに基づかない方法論を採ったことだけでなく、スンナ派の神秘家や哲学者の主張する神秘主義に近いことなどが問題視された（鎌田 1985, 184–186; Daftary 2013, 84–86; Rizvi 2015, 244–245）。

## サファヴィー教団による建国

この時代のイランからイラクにかけてのスーフィー教団の中にはシーア派の極端派の影響を受けつつ、武装化した集団が現れた。彼らはイマームたちを神格化に近い形で信奉したり、自分たちの指導者をマフディーと呼んだりして、政権の打倒を目指して蜂起することもあった。それらの集団の中でも最も成功したのが後にイランで大きな国家を建設することになるサファヴィー教団である。同教団はサフィーユッディーン（Ṣafī al-Dīn al-Ardabīlī, d. 735/1334）がイラン北西のアルダビールで創始したもともとはスンナ派のスーフィー教団である。

同教団は四代目シャイフのジュナイド（Junayd, d. 864/1460）の時代に政治・軍事的な教団に劇的に変化した。彼は政治的活動ゆえに当時のイランのカラコユンル朝によってアルダビールを追放され、彼はトルコのアナトリアのディヤルバクルに移動し、そこでシーア派的傾向を強めていった。当時のアナトリアの人々の中には、一二人のイマームたちへの崇敬の念を強く持ち、アリーを神格化するような極端派的思想に傾く者たちが少なからずおり、彼らがジュナイドの従者となったのである。ジュナイドは彼らを軍として組織化し始め、息子ハイダル（Ḥaydar, d. 893/1460）の時代に彼らの軍事化が完成した。彼らはトルコ語で「赤い頭」を意味するキズィルバシュと呼ばれたが、この呼称は彼らが一二の襞（一二人のイマームたちを暗示）のついた赤い帽子を被っていたことに由来する。キズィルバシュはシーア派化したスーフィズムを信奉しつつ、イマームに対しての極端派的な思想を持ちサファヴィー朝のシャイフたちをイマームの子孫や、マフディー、神の化身などと見なして絶対化していたようであるが、同教団の一部のシャイフたち自身も自らがそのような存在であることを主張していた（Arjomand 1984, 79–81; Quinn 2015, 3–5; Momen 2016, 93–4）。

ジュナイドやハイダルの蜂起は失敗に終わったが、ハイダルの次男のイスマーイール一世（Shāh Ismāʿīl, d.930/1524）が教団を再建し、カラコユンル朝の後にイランを支配していたアクコユンル朝を打倒した。彼は一五〇一年に同王朝の首都タブリーズに入ると、シーア派を国教とする国家の樹立を宣言し、サファヴィー朝を建国した。当時のイランにおいてシーア派はまだ少数派であり、また、サファヴィー教団と競合するようなスンナ派スーフィー教団も少なからず活動していた。そこで、イスマーイールや二代目の王タフマースプは、シーア派の宣教に着手し、それと同時にスーフィー教団への大規模な迫害を行った。サファヴィー朝がスーフィー教団としての体制からの脱却を図る過程において、シーア派学者たちはスーフィズムそのものに激しい批判を行ったのである。その結果、スーフィー教団はイランから駆逐されていき、サファヴィー朝の後期には、イランにスーフィー教団はほとんど残っていなかったという。また、イスマーイール一世自身は王朝樹立後もサファヴィー教団のシャイフとして極端派的思想を持ち続け、自身をイマームの代理人やマフディーと称していたり、神性をほのめかすこともあったようだが、タフマースプは極端派的思想を持つキズィルバシュの取り締まりを始めた（Arjomand 1984, 109–113; Daftary 2013, 81–83; 藤井 2023, 169）。

イスマーイールらはスーフィー教団、極端派の弾圧・取り締まりによって臣民に対するシーア派の布教の素地を作り、学問の拠点となっていたレバノンのジャバル・アーミルからシーア派学者たちを招聘してシーア派思想の普及を図った。その中でもカラキー（ʿAlī al-Karakī, d. 940/1534）という学者の果たした役割はシーア派思想史上大きなものであった。カラキーは一二代目イマームの代理人を二種類に分類し、一つ目は小ガイバ期の四人の代理人（サフィール）で、実際にイマームから指名を受けた彼らは「特別代理人（al-nāʾib al-khāṣṣ）」という名称で呼ばれた。二つ目は大ガイバ期の代理人で、法学者全般がその職を担うとされた。彼らはイマームと交流することはできないが、彼の代理としてイスラーム法の指導を行う者たちであると位置付けられ、「一般代理人（al-nā'ib al-'āmm）」と呼ばれた。この議論によって、法学者たちにはイマームの特権と見なされていた権限の一部を行使することが許容され、一般信徒（ムカッリド）はムジュタヒドに服従すべきとの教義と結びついて法学者の地位を向上させることとなった。カラキーの主張は現代の法学者たちにも継承され、一九七九年のイラン革命の思想にも繋がった（Daftary 2013, 83; Newman 2013, 162; Quinn 2015, 13）。

一五〇〇年代の初頭頃にサファヴィー朝が成立してから一〇〇年ほど経った頃に、シーア派がイランにおける多数派を占めるようになった。一七世紀にかけてイラン社会にさらにシーア派が浸透していった要因がいくつか考えられるが、その一つがペルシア語文献の急増である。それまでの宗教書はたとえ書き手がペルシア人であっても、その大半はアラビア語で執筆されてきた。しかし、一七世紀に入ると明らかに民衆を教化する目的で、学者たちがペルシア語で宗教書を執筆したり、アラビア語の書物をペルシア語に翻訳したりするようになった（Abisaab 2004, 28–29; 藤井 2023, 178–179）。彼らがペルシア語で執筆活動を本格化するようになることで、シーア派思想史におけるペルシア語の相対的な地位が高まった。

## アフバール学派の台頭

一一世紀から長い間シーア派の主流派であった合理主義的潮流はサファヴィー朝期にはウスール学派（al-Uṣūliyyūn）と呼ばれていた。しかし、サファヴィー朝の時代に、人間の知性的推論を重視するウスール学派の方法論が批判の対象となり、再び伝承主義的潮流がシーア派学問界の主流の立場に舞い戻った。この時代の伝承主義派は「伝承」を意味する「アフバール（akhbār）」にちなんでアフバール学派と呼ばれる。伝承主義の復興をもたらした人物がアスタラーバーディー（Muḥammad Amīn al-Astarābādī, d. 1036/1626–7）という学者である。ウスール学派からは彼がアフバール学派の創設者と呼ばれることがあるが、実際には伝承主義の中興の祖といったところだろう。アスタラーバーディーはウスール学派の学者たちが解禁したイジュティハードを再び禁止し、クルアーンとハディースに忠実にあるべきとの立場を示した。彼が自身の法学的立場を「我らの先人の伝承主義者たちの教説、かつ、彼らの道」と呼んだように、アフバール学派の学者たちは自分たちが一〇世紀の伝承主義者たちの流れを継承する学派であることを自認する（al-Astarābādī 2005, 104）。彼らは法学だけではなく、神学的主題やイマーム論、クルアーン解釈などの分野でもクルアーンとハディースに忠実であることを目指した。そして、一一世紀以降の合理主義者たちが独自の論理で排除していったハディースをアフバール学派は再びシーア派の教義の中に組み込んだのである。

アフバール学派の隆盛期には、ハディースを根拠として展開される宗教書が急増し、また、ハディースだけを集めた書物が編纂された。シーア派ハディース集の中でも最も包括的で大部なものであるマジュリスィー（Muhammad Bāqir al-Majlisī, d. 1111/1699）の『諸光の大海（*Biḥār al-Anwār*）』もこの時期に編纂された。アフバール学派は、セルジューク朝とモンゴルによる蹂躙で失われつつあった多くの古典文献を後世に残したという観点でシーア派思想史上大きな功績を残し、アフバール学派の隆盛期に古典シーア派文献の収集・編纂・写本化が急速に進んだ▼31（Newman 2013, 188）。アフバール学派の思想的営みは、セルジューク朝の伸長、及びモンゴル襲来以降、長い期間停滞していた古典的シーア派思想を復活させることにつながったと評価できる。

ウスール学派とアフバール学派の根本的な違いはハディースの扱い方である。一〇世紀のクライニーやサドゥーク自身は自著に収録される全ての伝承を「真正（ṣaḥīḥ）」と見なしていたようであるが（al-Majlisī 2008, vol. 1, 94–95, 110）、アフバール学派は彼ら二人以外にも当時の伝承学者たちの収録するハディース集の大半を信頼のおける伝承として利用する。それに対して、ウスール学派は初期のハディース集の中に収録される伝承の多くを信頼性の「薄弱（ḍaʿīf）」な伝承と見なし、教義の形成過程でそれらの伝承を排除してきた。例えば、ウスール学派の通説でもクライニーのハディース集は最も権威が高いと言われるものの、その中の約六二パーセントの伝承の真正性は一番低い「薄弱」とされている[32]（al-Ṭehrānī 1983, vol. 17, 245; al-Astarābādī 2005, 104）。

現在の圧倒的多数派がウスール学派であることから、両学派の相違点はウスール学派からの視点で説明されていることが多く、その場合にはアフバール学派への偏見が少なからず含まれている。ここでは、両学派の教義上の違いをアフバール学派の学者であるサマーヒジー（ʻAbd Allāh b. Ṣāliḥ al-Samāhījī, d. 1135/1723）の議論をもとに説明したい。[33] 彼は四〇の主題についての両学派の違いを挙げているが、ここでは相違の大きい四つの内容を紹介する。

**ウスール学派**

- クルアーン、スンナ、イジュマー、アクル（ʻaql, 知性的推論）の四つを法源とする。
- イジュティハードを合法と見なす。
- シーア派信徒はムジュタヒドとムカッリドに分けられ、後者は前者に服従する義務を負う。
- ハディースを「真正」、「良好」、「信頼」、「薄弱」と分類し、古典期の学者の集めたハディースの多くを「薄弱」と見なす。

**アフバール学派**

- 法源はクルアーンとスンナの二つだけであるが、クルアーンはスンナによる説明がなければその意味が理解されないため、実質的な法源はスンナのみである。
- イジュティハードを禁止する。

・全ての信徒はムカッリドであり、全員がイマームに服従する。
・ハディースの分類は「真正」か「薄弱」だけ。ハディース四書の中の伝承は一部のものを除けば、全部が「真正」である。

両学派のハディース観の違いに基づいて、両派の信仰内容やその根拠も異なる部分がある。傾向としては、ウスール学派は知性的推論によってイマームの役割を制限して説明するが、アフバール学派はイマームの超人的エピソードを伝えるハディースに依拠して説明する。彼らの用いる伝承をウスール学派は「薄弱」と見なすことも少なくないため、アフバール学派の方がイマームの超人性を強調する傾向が強い。

## ウスール学派の台頭

一七世紀中頃から、サファヴィー朝は衰退の一途を辿った。イランでは一七二二年にサファヴィー朝が滅亡しアフガン人のアフシャール朝が成立したが、一七九六年にはカージャール朝がイランを統一した。この頃に、サファヴィー朝期に隆盛を誇ったアフバール学派が衰退し、ウスール学派が再びシーア派内の多数派を占めるようになった。アフバール学派を徹底的に批判し、ウスール学派の権威を再確立した人物がワヒード・ビフバハーニー（al-Wahīd al-Bihbahānī, d. 1206/1791）である。ビフバハーニーは当初はアフバール学派を奉じていたが、途中でウスール学派に転向してアフバール学派を徹底的に批判するようになったとされている。ビフバハーニーの頃から二〇世紀初頭までの学問の中心はイランからイラクのナジャフやカルバラーなどに移った。ビフバハーニー以降ウスール学派がシーア派の主流派を占めるが、アフバール学派はイラクのバスラという都市や隣接するイランのフーゼスターン州、バーレーンやインドなどで少数派として存続している。

**図5**　シーア派における法学者の序列

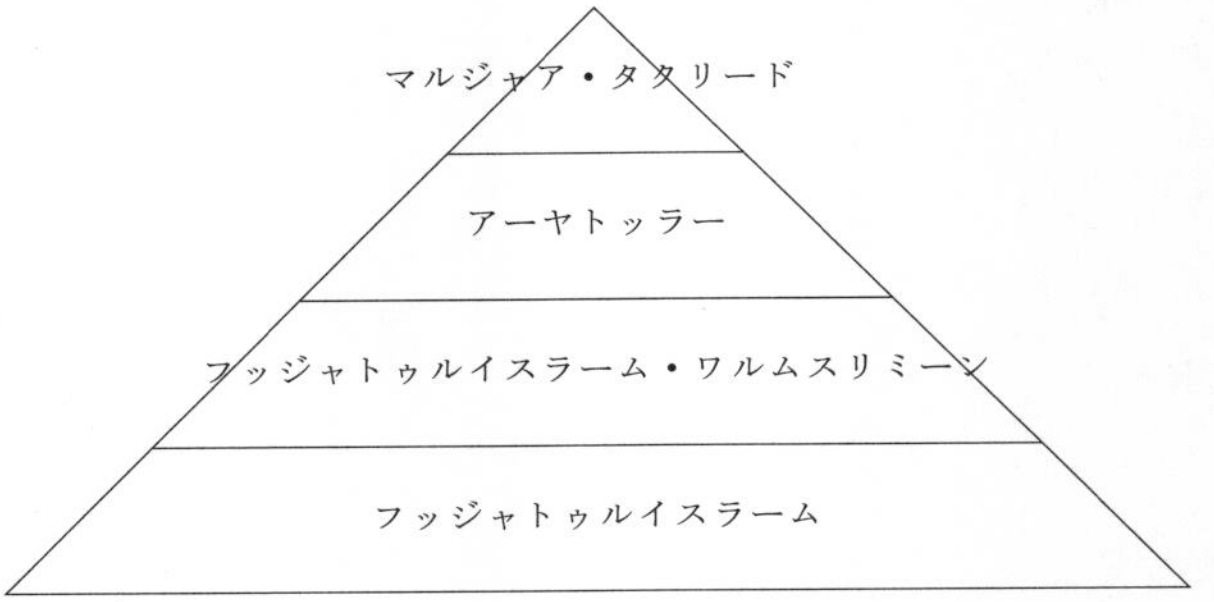


ウスール学派の勝利によって、現在のシーア派の法理論が整備されるようになった。イスラーム法学者の中でも上下関係が形成され、上から、マルジャア・タクリード（marjaʿ al-taqlīd, 以下、マルジャア）、アーヤトッラー（āya Allāh）、フッジャトゥルイスラーム・ワルムスリミーン（ḥujja al-Islām wa-al-muslimīn）、フッジャトゥルイスラーム（ḥujja al-Islām）である。これらは必ずしも明白な違いがあるわけでもなく、何をもって上の階級に上がれるかといった明確な基準もない。時代によってマルジャアがフッジャトゥルイスラームと呼ばれていたこともあり、また、政治的な理由で急に飛び級して格上げされたりすることもある。また、ある人は「彼はマルジャアだ」と言い、別の人が「いや、彼はマルジャアではなく、ただのアーヤトッラーの一人だ」と言うようなこともある。ムジュタヒドと呼ばれるのは、概ねフッジャトゥルイスラーム・ワルムスリミーンである程度研鑽を詰んだ学者というイメージで良いだろう。また、ムジュタヒドはさらに「無条件のムジュタヒド（mujtahid mutlaq）」と「部分的ムジュタヒド（mujtahid mutajazziʾ）」に分けられ、前者は法学的主題全般においてイジュティハードの資格を持つ者で、後者は特定の分野のみイジュティハードの資格を持つ者である（al-Samāhiji 1992, 26–27; 黒田 2015, 16–17）。

一般信徒（ムカッリド）はムジュタヒドの中でもとくに一人のマルジャアを決めて、そのマルジャアが死ぬまで彼の法判断に服従（法学用語でタクリード taqlīd）する義務を負うこととなった。マルジャアは最も学識のある法学者でなければならず、国境を越えてシーア派世界全体に大きな影響力を及ぼすようになった。法学者の位階制度のないスンナ派とは異なり、シーア派ではマルジャアに宗教的権威が集中するシステムが構築されたのである。

ウスール学派によれば、遡って過去の時代にもマルジャアがいたとされ、彼らはマルジャアの起源を遅くともクライニーの時代にまで遡らせた。その結果、クライニーやシャイフ・サドゥークのようなアフバール学派に近い一〇世紀の伝承主義者たちもマルジャアとして認定された。ただし、実際にクライニーらが自身をマルジャアのように思っていたとか、周囲がそう思っていたとは考えにくく、欧米研究ではマルジャアを置く上記のシステムは一般的にビフバハーニーの活動した一八世紀頃に形成され始めた制度であると考えられている（Momen 1985, 205–206; al-Mūsavī 2011, 132–133; Walbridge 2014, 16–17）。

国境を越えてシーア派世界から広く支持を得た実質的な最初のマルジャアはイランのカージャール朝時代のムルタダー・アンサーリー（Murtaḍā al-Anṣārī, d. 1281/1864）という人物であり、彼は法源論などの分野で大きな功績を残した。また、一八九一年のイランのタバコ・ボイコット運動の際には高位法学者が政治的影響力を有しつつあることが明らかとなった。西欧列強の脅威が強まった当時のアジア情勢においてカージャール朝はイランの大きな権益であったタバコの権利をイギリスに譲渡した。しかし、イラン国内の権益が失われるということに法学者たちが反対し、当時は高位のムジュタヒドとして知られていたミールザー・ハサン・シーラーズィー（Mīrzā Ḥasan al-Shīrāzī, d. 1312/1895）がタバコを禁止するファトワーを発表し、イランでタバコ・ボイコット運動が起きた。その結果、国王はタバコ利権のイギリスへの譲渡を断念することとなり、シーラーズィー自身はムルタダー・アンサーリーの後のマルジャアの地位を広く認められるようになった（Daftary 2013, 90）。

## パフラヴィー朝の成立とイラン革命前夜

第一次世界大戦勃発以後の中東は英仏露の侵略を受けた。シーア派の聖地ナジャフやカルバラーのあるイラクは大戦後イギリス領となり、大戦中のカージャール朝のイランはイギリスとロシアの侵攻を受けた。その後の政治的混乱の中で、当時の首相であったレザー・シャーはカージャール朝を廃して新たにパフラヴィー朝を建て、トルコのケマル・アタテュルクを模した世俗主義国家の構築を目指した。世俗化の一環としてレザー・シャーはシーア派法学者たちの持っていた権益や社会的な影響力を排除しようとし、彼らを教育や司法の場から追いやり、彼らの資金源の一つであったワクフ財と呼ばれる寄進財産を接収した。国民にはアーシューラーの日にイマーム・フサインの追悼儀礼を行うことを禁止し、女性にはイランの伝統的なヴェールであるチャードルの着用を禁止した（Daftary 2013, 94）。

第二次世界大戦中にイランはイギリスとソ連の半植民地と化し、一九四一年に英ソの圧力によってレザー・シャーは退位し、彼の息子モハンマド・レザー・パフラヴィーが王位についた。大戦後、彼は近代化を進めるためにアメリカに接近し、イランは中東における親米の大国に成長したが、この時期のイランは様々な問題を抱えていた。国内の経済的問題が改善することなく、国王の独裁政治に対する国民の不満が大きくなっていたのである

この時期までのシーア派学問界について見てみると、ウスール学派の勝利以降のシーア派の中心はイラクにあった。イランのコムはかつてシーア派学問の中心であったものの、モンゴルの侵略やサファヴィー朝滅亡後のアフガン人の侵攻といった外的要因もあり、その地位はイラクに大きく劣っていた。そのような状況の中で、コムの再建に大きく貢献した人物がマルジャアのハーエリー（ʻAbd al-Karīm Ḥāʼerī Yazdī, d. 1355/1937）である。ハーエリーは有名な学者としてコムに招聘され、彼とともに有能な弟子たちや学者たちがコムにやってきた。さらに、ハーエリーから学ぼうとする神学生や学者たちがイラン各地からコムに

集まり、後のイラン・イスラーム革命の指導者ホメイニー（Rūḥ Allāh Mūsavī Khomeynī, d.1989）もその一人であった。ハーエリーが牽引したことで、コムはイラクのナジャフに続くシーア派の学問の拠点にまで再生した（Daftary 2013, 95; 黒田 2015, 39–40）。

ハーエリーの死後、コムの学者たちは当時の唯一のマルジャアとされるボルージェルディー（Ḥoseyn Ṭabāṭabāʾī Borūjerdī, d. 1380/1961）を招聘した。ホメイニーはハーエリーに続いてボルージェルディーに師事した。ボルージェルディーは政治に対する不干渉を徹底し、時には国王に対する支援も行い、法学者や学生に対しては彼らが反王政活動に参加することを抑制していた。そのため、ホメイニーもボルージェルディーの存命時には大々的な王政批判を控えていた（富田 2003, 269; Daftary 2013, 96; 黒田 2015, 41）。一九六一年にボルージェルディーが没すると、ホメイニーら数人が次のマルジャアとして認知されるようになる。

とはいえ、ホメイニーは一九四〇年代から王政に対する批判を行っており、当初は法学者が監督する形で政府がイスラームに基づく政治を行うことを求めていた。後に彼は反政府的言論ゆえに逮捕され、死刑を宣告されたが、マルジャアであるホメイニーを処刑することには多くの批判や反対が起こったため、国王は彼を処刑するのではなくイランから追放するに留めた。国外追放後、ホメイニーは一九六〇年代から法学者が直接統治を行うべきという「法学者の統治（wilāya al-faqīh）」論を主張するようになる。彼がこの統治論の法的な正当性を最初に示したのは、一九六〇年代初頭に記した『売買の書（*Kitāb al-Bayʿ*）』であった（Mavani 2013, 214）。

### イラン・イスラーム革命——法学者の統治とイマームの権限

ホメイニーが国外にいる間も、彼の支持者たちが反王政の活動を続け、政権は彼らを逮捕し鎮圧してきた。しかし、一九七八年初頭にホメイニーを中傷する記事がテヘランの有力紙に掲載されると、コムでそ

**図6　最高指導者と他のマルジャアの関係**

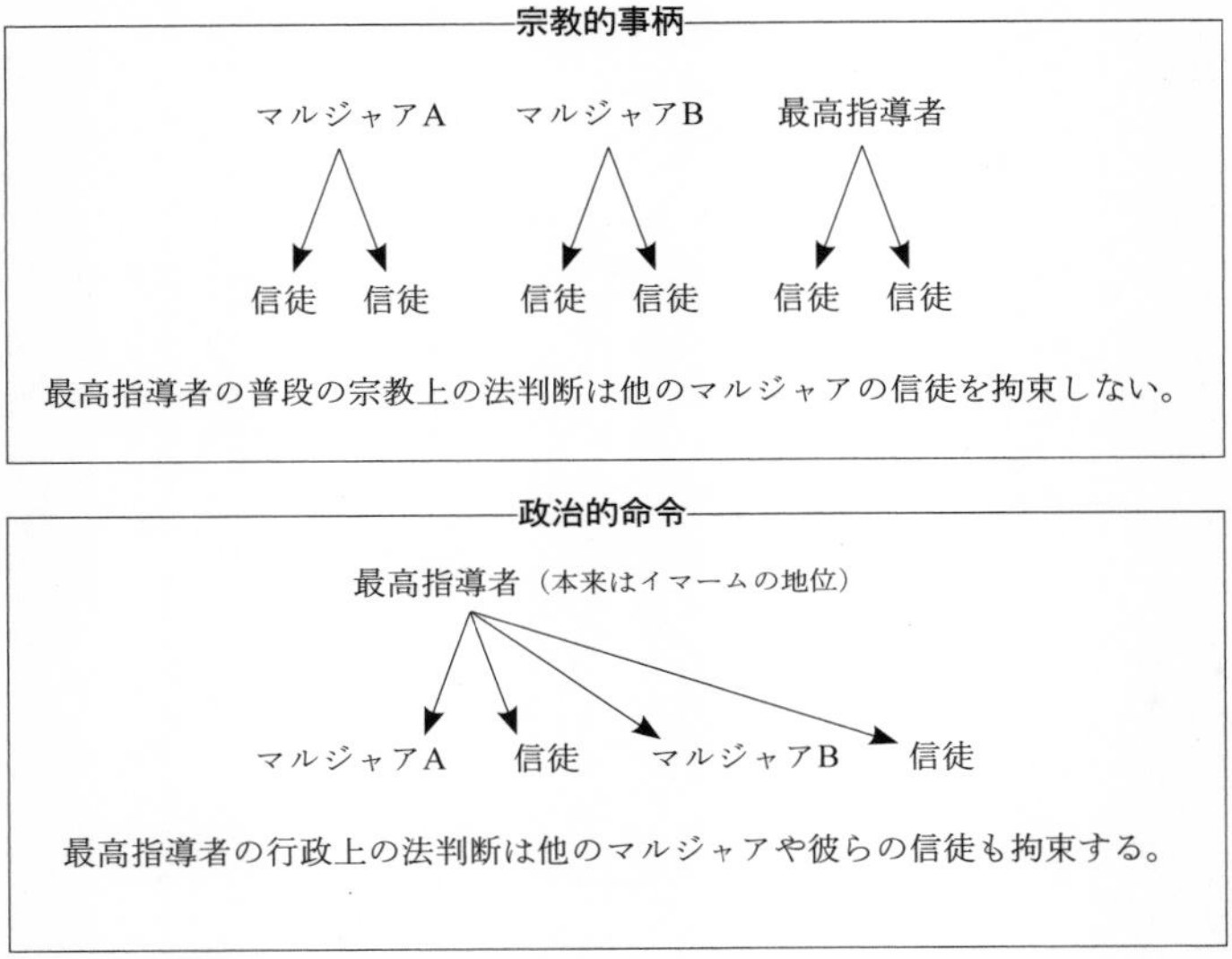


れに抗議する暴動が起こり、ここからイラン・イスラーム革命が始まった。その暴動が鎮圧された際に多くの死者が出たために、その死者たちに対する追悼のためのデモがイラン各地で起こり始め、反王政デモとストライキは瞬く間にイラン全土に広がり、一九七八年末にはイランの経済状況も落ち込むようになり、国家機能も麻痺する状態となってしまった。このような反王政デモの拡大によって、一九七九年一月に国王が国外逃亡し、同年二月に革命の指導者となったホメイニーが亡命先のパリからイランに帰還することで革命が成就した。そして、同年四月に行われた国民投票の結果、イラン・イスラーム共和国が樹立されることとなり、法学者の統治が実現することとなった。この時点で、ホメイニーはシーア派の宗教上の頂点のマルジャアでありながら、イランという国家の指導者となったのである。

　彼の打ち出した「法学者の統治」論は、イマームが果たしてきた（もしくは時の政治権力に奪われたものの本来は果たすべき）政治・社会的役割を法学者が代行しなければならない、という理論である。大ガイバ以降、ウスール学派の中では少しずつ長い時間をかけて法学者たちがイマームの代理人として認知され、信徒に対するイマームの後見権を代行するという教義が形作られていき、ホメイニーで完成を見たと言えるだろう。ウスール学派の思想史の中で、ホメイニーは「法学者の統治」論を単なる政治理論としてではなく、シーア派の根本的な教義であるイマーム論の議論の延長線上に位置付けることに成功した。そのため、ホメイニーがそれ以前の法学者たちよりも進んでいる部分は、彼がイスラーム国家樹立の絶対的な必要性を唱えていることであると指摘されている（松永 1991, 64–65）。

一九八九年までのホメイニーの思想においては統治権を握る資格のある法学者はマルジャアに限られていた。統治権を持つのはマルジャアの中の一人だけであり、その人物はアラビア語では「ムスリムの事の後見人（walī amr al-muslimīn）」、「事の後見人（walī al-amr）」、ペルシア語では「長」を意味する rahbar などと呼ばれるが、本書では以下、最高指導者と呼ぶ。アラビア語の最初の呼び名が示しているように、最高指導者はシーア派だけの指導者ではなく、全てのイスラーム教徒の諸事を後見する指導者であるという建て付けとなっている。

ホメイニーによれば、最高指導者がイスラーム共同体全体の公益のためと判断した場合には、その命令は様々な規則より優先し、イスラーム法上の崇拝行為やイランの憲法の規定さえも無視することが許される。そして、最高指導者の命令（ḥukm）には他のマルジャアたちも従わなければならない。複雑な言い方ではあるものの、噛み砕いて言うと、ウスール学派では、一般信徒は最高指導者を含む一人のムジュタヒド、とくにマルジ

**写真8**　ホメイニー（左）とハーメネイー（右）の壁掛け。筆者がコムで購入。

ャアに追従することが義務であり、各々のムジュタヒドは他者の判断に追従するのではなく自分自身でイジュティハードを行わなければならない。最高指導者がファトワー（個人的な法学的見解）を出した場合、それは自分の従者のみを拘束する。しかしながら、最高指導者がファトワーではなく全シーア派に向けて命令を出した場合には、最高指導者以外のマルジャアに追従している一般信徒も、独自の法判断が求められるマルジャアたちでさえも最高指導者の命令に服従しなければならないのである。そして、最高指導者の全信徒に向けた決定はイスラーム共同体全体の公益のために為されたものと見なされるため、仮にイスラーム法の一般的な規定に反する場合にも、最高指導者の命令が優先する。そして、次節でも取り上げるように、一九八九年から最高指導者はマルジャアでなくても良いことが明言された。そのため、マルジャアと最高指導者を比較した時に、後者の方が学識において劣っておりマルジャアと呼ぶに値しないとしても、他のマルジャアは最高指導者の命令には従わなければならないこととなった（Mavani 2013, 215–217）。

ホメイニーの法学者の統治論はイランの体制側の法学者たちからは全面的に受け入れられたものの、当然ながらこれを認めない法学者も声を挙げた。ホメイニーの論敵のマルジャアであるイラクのフーイーはシーア派法学の観点から法学者の統治論に異を唱えたことで知られ、フーイーの支持基盤を継承した彼の弟子のスィースターニー（ʻAlī b. Muḥammad al-Sīstānī, b. 1349/1930）は法学者の統治に消極的であることが知られている（Mavani 2013, 216–217）。

## ポスト・ホメイニーの時代——ハーメネイーのマルジャア性

ホメイニーの晩年、次の最高指導者と思われていたモンタゼリー（ʻAlī Montazerī, d. 2009）が失脚したことで、イスラーム体制の価値観を共有し政治的能力にも長けるマルジャアが存在しなくなった。そのような状況の中で、ホメイニーは一九八九年に最高指導者の資格としてマルジャアであることを掲げた憲法を改正し、マルジャアの地位に達していない法学者がイランの最高指導者＝理論上のシーア派全体の指導者になる思想的準備を行った。ホメイニーが一九八九年六月に没すると、その直後に政府の要人たちが集まり、次の最高指導者を誰にするかの話し合いが行われた。彼らはまずホメイニーというカリスマ亡き後の体制を法学者による集団指導体制にするかこれまで通りの個人指導体制にするかで見解が分かれた。ハーメネイー自身は集団指導体制を主張していたものの、投票の結果、個人指導体制が四〇対二五の票数で可決された。次に個人の指導者を決める投票が行われたが、彼らはゴルパーイェガーニー（Mohammad Rezā Golpāyegānī, d. 1993）とハーメネイーの二人を候補として挙げた。そして、まず候補者のゴルパーイェガーニーの名前が挙げられると彼に一四票入った。続いてハーメネイーの名前が呼ばれると彼は集団指導体制を支持するとして一度は固辞しようとしたが、残りの者たちが賛同することで、ハーメネイーが七四票中六〇票を得て第二代最高指導者に任命された。こうして、イマームという敬称を除いてホメイニーの肩書きと特権をハーメネイーが引き継ぐこととなった。なお、イマームとは預言者ムハンマドの後継者としてのイマームだけでなく、偉大な学者や礼拝導師にも用いられる言葉である（黒田 2015, 130–131; Hovsepian-Bearce 2016, 104–105）。当時のホメイニーはイマーム・ホメイニーと呼ばれていた。

ハーメネイーは革命前からイランにおけるホメイニーの代理人の一人として活動し、革命後も彼の側近として働き、暗殺未遂事件も経験して、二期にわたって大統領を務めていた人物である。ここで、先の法学者の序列を思い起こしてもらいたい。ハーメネイーは当時フッジャトゥルイスラームという一番下の序列の法学者であったが、最高指導者就任にあたって、彼はフッジャトゥルイスラーム・ワルムスリミーンを飛び越してアーヤトッラーとして紹介された。前述のように、法学者の序列は厳密なものではないため、彼の飛び級も必ずしも問題であるとは言えないが、その背景に政治的な思惑を見出すことは難しくない。イランの国家としてはハーメネイーがマルジャアとして認知されるようになるまでは国家の様々な方針に理解のある別のマルジャアを据える必要があったため、ハーメネイーと決戦投票したゴルパーイェガーニーをマルジャアとして推薦し、一九九三年に彼が没するとアラーキー（al-Arākī, d. 1994）を新たなるマルジャアに推薦した（Walbridge 2014, 55–59; 黒田 2015, 131; Hovsepian-Bearce 2016, 75–105）。

しかしながら、アラーキーは翌年の一九九四年に没してしまい、最高指導者就任から五年後にあたる同年に、ハーメネイーを含む数人がシーア派の法学者団体によって次のマルジャア候補として紹介された。この時にハーメネイーがマルジャアである根拠として、彼が宗教的知識に加えて政治に関する現世的知識を豊富に持つことが挙げられていた。一般的にある高位法学者がマルジャアになるためには、『諸問題の解説（*Tawḍīḥ al-Masāʾil*）』という形式のイスラーム法の諸問題に関する自身の見解を明らかにした著作を執筆し、それを多くの法学者たちが認め、従者が現れることが必要となる。しかしながら、ハーメネイーは厳密な意味での『諸問題の解説』を執筆しておらず、質疑応答の形式によるファトワー集しか書いていなかった。このようなこともあり、彼の学識を疑う声が多く起こり、彼のマルジャア性にはイラン国内外で大きな反発が生まれた。レバノンで後にマルジャアとして認知されるファドルッラー（Muhammad Ḥusayn Faḍl Allāh, d. 2010）はイランという国家やその影響を強く受けた機関がマルジャアの決定に関与することを批判し、ハーメネイーのマルジャアとしての地位を認めなかったことで知られている。最終的にハーメネイーはイラン国外のシーア派信徒たちに対してのみマルジャアとして振る舞うものの、イラン国内ではマルジャアとしての信徒の指導は行わないということが宣言された（Walbridge 2014, 59–63, 91; 黒田 2015, 132–139）。ただし、現在ではハーメネイーがマルジャアに推薦されてから三〇年が経とうとしている。その間に彼が書いた宗教書や彼が様々な折に行った演説や講話がまとめられて出版されてきた。時間が経つにつれて、ハーメネイーの政治的知識だけではなく学識も評価されるようになり、現在ではイラン国内外で広くマルジャアとして認知されるに至っている。統計データは存在しないものの現在は三〇人近いマルジャアがいるようであり、彼らの中でもハーメネイーはイラクのスィースターニーと並んで最も有力なマルジャアとなっている。

イラン・イスラーム共和国は「法学者の統治」論においてイマームの代行者たる最高指導者と自国の政治を司る大統領が存在する。最高指導者は法学者たちが合議で選ぶのに対して、大統領は国民が選ぶ。ハーメネイーは大統領を私的かつ公的に指導して演説や声明によって政府の進むべき方向性を示す一方で、大統領には権力の行使を認めてきた。そこで、少なくとも政治の分野では大統領の方が最高指導者よりも大きな影響力を持っているとも指摘される（黒田 2015, 11; Hovsepian-Bearce 2016, 130）。

### 革命の輸出と現在——ヒズブッラー

イラン・イスラーム革命の成功によって、ホメイニーはムスリム世界全体への「革命の輸出」を図った。当時のムスリム世界では二〇世紀前半から進んでいた各国の世俗主義の問題点が多く露呈し再びイスラームに回帰しようという「イスラーム復興運動」が盛り上がりつつあったため、イラン・イスラーム革命に感化されてスンナ派からシーア派に転向するムスリムが世界中で現れた。イランの革命の輸出はサウジアラビアに代表される湾岸諸国や周辺国のスンナ派信徒たちに大きな脅威を与え、現在に至るまでスンナ派とシーア派の対立的構図が世界各地で見られるようになった。

革命後、イランは日本を含む世界中にシーア派の教えを広めるための文化センターや教育機関を開設し、イラン国内には外国人の留学生を対象とした教育施設を設立し、多くのスンナ派からの転向者を惹きつけてきた。また、イランは宗教活動や宣教活動を援助するだけでなく、シーア派勢力への軍事的支援も行ってきた。イランから支援を受けてきた組織の中で、レバノンのヒズブッラー（いわゆるヒズボラ）が最も有名であり、二〇二三年一一月現在ではイスラエルと交戦中であることからニュースでしばしばその名前を耳にする。本書にはこれまでいくつかの宗派や学派の名前が登場してきたが、ヒズブッラーとは宗派の名前ではなく、政治組織の名称である。ヒズブッラーは一九八〇年代にイスラエルに対する抵抗運動として創設され、レバノンでイランのようなイスラーム国家樹立を目指すシーア派組織である。当時のイランは一五〇〇人もの革命防衛隊をレバノンに派遣して、ヒズブッラーの訓練を行ったとされる。彼らはレバノンでは最強の民兵組織であり、レバノンからイスラエルや外国軍の撤退にも大きく貢献した勢力である。彼らはイランと同じシーア派（十二イマーム派）を信奉しており、「法学者の統治」を理想と考える。ヒズブッラーの構成員や支持者たちは自ら好きなマルジャアを選ぶことが許されているが、彼らの多くは結成当初はホメイニーをマルジャアと見なし、彼の死後はハーメネイーをマルジャアと見なして追従している。一九九二年から現在までハサン・ナスルッラー（ナスララ）が指導者を務めているが、彼もまたハーメネイーの従者として知られる。歴代のヒズブッラーの指導者はホメイニー、続いてハーメネイーの代わりに彼らの従者から宗教税を徴取する権利を与えられている（Daftary 2013, 100; 末近 2013, 67; Abisaab 2014, 129; Hovsepian-Bearce 2016, 84）。このように、ヒズブッラーのシーア派思想は現在のシーア派の王道的なものであると言える。

ヒズブッラーは一九九〇年代にはレバノン国内での合法政党となり、選挙を通じて議会政治に参加するようになった。合法政党として活動することについてはヒズブッラー内部での見解の対立があったものの、最終的にはハーメネイーが法的裁定を表明したことで内部対立は解消された。この例はレバノンのヒズブッラーの方針と行動におけるハーメネイーの影響力の大きさを示すものである（末近 2013, 142–143）。

イランはアメリカを大悪魔、イスラエルを小悪魔と呼び、イラン国内では「アメリカに死を」、「イスラエルに死を」というスローガンをしばしば耳にする。なお、ハーメネイーによれば、この「アメリカに死を」のような言い方は、アメリカ合衆国に宣戦布告してアメリカ政府の打倒を国民に呼びかけているということではない。傲慢さや圧政と戦うことはクルアーンでも命じられており、現代社会においてアメリカこそがその傲慢や圧政の権化であるという。そのため、「アメリカに死を」とは、アメリカが主導する様々な悪しき行いを打ち破ることを意図としたスローガンであるという。また、イランが敵視するアメリカとはアメリカ政府のことであって、アメリカ人全体を敵視しているわけではないという。反米・反イスラエルを掲げる中で、ホメイニーやハーメネイーの革命の輸出の精神は必ずしもシーア派の伝播だけでなく、イスラームの連帯（vahdat-e Eslāmī）とイスラームの公正（edālat-e Eslāmī）の普及も目指すものだった（Hovsepian-Bearce 2016, 288–289, 296）。イランは反米、反イスラエル、イスラームの連帯の立場からアラブのパレスチナへの支援には非常に積極的で、ガザ地区を治めるスンナ派のハマスの最も重要な支援者でもある。

## イラン以外のマルジャア

マルジャアが一人しかいない時代もあったものの、この数十年間は複数のマルジャアが同時代に並び立っている。ホメイニーの生存時には彼の論敵であるイラクの聖地ナジャフにいるフーイー（Abū al-Qāsim al-Khū'ī, d. 1992）が世界中で大きな影響力を持っていた。彼の許可のもとでフーイー財団が世界中の彼に追従するシーア派信徒から宗教税を徴収・分配し、彼の名声を広げていった。フーイーの弟子にはスィースターニーやファドルッラーのような次世代のマルジャアがいた。一九九二年にフーイーが没すると、フーイー財団は新たなマルジャアとしてイランの上述のゴルパーイェガーニーを選んだが、彼が一九九三年に没すると、財団は新たなマルジャアにナジャフのスィースターニーを選んだ。当時のイラクはスンナ派の独裁者サッダーム・フセインが支配しており、スィースターニーは非政治の立場を示し、「法学者の統治」の支持を表明してなかった。フーイーの高弟であるもののイラン人であったスィースターニーがフーイーのアラブの従者たちを引き継ぐには少し時間がかかったようであるが、彼はフーイー財団を通じて自身の名声を獲得していき、フーイーの後継者としての地位を確立するに至った（Walbridge 2014, 95–102）。二〇〇三年にイラク戦争が起き、アメリカがイラクのフセイン政権を壊滅させた後は、スィースターニーは非政治の立場を緩め、選挙や様々な政治的問題が起こった際に見解を表明してきたものの、現在まで直接的に公職に就くようなことはない。

マルジャアの多くはイランかイラクに居住しているが、レバノンを拠点としていたファドルッラーも現代社会において大きな影響を与えてきた。彼は「法学者の統治」自体は支持していたものの、法学者の「統治権（wilāya）」はイランの最高指導者が独占するのではなく、それは各国の中に留まるものと考えていたようである。ハーメネイーのマルジャアとしての地位を認めず、イランの体制を批判したこともあり、彼自身がイランの体制側の法学者たちから批判を受けることもあった（Aziz 2001, 212–213; Walbridge 2014, 95–102）。

彼を有名にしたのはヒズブッラーとの関係性である。ヒズブッラーの指導部はホメイニーとハーメネイーをマルジャアとして追従しており、ファドルッラーは自らがヒズブッラーの活動に関与していることを否定してきたものの、彼はヒズブッラーの精神的指導者と呼ばれてきた。初期のヒズブッラーはトラックに爆薬を積んで突撃するというような自爆攻撃を行っており、今でこそ様々なテロ組織とされる集団がとる常套的な攻撃手段ではあるものの、その自爆攻撃を最初に始めたのがヒズブッラーであると言われている。多くのムスリムにとっても自爆攻撃はイスラーム法で厳しく禁止される自殺行為にあたると思われたため、彼らの行為は大きな非難を招いたが、ファドルッラーはイスラエルとの圧倒的な戦力差がある現状を考えた時に、自爆攻撃は単なる自殺ではなく宗教的な意味での殉教にあたると主張した。自殺は大罪であるが、殉教はクルアーンにおいて来世での楽園が約束されている高潔な行為であり、ファドルッラーが自爆攻撃を殉教として正当化したことはヒズブッラーの行動を正当化するものであった（末近 2013, 71–73）。

このように書くと、ファドルッラーは危険なテロリストと思われるかもしれないが、彼の主張はイスラエルがレバノンに侵攻し蹂躙しているという特殊な状況において行われたのだということを指摘しておきたい。レバノンにはシーア派だけではなく、スンナ派やキリスト教徒のマロン派も多く居住している。彼はマロン派やスンナ派の会合に呼ばれて話をすることもあり、彼らとの協調にも熱心であったと言われている。彼のシーア派思想は多数説とは大きく異なるものも少なからずあり、彼は第二代正統カリフがファーティマの腹を打って預言者の孫を流産させたというシーア派で有名な説を否定する。また、シーア派は日没（マグリブ）後の礼拝をスンナ派より一五分ほど後に設定しているが、彼はスンナ派と同じ時間でも良いと主張した。また、礼拝で立っている時にスンナ派では腕を組むが、多くのシーア派学者の説では礼拝時に腕を組むことは禁止される。しかし、彼はスンナ派同様のやり方を禁止しなかった（Walbridge 2014, 84–85; Rakhmat 2022, vol.2, 382–383）。このような思想からファドルッラーはスンナ派や他宗教に対してむしろ友好的であったと言われることもある。

## 第二章のまとめ

イマーム・バーキルとサーディクは弟子たちを法学者、神学者として養成し、他派との議論の場にも参加する許可を与えていた。しかし、彼らのラアイやイジュティハードで教義を導くことは許されず、イマームだけが唯一の宗教的権威であった。小ガイバの始まりによってシーア派学者たちは積極的に執筆活動に取り組むようになった。しかしながら、彼らは自身の知性的推論を極力排除しイマームたちの言葉を収

図7　伝承主義と合理主義の繁栄と衰退の流れ

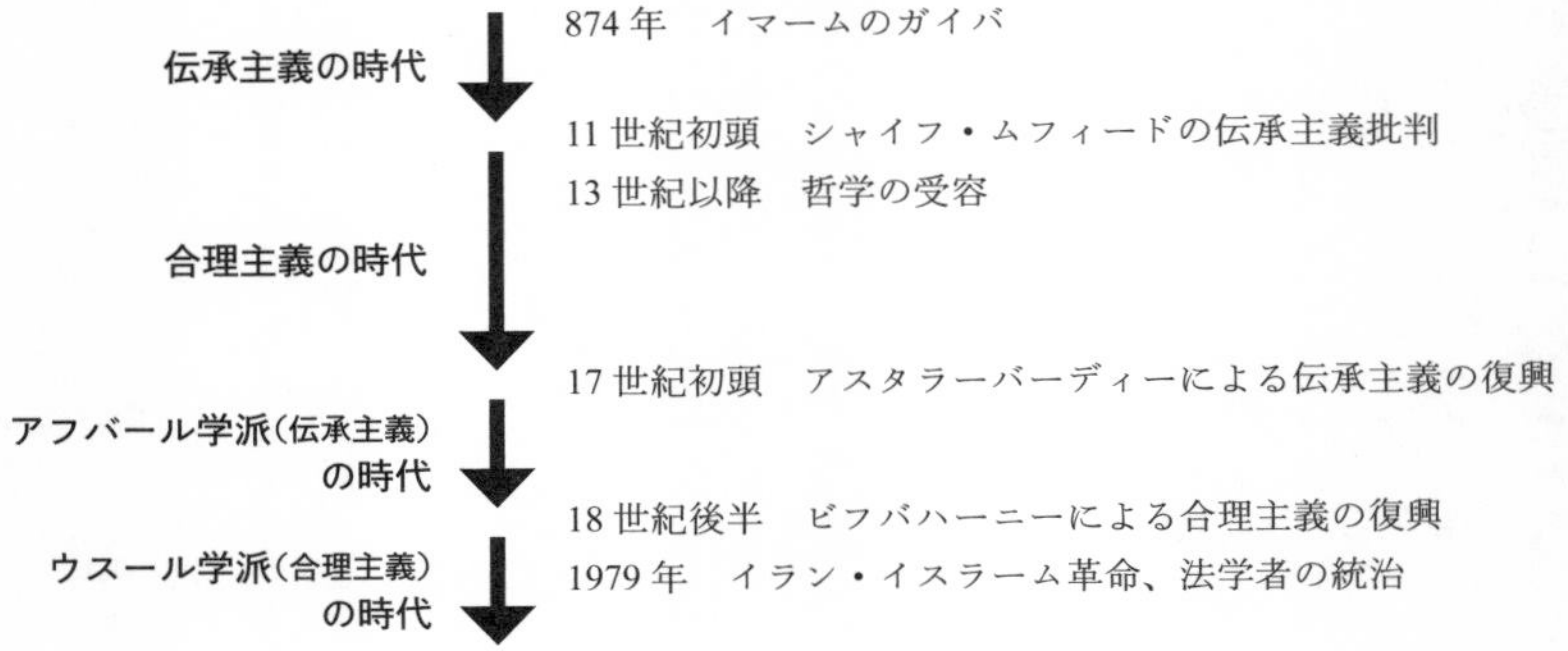


集し、それに忠実に従うことを目指した。一〇世紀末までは伝承主義的潮流がシーア派で支配的であったものの、一一世紀のシャイフ・ムフィードが伝承主義を徹底批判し、彼以降は合理主義的潮流が主流となった。シーア派の思想史は伝承主義と合理主義のせめぎ合いが繰り返されてきた。セルジューク朝とモンゴル帝国の蹂躙によって多くの文献や施設を失ったシーア派の中ではシャイフ・トゥースィー以降しばらく大きな思想的発展は見られなかった。しかしながら、モンゴル期のヒッラでは哲学の伝統の受容、イジュティハード解禁といった発展があった。

サファヴィー朝の建国はシーア派思想史において大きな転機となった。極端派に近いシーア派思想を持っていたサファヴィー教団がシーア派（十二イマーム派）を国教とする国家を建国したのである。サファヴィー朝はレバノンからシーア派学者を招聘し、イランのシーア派化を進めていった。招聘されたカラキーという学者は法学者をイマームの一般代理として位置付け、彼らの権能の範囲を大きく広げることにつながった。

サファヴィー朝期にアフバール学派と呼ばれるようになっていた伝承主義的潮流が一七世紀から再びシーア派の主流となった。彼らは多くのハディース集や写本を残し、失われかけていた多くの文献を自著に収録し、結果多くの文献が現代まで伝わっている。しかし、アフバール学派の栄華は長くは続かず、一八世紀後半からウスール学派と呼ばれるようになっていた合理主義的潮流が再び支配的となり、この状況は現在まで続いている。ウスール学派のもとで法学者は序列化され、一般信徒はムジュタヒド、とくに最高位法学者であるマルジャアの中の一人に従うことが求められるようになった。法学者が一般信徒に対して持つ後見権が最も巨大になったのがホメイニーの「法学者の統治」論であるということができる。イマームの代理人である法学者が一般信徒を後見し、国を統治するという「法学者の統治」はイマーム論の延長線上に位置付けられた。多少の修正や異論はあれど、概ねホメイニーの思想は現在の多くのシーア派学者たちに受け入れられている。

コラム①
# イランの支援の例——インドネシア

読者にもあまりイメージがないかもしれないが、現在世界で最もイスラーム教徒が多い国は東南アジアのインドネシアである。インドネシアは総人口約二億七〇〇〇万のうちのおよそ八七パーセントがイスラーム教徒である。彼らの中のほとんどがスンナ派であり、シーア派の人数はおそらく同国のムスリムの一パーセントにも満たない（平野 2021d, 161）。

インドネシアにおけるシーア派の存在は同国へのイスラーム到来と同時期であるという説と、より時代が下ってからという説があるが（Zulkifli 2013, 2–10）、いずれにせよイラン・イスラーム革命前までの数世紀の間での同国でのシーア派の数は今よりもさらに少なかったのは確かである。しかし、イラン・イスラーム革命以降スンナ派からの改宗者が現れるようになり、現在ではシーア派組織もいくつか設立され、宗教書の出版活動も盛んになり、ショッピングモールにあるような一般書店にもシーア派の書籍が売られていることもある。

革命以降、イランは海外からシーア派の教義を学ぼうとする留学生を積極的に受け入れるようになり、インドネシア人の中にもイランのコムで学ぶ学生が増えていった。そして、彼らが母国に帰ってシーア派の寄宿制学校（インドネシア語ではプサントレン）を設立してシーア派の教義を教えるようになった。インドネシアでの宣教において大きな役割を果たした存在にイスラーム文化センター（Islamic Cultural Center, 一般に略してICCと呼ばれる）がある。ICCは在インドネシア・イラン大使館の支援を受けて創設・運営された機関であり、ジャカルタでシーア派の金曜礼拝が行われる場所はおそらくここだけである。ICC付属の出版社 **al-Huda** からはシーア派に関する多くの書籍が出版されており、その中には古典文献の翻訳から現在のマルジャアの翻訳なども含まれている。ハーメネイーのファトワー集のインドネシア語訳もここから出版されている（平野 2021d, 165）。

**写真①**　イラン風に装飾されたICCの外観

**写真②**　故ジャラールッディーン・ラフマトの2022年の著作

**写真③**　ICCの金曜礼拝の様子。エラーヒー師がペルシア語で説教し（左奥の人が通訳）、礼拝を先導する。

現在のインドネシアにはイランやイラクで学んで帰国したインドネシア人シーア派法学者が何人か居住している。正確なデータや研究はないものの、同国に高位の法学者はおらず、全員がフッジャトルイスラームに留まっている。そのため、同国のシーア派信徒は国外のマルジャアを選んで追従しなければならない。ICCではイランからハーメネイーの代理人として派遣されたアブドゥルハキーム・エラーヒーというイラン人法学者が礼拝導師をしている。彼はインドネシア語は話せないものの流暢な英語を話し、欧米のシーア派研究の動向も把握しているような人物である。彼の法学者としての地位もフッジャトルイスラームである。

インドネシアには学校や出版社などいくつものシーア派団体が設立されてきたが、シーア派を束ねるような最初の大衆組織が二〇〇〇年に設立されたIJABI（Ikatan Jamaah Ahlulbait Indonesia）である。IJABIの創設者ジャラールッディーン・ラフマト（Jalaluddin Rakhmat, d. 2021）はレバノンのマルジャアであるファドルッラーに追従しており、「法学者の統治論」を積極的には表明しなかった。彼らと対抗して、イランの影響を強く受けたシーア派信徒たちは二〇〇一年にハーメネイーのもとで結集すべきであるという声明を発表し、二〇〇一年にABI（Ahlulbait Indonesia）を設立した。この声明には七〇以上のシーア派団体が調印し、ICCのスタッフに加わった（Zulkifli 2013, 224–226; 平野 2021d, 163）。このようにイランの「法学者の統治論」やハーメネイーを支持するか否かはイラン国内に留まらず世界中のシーア派に影響を及ぼしている。

# 第二部　シーア派の教義――五信一〇行

読者はイスラーム教徒の義務と言えば何を思い浮かべるだろうか。礼拝と断食は有名だが、最近では女性が頭に被るヒジャーブやハラール食品のことも一般に知られるようになってきたと思う。また、世界史や宗教に興味のある人ならば、イスラームの義務として六信五行という言葉を思い浮かべるかもしれない。六信五行とは、信や行という仏教用語で表記することから少し意味がわかりにくいかもしれないが、単純化して言ってしまえば、信じなければならないとくに大事な六つの事柄と実践しなければならないとくに大事な五つの宗教儀礼のことである。そして、六信は順番に①アッラー、②天使、③啓典、④預言者、⑤復活の日（最後の審判の日）、⑥天命、のことである。五行とは順番に①信仰告白（shahāda, シャハーダ）、②礼拝（ṣalāt, サラート）、③喜捨（zakāt, ザカート）、④斎戒（ṣawm, サウム）、⑤巡礼（hajj, ハッジ）、のことである。

六信から一つずつ説明すると、いまさらではあるが①のアッラーとはイスラーム教徒が信じる唯一の神である。アッラーを信じたとしても別の神も等しく信じているならば、その者はイスラーム教徒ではない。②の天使とはイメージ的には人間に似た姿で羽の生えた存在として描かれることが多いが、常にアッラーに服従し続ける存在である。彼らは様々な役割を持ち、名前の知られている天使には預言者たちに啓示を伝えるジブリール（Jibrīl）、雨を降らし糧をもたらすミーカーイール（Mīkā'īl）などがいる。③と④について、アッラーは人間に預言者ないし使徒を派遣し、真理に向かうよう促してきた。最初の預言者がアーダムであって、最後の預言者がムハンマドである。預言者と使徒は必ずしも明確な違いがあるわけではないものの、一説ではアッラーの言葉を聞いた預言者たちの中でも民のための啓典を受け取った預言者は使徒と呼ばれる。ムーサーの律法書やイーサーの福音書も啓典だが、イスラームの見方では旧約聖書と新約聖書は後世の人間の手によって執筆された書物であるために、律法書や福音書の元本とは異なっている。そして、歴史上改竄を免れた聖典の完成版がクルアーンであるとされる。⑤の復活の日とは、アッラーが人間を一度死んだ後に終末の時に復活させ、生前の行為を秤にかけ、善行の方が重い者は楽園に、悪行の方が重い者は火獄に行くということである。⑥の天命は難解な神学上の問題につながるのだが、世界の全てはアッラーが予め定めているということである。

五行の①の信仰告白とは六信の中のアッラーと預言者を真実と告白することで、「アッラーの他に神はいないと私は証言します。そして、ムハンマドはアッラーの使徒であると私は証言します」と言う。一般的に誰かがイスラームに改宗しようとする時に、この言葉をイスラーム教徒二人の前で証言する。なお、信仰告白は礼拝のたびに毎日イスラーム教徒が唱えるものでもある。②の礼拝とは一日に五回、マッカに向かって行う信仰儀礼である。③の喜捨とは種類の定められた財物の中で一年間所有した分を貧困者などの受給資格者に渡すことである。スンナ派の場合、例えば一年間貯蓄した金銭の中の二・五パーセントを支払うことが定められている。④の斎戒とは、ヒジュラ暦九月にあたるラマダーン月の一ヶ月間、日の出前から日没まで飲食や性交渉を行わないという実践である。⑤の巡礼とは、財力や体力に問題がなければ人生の中で一度マッカのカアバ神殿を巡礼し一通りの儀礼を行うという義務である。

実はこの六信五行とはスンナ派における分類であって、シーア派は五信一〇行を掲げている。五信とは順番に①アッラーの唯一性（tawḥīd, 以下、タウヒード）、②神の正義（al-ʻadl, al-ʻadl al-ilāhī）、③預言者性（nubuw-

**図8**　シーア派とスンナ派の比較

| シーア派の五信 | スンナ派の六信 | シーア派の一〇行 | スンナ派の五行 |
|---|---|---|---|
| ①タウヒード | ①アッラー | ①礼拝 | ①信仰告白 |
| ②神の正義 | ②天使 | ②斎戒 | ②礼拝 |
| ③預言者性 | ③啓典 | ③喜捨 | ③喜捨 |
| ④イマーム性 | ④預言者 | ④五分の一税（フムス） | ④斎戒 |
| ⑤復活 | ⑤復活の日 | ⑤巡礼 | ⑤巡礼 |
| | ⑥天命 | ⑥ジハード | |
| | | ⑦善の命令 | |
| | | ⑧悪の阻止 | |
| | | ⑨イマームたちへの忠誠 | |
| | | ⑩彼らの敵との絶縁 | |

wa）、④イマーム性（imāma）、⑤復活（maʿād）である。一〇行とは①礼拝、②斎戒、③喜捨、④フムス（khums）、⑤巡礼、⑥ジハード、⑦善の命令（amr bi-al-maʿrūf）、⑧悪の阻止（nahy ʿan al-munkar）、⑨イマームたちへの忠誠（walāya, tawallī）、⑩彼らの敵との絶縁（barāʾa, tabarrī）、である。五信一〇行にはムウタズィラ学派との連続性を見出すことができ、同学派の五原則「タウヒード」、「正義」、「楽園の約束と火獄の威嚇」、「中間の立場」、「善を命じ、悪を禁じること」のうちで、「タウヒード」と「正義」が五信に入り、「善を命じ、悪を阻止すること」はシーア派一〇行に組み込まれている。

　このように書くと、シーア派はスンナ派の六信五行を信じていないように思われるかもしれないが、シーア派も上に書いた六信五行の内容は全て受け入れている。スンナ派が最重要信条とする六つを共有した上で、シーア派は別のものを最重要信条として挙げているのである。それに対して、シーア派の五信一〇行の中にはスンナ派の信仰内容に含まれないものがある。五信の中ではタウヒード、預言者性、復活の三つはスンナ派にも共有されているが、スンナ派は神の正義とイマーム性の二つの教義を信奉していない。そのため、シーア派の視点では、タウヒード、預言者性、復活を信じるのがイスラーム教徒であって、イスラーム教徒の中でも神の正義とイマーム性を信じるのがシーア派であるということになる（al-Moṭahharī 2009, 76）。

一〇行の中でスンナ派に全く存在しないものは最後の二つ⑨イマームたちへの忠誠、および、⑩彼らの敵との絶縁である、だけである。⑦善の命令、⑧悪の阻止はスンナ派では五行に入らないだけで義務である。また、④フムスという税自体はスンナ派にもあるが、シーア派とは課税対象が大きく異なっている。シーア派では、一般信徒はムジュタヒドに追従することが義務であるが、これは一〇行をはじめとする法学上の問題に限られており、五行については誰かの言葉を盲信するのではなく、自分自身で考えて論拠を理解して信じなければならない（al-Ṭūsī 1993-4, 103）。

シーア派では一般的に五信は「宗教の根幹（uṣūl al-dīn）」と呼ばれ、一〇行は「宗教の枝葉（furūʻ al-dīn）」と呼ばれる。この表現の中では宗教は木でたとえられている。ずっしりとそびえ立つ木にとって、それを支えている部分は根と幹であり、その根と幹がしっかりしてこそ枝葉がしっかりとする。枝葉がなくても根幹は生きられるが、根と幹が腐れば枝葉も枯れてしまう。このように、シーア派という信仰を支えるのが五信であり、五信がしっかりしてこそ宗教の枝葉を実践する意味が生まれるということである。

なお、この「宗教の根幹」を五つとする五信という考え方はシーア派の中で初めからあったのではない。ハディースには記述がなく、一一世紀のムルタダーとトゥースィーらが「宗教の根幹」という概念を用いるようになったものの、

五信一〇行の木にたとえるとこのようなイメージになる。
木の最も大切な根本から順に五信が位置し、
そこから生えた草木や花が一〇行となる。

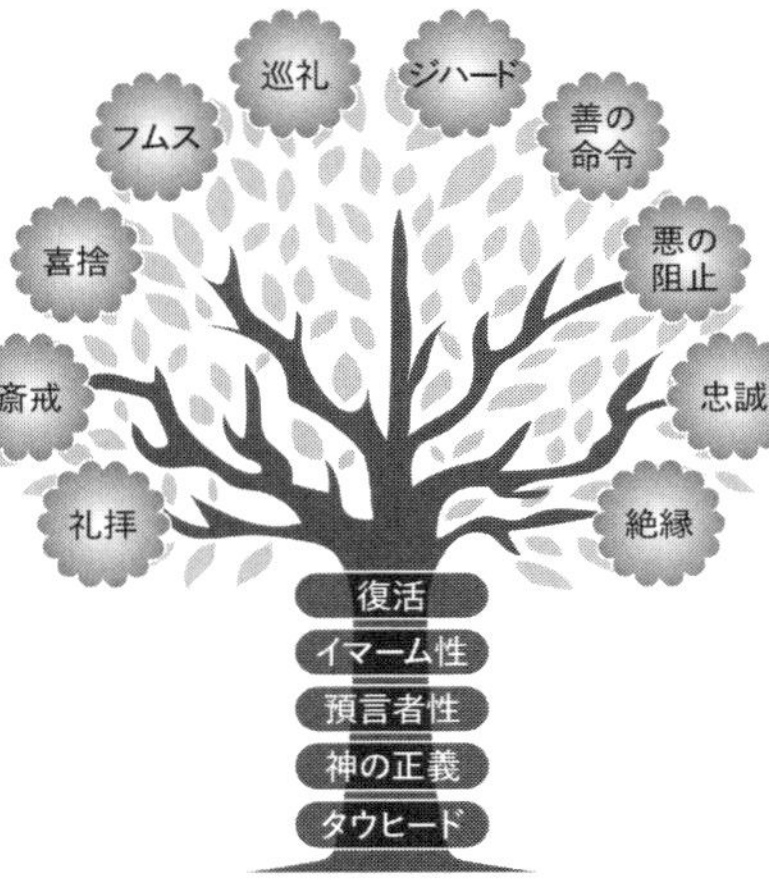


**図9**　五信一〇行の木のたとえ

彼らはタウヒードと神の正義の二つのみを挙げていた。その後も学者たちは「宗教の根本」を自らの分類でまとめてきたが、最初に「宗教の根本」を現在に通じる形の「五信」に分類したのは一七世紀のファイド・カーシャーニー（al-Fayḍ al-Kāshānī, d. 1091/1680）のようである。その後、五信という考え方が定着したのは一八世紀末から一九世紀にかけてであり、五信とはシーア派思想史の中では新しい概念である（Forouhi 2020, 347–355）。

本書の第二部では五信一〇行を順番に詳述していく。各項目については一つで専門書が一冊書けるくらい重要なものとなるため、以下は基本的な内容を選んで説明していく。取り上げる内容は筆者の恣意的な選択になってしまうことは予め断っておかなければならないが、シーア派の基本的な教義やその根拠については取りこぼしのないように最大限の注意を払いたい。そして、各項目の説明は現在の主流派のウスール学派の視点だけを扱うのではなく、ウスール学派とアフバール学派の学説が大きく異なる場合には、後者の学説も紹介していくこととする。アフバール学派的な伝承的根拠を記すことはハディースを紹介することであり、記述がやや長めになってしまうこともあるだろう。しかし、ここで伝承を紹介するのはイマームたちの教説がどのようなもので、それをどのようにシーア派が解釈してきたのかを示すためでもある。

また、宗教の教義を客観的に記述しようとする時、これまでもそうしてきたが文の語尾に「という」、「とされる」、「と信じられている」などの伝聞・推定の表現を加えるべき部分がとても多くなってしまう。しかしながら、これらの語尾を多用することは読者にとっては非常に煩わしいことと思われるため、シーア派の教義を概説する本部では文章の読みやすさを優先するために、あえて「イマームは無謬である」というような断定的な表現を用いることがある。

# 第三章　五信

## 1. タウヒード

タウヒードとは神を唯一なる存在として信仰することであり、イスラームの全ての宗派において最も重要な教義でもある。タウヒード論についてのハディースの数は非常に多く、ウスール学派もアフバール学派もスンナ派もタウヒード論の大枠はあまり変わらない。両学派間の相違点は具体的な教義内容というよりも、アフバール学派は原則的にクルアーンとハディースのみに依拠する一方で、ウスール学派はハディースを参照するものの、知性的推論を重視するという神学上の方法論的違いによるものである。

ウスール学派において、タウヒードには段階があるとされ、現代のマルジャアのソブハーニーによれば以下の分類がある（al-Sobḥānī 2010, vol. 1, 13–20）。

一　本体におけるタウヒード（al-tawḥīd fī al-dhāt）
二　属性におけるタウヒード（al-tawḥīd fī al-ṣifāt）
三　行為におけるタウヒード（al-tawḥīd fī al-af'āl）
四　信仰儀礼におけるタウヒード（al-tawḥīd fī al-'ibāda）

タウヒードの第一の段階が本体におけるタウヒードである。本体におけるタウヒードは二つの意味を持ち、一つ目の意味はアッラーは一なる存在であり、彼に並び立つものは存在しないということである。二つ目の意味はアッラーの本体が単一であって、その中に多性もなく、何かが複合したものでもないということである（al-Sobḥānī 1998, 45）。本体におけるタウヒードはクルアーンにもハディースにも非常に多く書かれており、クルアーン一一二章「言え、『それはアッラー、唯一なる御方』。『アッラーは自存者』。『そして彼には匹敵するもの何一つない』。」などが根拠とされる。

第二の段階が、属性によるタウヒードである。イスラーム教徒の大半の見解では、アッラーは全くの不可知で何の性質も持たない無のような存在ではない。そのため、イスラーム教徒の大半は「アッラーは〜ではない」という形だけで理解するような否定神学の立場をとらず、「アッラーは〜である」という肯定的な属性で描写する。スンナ派でもシーア派でもアッラーは様々な性質を持っているとされ、そのような性質を属性（ṣifa）と呼ぶ。シーア派神学とムウタズィラ学派は共通点が多いと言われるが、属性論についてはムウタズィラ学派が属性を否定するのに対して、シーア派はアッラーが属性を持つことを肯定する。

属性の一例として、アッラーは全てを「知っている御方（'ālim）」であるため、彼は「知識（'ilm）」という属性を持つ（al-Sobḥānī 2010, vol. 6, 33）。アッラーの本体と属性との関係性については初期のイスラーム神学者たちの間で大きな議論となった。問題となったのは、もし属性がアッラーとともに永遠に存在するのだとすれば、それはアッラーに並び立つ存在を認めることになってしまい、多神教に帰結するのではないかということである。この問題は六代目イマーム・サーディクの時代に盛んに議論されていた主題であり、彼自身もその議論に言及している（al-Kulaynī 2007, vol. 1, 67–68）。後のシーア派学者たちはサーディクの言葉に則りつつ、それを知性的推論によって補強しようとする。シーア派学者たちの主張を要約すれば、例えば「知識」と「能力」という二つの属性を考察した時、両者はそれぞれの意味が異なることから概念的には区別することができるものの、実際には同一の存在であるアッラー自体を意味する。つまり、アッラーという一なる存在を語る時に、異なる視点から捉えているに過ぎないとされる（al-Sobḥānī 2010, vol. 1, 13–14）。

第三の段階が行為におけるタウヒードである。イスラーム哲学では、この世界が原因と結果から成り立ち、それぞれのものが特有の効果を持っていると考えられている。例えば、太陽は輝くという効果を持ち、火は燃えるという効果を持つ。行為におけるタウヒードの段階は、太陽や火だけではなく輝きや燃焼といったこの世界のあらゆる効果を生じせしめる存在がアッラーであると信じることである。そのため、世界の全てはアッラーの行為や意志が関与していることになる（al-Sobḥānī 2010, vol. 1, 14–15）。このことは、人間は自由意志を持つかどうか、人間の行為が予めアッラーによって定められているのかどうかという神学論争にも関係するものである。

第四の段階が信仰儀礼におけるタウヒードである。これは全ての信仰儀礼はアッラーのためだけに行われるということである（al-Sobḥānī 2010, vol. 1, 14–15）。このレベルでのタウヒードを認めないことは、アッラー以外の神を拝むことに他ならず、明らかな多神教となる。信仰儀礼におけるタウヒードは他の三つとは異なる側面を持つ。最初の三つのタウヒードはアッラーの本体に関する事柄であるが、信仰儀礼におけるタウヒードは「アッラー以外には信仰行為に相応しい存在はない」という観点ではアッラー自体に関するものであるが、それと同時に人間が主体的に行う信仰行為という観点ではアッラー自体ではなく人間の崇拝行為に関するものでもある（Moṭahharī 2009, 31, 76）。

上記はよく用いられる分類であるに過ぎず、これらから派生する別の分類を設ける学者もいる（al-Sobḥānī 2010, vol. 1, 21–23）。

## アッラーの本体について

合理主義的潮流では理論的な方法で次のような議論が行われてきた。ここでは、シャイフ・ムフィードとシャイフ・トゥースィーの議論を要約して説明していきたい。先のタウヒードの第三段階で世界は因果律を持っていると述べたが、全ての結果は原因の存在を必要とし、原因を遡っていけば必ず一なる存在であるアッラーに行き着くため、この世界の全てはアッラーの創造の結果であり、この世界の存在自体がアッラーの存在を示しているとされる。イスラームでは、アッラーは永遠であり、始まりもなく（qadīm azalī）終わりもない（bāqin abadī）存在であり、アッラー以外は全て有限のものである。アッラーは必然存在（wājib al-wujūd）と呼ばれ、彼以外の全ての存在者は可能存在（mumkin al-wujūd）と呼ばれる。必然存在とは常に必然的に存在するものであり、正確には「自身の存在において他者を必要とせず、非存在（ʻadam）が起こることはない」存在を指す。つまり、アッラーは存在しなかった瞬間がなく、最初から存在し、消滅することもない存在であり、自分以外の何も必要としない存在である。それに対して、可能存在とは「自身の存在において他者を必要とし、非存在（ʻadam）が起こる」存在であり、常にアッラーを必要としている（al-Mufīd 1992–3e, 16; al-Ṭūsī 1993–4, 103–104）。

アッラーは諸々の属性を持ちながらも、属性はそれぞれアッラーの一部ではなく、アッラーは複合物（murakkab）でもない。というのも、複合物はそれぞれの部分を必要としているため、可能存在となるからである。また、物体（jism）とは様々なものの複合体であるため、アッラーは物体でもない（al-Ṭūsī 1993–4,

105)。

## 本体属性と行為属性

シーア派神学書ではスンナ派をしばしばアシュアリー学派に代表させて議論することが多いため、以下、スンナ派との比較の際にアシュアリー学派だけに言及する。アシュアリー学派とムウタズィラ学派は先に挙げた四段階のタウヒードの中でも、第一の「本体におけるタウヒード」と第四の「信仰儀礼におけるタウヒード」について、ほとんどの見解を一致させており、両学派間に目立った対立はない。そして、シーア派の合理主義的潮流がムウタズィラ学派と非常に近い立場をとることから、スンナ派とシーア派もタウヒードのこの二つの段階については同様の教説を主張している。

アシュアリー学派とムウタズィラ学派は第二段階の「属性におけるタウヒード」と第三段階の「行為におけるタウヒード」において見解を異にする。まず「属性のタウヒード」について見ていこう。

イスラーム神学者たちは属性をいくつかの観点で分類してきたが、それがアッラーに当てはまるかどうかという観点では、「肯定的属性（ṣifa thubūtiyya）」と「否定的属性（ṣifa salbiyya）」に分けることができる。「肯定的属性」とはアッラーの完全性を示す属性であり、知識や能力、生命などがこれに当たる。「否定的属性」とはアッラーから否定される属性であり、肉体を持つこと、時間や空間にとらわれること、複合体であること、など不完全を意味する属性である。アッラーは否定的属性を否定される形で、肉体を持たないなどと形容される（al-Sobḥānī 1998, 65）。

別の観点で、アッラーの属性は「本体属性（ṣifa al-dhāt）」と「行為属性（ṣifa al-fiʻl）」に大別される。シーア派の主張は以下の通りである。「本体属性」とはアッラー自体の中で完結する属性であり、「行為属性」は被造物との関わりの中で生まれる属性である。また、「本体属性」は永遠のものであるが、「行為属性」

はアッラーがある動作を行なって初めて生じる属性であるため永遠ではない。例えば、アッラーが「創造主である」と言った場合、創造を行うまではアッラーは「創造主」とは形容されないため、「創造」という属性は行為属性となる。「本体属性」と「行為属性」の大きな違いの一つは、前者はその属性の反対が成立し得ないのに対して、後者はその属性の反対が成り立つことである。例えば、アッラーは「知る者（ʿālim）」や「能う者（qādir）」であるため、彼には「知識（ʿilm）」や「能力（quwwa）」という属性があることになり、「知識」や「能力」の反対の意味を持つ「無知」や「無能」といった属性では形容されない。そのため、「知識」や「能力」は本体属性に当たる。それに対して、行為属性の例では、アッラーは「話す者」であるため「言葉」という属性を持つが、話し始めるまで「話す者」ではない。そのため、「言葉（kalām）」という属性は行為属性となる（al-Ṣadūq n.d., 148; al-Mufīd 1992–3b, 41; al-Kulaynī 2007, vol. 1, 69）。

## クルアーンは永遠か？

クルアーンが永遠な存在かどうかという問題はアシュアリー学派とムウタズィラ学派の間で大きな見解の対立がある。そして、その対立は両学派がアッラーの属性をどのように捉えているのかを巡るものでもあった。アッバース朝カリフ・マアムーンがムウタズィラ学派に公式学派に準ずる立場を与えた時、カリフはムウタズィラ学派のクルアーン被造物説を支持するように神学者たちに求めた。

アシュアリー学派の主張では、アッラーは「話す者」であるため、「言葉」という属性を持つ。そして、アシュアリー学派は「言葉」をアッラーの「本体属性」の一部と見なすため、クルアーンは被造物ではなく、アッラーの創造されざる「言葉」である。同学派は、話す者が自分の中で意図する言葉を「内的言葉（al-kalām al-nafsī）」と呼び、この「内的言葉」が他者によって認識される形で表現されたものを「発声される言葉（al-kalām al-lafẓī）」と呼び、両者を区別する。そして、アッラーの「本体属性」としての永遠の属性たる「言葉」は「内的な言語」であり、人間が認識できる形で表現されるレベルの言葉が「発声される言葉」であるという。そのため、アッラーの「言葉」は単一の属性であっても、それがムハンマドに対してアラビア語で表現されれば「クルアーン」、イーサー（イエス）に対して表現されれば「福音書（Injīl）」と呼ばれるという（松山 2016, 236–239）。

それに対して、ムウタズィラ学派はアッラーが「話す者」であるために「クルアーンがアッラーの言葉である」という議論まではアシュアリー学派と同様である。しかしながら、ムウタズィラ学派は属性否定論（ta'ṭīl）をとる。彼らによれば、アッラーに永遠なる属性を認めるということはアッラーの本体以外に永遠性を認めることになり、タウヒードに反することになる。そのため、ムウタズィラ学派は「言葉」というものを永遠の属性とは見なさず、「言葉」は時間の中で生起したものであるためアッラーの「言葉」であるクルアーンは被造物であると見なす（松山 2016, 244–245）。

次に、シーア派の属性論とクルアーン被造物説についての議論を見ていきたい。シーア派においてもアッラーは「言葉」ないし「話すこと（takallum）」という属性を持つとされるが、その「言葉」は「本体属性」ではなく、前述のように「行為属性」に含まれる。「話すこと」とは「言葉を生じせしめること（ījād al-kalām）」の意味で解釈され、これも「行為属性」に含まれる。そして、行為とは永遠ではなく生起物であるために、アッラーの言葉であるクルアーンも生起物であり、永遠ではない、と結論づけられる（al-Sobḥānī 1998, 74–78）。

この問題については有名なハディースがあり、複数のイマームがこれに言及している。一例を挙げれば、マアムーンの時代に生きた八代目イマーム・リダーは「（クルアーンは）創造主（khāliq）ですか、それとも被造物（makhlūq）ですか」と問われると、「それは創造主でも被造物でもなく、尊厳比類なきアッラーの御言葉である」と答えたという。ここでイマームは曖昧な表現を用いており、クルアーン永遠説と被造物説のどちらを支持しているのかわかりにくい。しかし、ここでのイマーム・リダーの意図はクルアーンが生起物であることを前提として、アッラーの言葉であるクルアーンを「創造主」を意味するkhāliqや「被造物」や「創造された」を意味するmakhlūqという言葉で形容してはならないということであると解釈される。これについては伝承主義者も合理主義者も同じ主張をしており、彼らによれば、makhlūqという単語は「創造された」以外にも「捏造された（makdhūb）」という意味合いで用いられることもある。そのため、アッラーの行為属性である「言葉」としてのクルアーンは永遠ではなくある段階で創造されたものであるものの、悪き意味を表し得るmakhlūqという不適切な用語でクルアーンを形容してはならず、「生起物（ḥādith）」などの価値中立的で適切な言葉で形容しなければならないということである（al-Ṣadūq n.d., 223; al-Sobḥānī 1998, 74–78）。

このように、ムウタズィラ学派もシーア派もクルアーンは永遠ではなく時間の中で生起したものであるということに一致している。ムウタズィラ学派は属性の存在を否定するがシーア派は属性を肯定するために、両者の間でこの結論を導き出す方法論が異なっている。また、ムウタズィラ学派がmakhlūq（創造されたもの、被造物）という用語を用いるのに対して、シーア派はイマームの言葉に基づきḥādith（生起したもの）という用語を用いる。

## クルアーン改竄説

シーア派では、アッラーの言葉であるクルアーンは永遠の存在ではなく、預言者ムハンマドに啓示される段階で初めて創造されたものだと理解される。クルアーンはムハンマドという人物の口を通じて人々に伝えられたのであって、最初から書物の形で存在していたわけではない。

クルアーンの編集についての歴史観はスンナ派とシーア派の間で大きく異なる。スンナ派の理解では預言者ムハンマドの生存時は一冊の書物という形ではなかったものの、周囲の教友たちが暗記していたり、部分的に書き留めたりしていたという。預言者の死後アブー・バクルのカリフ時代に「背教者戦争」が起き、多くのクルアーン暗唱者が戦死した。そこで、クルアーンが散逸することを恐れて、ウマルの進言によってアブー・バクルがクルアーンを書物として結集することを命じた。モスクの前にウマルとザイド・イブン・サービトという教友が座って人々にメモしたものなどを持ち寄らせ、二人以上が証言したものだけを受け入れた。ウスマーンのカリフ時代にはムスリムの支配地域の拡大に伴い、都市ごとに異なる読誦法が広まることになった。この問題を解決するためにウスマーンは、アブー・バクルがウマルの助言のもとに結集したムスハフ（muṣḥaf, 書物となったクルアーンのこと）を複写し、その写本を主要都市に配布した。その際にウスマーンはウスマーン版ムスハフに従ってクルアーンを詠むことを命じ、ウスマーン版ムスハフとは異なる文言を含むクルアーンの写本を全て焼却するように命じた（Modarressi 1993b, 8–9; 松山 2016, 70–76）。

それに対して、シーア派はアブー・バクルとウマルがクルアーン結集に関わったという伝承の真正性を疑わしいものと見なし、彼ら二人によるクルアーン結集作業を歴史的事実とは考えない。そして、クルアーンの結集を最初に行ったのは三人のカリフではなく、アリーであったと主張する（Modarressi 1993b, 5–17; al-Khūī 1981, 239–259; 平野 2018b, 322–323）。アリーが預言者の葬儀に忙殺されているすきに教友たちがアリーを裏切りアブー・バクルをカリフとして選出した。この状況を見たアリーはイスラーム共同体が分裂することを危惧し、クルアーンの結集に急いだという（al-ʿAyyāshī 1991 vol. 1, 330）。また、アリーはおよそ七日後にクルアーンの結集を完成させて、教友たちに結集したクルアーンを見せたという。すると、教友たちはアリーのムスハフを受け入れることを拒否したため、それ以降アリーは自身のムスハフを教友たちには見せなかった（al-Kulaynī 2007, vol. 1, 350; vol. 8, 14）。また、別の伝承では、預言者ムハンマドがクルアーンをアリーに口述筆記させており、アリーが預言者の生前に一冊のムスハフを完成させていたとも言われる（al-Khūī 1981, 222–223）。

スンナ派においてはウスマーン本が完全なクルアーンであり、その中には人間によるいかなる変更も加筆も削除もないと信じられている。クルアーンにムハンマド以外の人物による加筆箇所があったと主張するイスラームの宗派は存在しないが、一〇世紀後半までのシーア派はウスマーン本には加筆・追加はないものの、教友たちによる意図的な削除があったと主張していた。

ウスマーン本のテキストを見てみると、シーア派の中核的教義であるイマーム論を明確に示すような節はほとんどない。そこで、初期のシーア派学者たちはアリーらイマームの名前がクルアーンの中で一切言及されない理由をクルアーン改竄説に求めた。彼らによれば、アリーのムスハフに収録されたもともとの啓示にはイマーム位を明示する章句が多く含まれていたものの、それらの章句はことごとくウスマーンまでのカリフや教友たちによってクルアーンから削除されたというのである。クルアーン改竄説に関するイマームの伝承は多く、それらの伝承に依拠して一〇世紀の伝承主義者たちの多くは改竄説を支持していた（平野 2018b, 323–326）。

一例を挙げるとアリー・イブン・イブラーヒーム・クンミー（ʻAlī b. Ibrāhīm al-Qummī, d. 307/919）という学者はクルアーンの改竄に関して次のように述べる。以下の引用文中において――で挟まれた部分は、ウスマーン版ムスハフにはない文言である。

改竄されたもの（mā muḥarraf min-hu）について、それは彼の御言葉「だがアッラーは――アリーについて（fī ʻAlī）、と啓示された――お前に下し給うたものについて、彼の知識とともに下し給うたことを証言する。そして、天使たちも証言する」（四章一六六節）、「使徒よ、――アリーについて（fī ʻAlī）

――おまえに下されたものを伝えよ。もしお前が行わなければお前は彼の便りを伝えたことにはならない」（五章六七節）、「信仰を拒み、――ムハンマドの家族に対して彼らの権利を（āl Muḥammad ḥaqqa-hum）――侵害する者たち、アッラーは彼らを赦すことはない」（四章一六八節）（別の二例を中略）である。この類は多くあり、その個所で私たちはそれに言及していく（al-Qummī 2014, 30）。

クンミーの主張によれば、アリーやムハンマドの家族についての言及が本来のクルアーンには存在していたが、ウスマーンらが意図的に削除したのである。

一〇世紀前半まではおそらく主流であったクルアーン改竄説はブワイフ朝の成立（九四六年バグダード入城）によって急速に衰退していったが、クルアーン改竄説が非難されるようになった背景には当時の社会的状況があったようである。シーア派系のブワイフ朝は公の空間でのシーア派の宗教活動を認めたため、シーア派の活動が活発化した一方でスンナ派による反シーア派暴動が複数回発生し流血騒ぎとなることもあった（Newman 2013, 78–79）。このような社会状況の中で、シーア派学者たちは他派との軋轢を生む教義を修正ないし破棄し、スンナ派の教義に接近することを目指したと指摘されている（Amir-Moezzi 2014, 202）。この流れの中でクルアーン改竄説はブワイフ朝期の伝承主義者の間でも批判の対象となり、一一世紀の合理主義者たちはハディースの多くを批判的に検証し、改竄説に関する伝承の多くは極端派に帰される真正性の薄弱な伝承と判断した。真正性が高いと判断せざるを得ない伝承に関しては、イマームの真意は実際のテキスト上の改竄ではなく、クルアーンのテキストの解釈を巡る曲解を主張するものであると解釈した。そして、一一世紀以降の合理主義のほとんど全ての学者がクルアーン改竄説を否定し、ウスマーン本を過不足ない完全なクルアーンであると認めている（平野 2018b, 327–330）。

## クルアーンにおける伝承的属性

これまで挙げてきたアッラーの属性以外にも多くの「行為属性」がある。ウスール学派においては、アッラーに関する属性の大半は伝承に頼らずとも、知性的推論から証明できるとされている。それに対して、諸々の属性の中には人間が知性でどれほど考えても正しい答えに辿りつくことができず、クルアーンとハディースを通じてのみ知ることのできる属性もあるとされる。例えば、クルアーンとハディースの中には「アッラーの目」や「アッラーの手」、「玉座に鎮座する」といった表現がしばしば登場する。このようにアッラーがクルアーンの中で自らを擬人的に表現する属性やアッラーが身体部位を持つ存在かのように表現する属性を「伝承的属性（al-ṣifa al-khabariyya）」と呼ぶ。その定義は「クルアーンとハディースの中で至高なる御方がご自身をそれによって形容したもの（mā waṣafa bi-hi subḥāna-hu nafsa-hu fī al-Qurʾān wa-al-ḥadīth）」とされる（al-Sobḥānī 2005–6, vol. 5, 126）。

クルアーンにおいてアッラーが身体部位を持つかのように表現する具体的な節には「まことにお恵みはアッラーの御手（yad Allāh）にあり、彼はそれをお望みの者に与え給う（三章七三節）」、「また、アッラーと共に別の神に祈ってはならない。彼の他に神はいない。あらゆるものは滅び去る。ただし、彼の顔（wajha-hu）は別である（二八章八八節）」、「だが、威厳と厚恩を帯びたお前の主の御顔（wajh rabbi-ka）は残る（五五章二七節）」、「我ら（アッラー）の眼前（bi-aʿyuni-nā）で啓示のもとに方舟を造れ（一一章三七節）」、「そして、復活の日、大地はそっくり彼（アッラー）の一握りであり、諸天もその右手によって巻き上げられよう（三九章六七節）」、「慈悲あまねき御方は玉座の上に座し給うた（二〇章五節）」、などがある。

伝承的属性についてスンナ派は次のように解釈する（松山 2016, 228–235）。スンナ派の三つの神学派（アシュアリー学派、マートゥリーディー学派、ハディースの徒）それぞれの中に、クルアーンやハディースのままにこれらの属性を受け入れる学者とその表現をそのまま受け入れるのではなく比喩的解釈を行う学者がいる。表現をそのままに受け入れる場合には、その伝承的属性を肯定するものの、「いかにと問わず（bi-lā kayfa）」、擬人神観を避ける形で信じる。それに対して、比喩的な解釈ではアッラーの「手」という表現を「恩恵」や「権能」を比喩的に示したものと理解する。ムウタズィラ学派は後者の学者たちと同様に比喩的解釈を採用する。

シーア派も原則的にはムウタズィラ学派やスンナ派の一部と同様に比喩的解釈を用いる。現代のマルジャアのソブハーニーの解釈を示すと、「アッラーの手は彼らの手の上にある（四八章一〇節）」について、これはアッラーに手があるということを意味するのではない。「手」を意味するyadという単語は「権能」、「力」、「権力」などの比喩で用いられることもあるため、クルアーンのこの節での「手」は「権能（qudra）」と解釈される。そのため、クルアーンのこの節は「アッラーの権能は最も高く、彼らの権能より力強い」の意味であるという。また、アッラーの顔とはアッラーの「本体（dhāt）」のことであるという。そのため、「だが、威厳と厚恩を帯びたお前の主の御顔は残る（五五章二七節）」という節は、アッラーに顔があるという意味ではなく、「彼の神聖な本体は永続し、消滅することはない」という意味に解釈される。また、「玉座に鎮座する」とはアッラーが全てを統御することを王が諸事を統括する時に玉座に座っている様子にたとえたものであって、アッラーが実際に玉座に座っているのではないという（al-Sobḥānī 1998, 86–88）。

## 伝承的属性で形容されるイマーム

伝承的属性は神の御名と密接に関係している。アッラーの御名・美名（al-asmāʾ al-ḥusnā）と属性の関係は次のようである。イスラームではアッラーは九九の御名を持つとされる。例えば、アッラーの「知者（al-

‘alīm)」という名前は「知識（‘ilm)」という属性を示している。アッラーを「知者」という名前で呼ぶことはできるが「知識」という属性で呼ぶことはできない。（青柳 2005, 77–80; al-Sobḥānī 2010, vol. 6, p. 33; 松山 2016, 220)。

伝承的属性はクルアーンの中だけでなくハディースの中にも見られるものであるが、ハディースの中に登場する「伝承的属性」についての記述は、イマームたちを「アッラーの美名」と同一視するものや彼らを「アッラーの身体部位」になぞらえるものであり、一見するとあたかもイマームがアッラーの「伝承的属性」であるかのように思われるものである。以下に、イマームをアッラーの御名になぞらえる伝承と彼らをアッラーの身体部位になぞらえる伝承を順に見ていきたい。

イマームたちを神の美名になぞらえる伝承は主として、クルアーン七章一八〇節「そしてアッラーに美名は属す。それゆえ、それによって彼を呼びなさい」の解釈に関するものである。最も直接的な表現で記述されるのは、イマーム・サーディクの次のハディースである（al-‘Ayyāshī 1991, vol. 2, 45）。

> 我ら（イマームたち）はアッラーに誓って美名である、我らを知らずして誰も受け入れられないような（美名である）（naḥnu wa-Allāh al-asmā’ al-ḥusnā alladhī lā yaqbalu min aḥad illā bi-ma‘rifati-nā）。

別の伝承では若干の言葉の違いはあるものの、その文意は変わらずに、両伝承ともに「我らこそアッラーに誓って美名である（naḥnu wa-Allāh al-asmā’ al-ḥusnā）」という文言が含まれる（al-Kulaynī 2007, vol. 1, 83）。このように、イマーム・サーディクが自らをアッラーの美名であると位置付けている。

また別の伝承によれば、イマーム・リダーは「難儀がお前たちに生じたら、我ら（イマームたち）によってアッラーに助けを求めよ、それはアッラーの御言葉『アッラーに美名は属す。それゆえ。それ（美名）

によって彼を呼びなさい』（七章一八〇節）である」と語ったという。この伝承でも、イマームが自らをアッラーの美名であると主張している。

また、上記の伝承と似たものとしてアッラーが自身の名前にちなんで、預言者とイマームたちを名付けたという伝承も多く伝わっている。ある伝承によれば、アッラーは自身の「称賛される御方（al-Ḥamīd, ハミード）」という名前から ḥ-m-d の子音をとって預言者ムハンマド（Muḥammad）を、アッラーの「最も高い御方（al-Aʻlā, アアラー）」という名前にちなんでアリー（ʻAlī）を、アッラーの「美名（al-asmāʼ al-ḥusnā, アスマーゥ・フスナー）」にちなんでハサン（al-Ḥasan）とフサイン（al-Ḥusayn）を、アッラーの「創始者（al-Fāṭir, ファーティル）」という名前にちなんでファーティマ（Fāṭima）を名付けたとされる（Furāt 2011, vol. 1, 56）。

次にイマームたちをアッラーの身体部位になぞらえる伝承を見ていく。これについての有名な伝承に、初代イマーム・アリーの言葉「私はアッラーの目（ʻayn Allāh）であり、アッラーの手（yad Allāh）であり、アッラーの傍ら（janb Allāh）であり、アッラーの門（bāb Allāh）である」というものがある（al-Ṣaffār 2005–6, vol. 1, 137–138; al-Kulaynī 2007, vol. 1, 84）。また、別のイマームの伝承によれば、イマームたちはアッラーの証（ḥujja Allāh）、アッラーの門（bāb Allāh）、アッラーの舌（lisān Allāh）、アッラーの顔（wajh Allāh）、彼の被造物の中のアッラーの目（ʻayn Allah fī khalqi-hi）、彼の僕の中でのアッラーの命令の後見人（wulāt amr Allāh fī ibā-di-hi）とされる（al-Ṣaffār 2005–6, vol. 1, 37）。一〇世紀末の伝承主義者シャイフ・サドゥークは「私はアッラーの知識（ʻilm Allāh）であり、私はアッラーの認識する心（qalb Allāh al-wāʻī）、アッラーの話す舌（lisān Allāh al-nāṭiq）、アッラーの目、アッラーの傍らであり（janb Allāh）、私はアッラーの手である」というアリーの言葉を引用している（al-Ṣadūq n.d., 164）。

第一部で述べたように、シーア派系の宗派の中にはイマームたちを神格化する極端派と呼ばれる集団があり、本書が「シーア派」と呼んできた十二イマーム派は彼らを激しく非難してきた。しかしながら、上記の伝承はイマームたちを神格化するかのような極端派的解釈に近いものである。そもそも、「伝承的属性」自体がアッラーを擬人化するかのような表現であるために、この議論についてはスンナ派では擬人神観的解釈をいかに避けるかが重要であったが、シーア派ではアッラーに対する擬人神観的解釈を排除すると同時に、むしろそれ以上にいかにイマームを神格化する極端派的解釈を排除するかが重要となった。

## イマームをアッラーの美名や身体部位になぞらえる伝承の解釈

シーア派が「伝承的属性」に関して極端派的解釈を排除する方法は、①ハディースの真正性の否定、②別伝承による解釈や比喩的解釈、の二つがある。

①については、シーア派の思想形成期を思い出してほしい。一一世紀以降の合理主義者たちは一〇世紀までの伝承主義者たちが収集したハディースの多くをその真正性が薄弱であると判断し、教義形成においてそれら多くのハディースを排除した。伝承的属性に関して上に挙げたハディースは全て伝承主義者たちの著作から引用したものであり、一一世紀以降長らく合理主義者たちはこれらのハディースを排除することで、極端派的解釈を回避した（平野 2023, 318）。

②についてはまずアッラーの美名の伝承から見ていく。一〇世紀の伝承主義者たちの著作に「我らはアッラーに誓って美名である」などのハディースに対しての直接的な解釈は載せられていないが、彼らの著作の中の章や節の題名やその中のハディースをもとに彼らの姿勢を十分に推察することができる。クライニーのハディース集の「タウヒードの書」という章、および、サドゥークの『タウヒードの書（*Kitāb al-Tawḥīd*）』という著作の中では、まず「名前（ism）」とそれによって示される「名付けられるもの（musammā）」は別のものである、という議論がある。例えば、アッラーの御名を考えた場合、アッラーの「名前」は九九あるが、その「名前」によって名付けられる対象である「名付けられるもの」はアッラー自体であ

る。「名付けられるもの」であるアッラーが一であるのに、「名前」が複数あることを説明する長いハディースがあり、その中でイマーム・サーディクは「もし『名前』が『名付けられるもの』であるならば、それぞれの『名前』が神であることになってしまう。しかしながら、神は諸々の御名によって指し示される意味であって、その（名前の）全ては彼ではない」と語ったという（al-Kulaynī 2007, vol. 1, 67）。また、イマームは、アラビア語の同じ単語でアッラーと被造物の両方を形容できる場合、それぞれの意味が全く異なると語った。伝承から一例を挙げれば、アッラーと人間を「一（al-wāḥid）」と形容した場合の意味の違いは、「アッラーこそが一者であり、内部に対立もなく、差異もなく、増減もない一者は彼以外にはない。他方、人間は被造物で造られたものであり、相違する諸部分、様々な実体からなる複合物であって、寄せ集めによって一つになっている」という（al-Kulaynī 2007, vol. 1, 69）。

アッラーの身体部位に関する伝承については、アリーの「私はアッラーの知識であり、私はアッラーの認識する心、アッラーの話す舌、アッラーの目」という言葉の解釈を例にしたい。伝承主義者サドゥークの解釈によれば、ここでの「私はアッラーの認識する心」とは「私はアッラーがご自身の知識の器として置き給うた心である」の意味になる。そして、「アッラーの心」も何らかの被造物を指すが、その用法は「神の僕（ʻabd Allāh）」、「神の家（bayt Allāh）」という言葉がそれぞれ「人間」、「カアバ神殿」という被造物を指すのと同じであるという。また、サドゥークは「アッラーの目」を「アッラーの宗教を守る者」という意味として比喩的に解釈する。このような比喩的解釈が可能である根拠は、クルアーン五四章一四節「我らの目のもとでそれは走った（tajrī bi-aʻyuni-nā）」の中の「我らの目」という言葉が「我らの保護（ḥifẓi-nā）」という意味に解釈されるからだという（al-Ṣadūq, n.d., 164）。つまり、クルアーンにおける神の部位に関する表現が比喩的に解釈できるのと同様に、ハディースの中の表現も比喩的に解釈できるとされる。

一一世紀の合理主義者たちが否定し排除した多くの伝承が、一七世紀のアフバール学派の時代に復権・

再評価され、その一部をウスール学派が受容する、ということがしばしばある。イマームをアッラーの御名や身体部位になぞらえる多くのハディースも概ねこの例の一つである。アフバール学派の時代に多くの学者たちが上記の議論をより精密に解釈し、ウスール学派もそれを継承している（平野 2023, 318–321）。

この問題はスンナ派と比較した際のシーア派思想の特徴を示す良い例でもある。「伝承的属性」の解釈の仕方として、スンナ派の神学派は比喩的解釈以外にも伝承をそのまま受け入れる者たちもいた。それに対して、シーア派ではクルアーンとハディースに極力忠実であろうとする一〇世紀の伝承主義者やアフバール学派の大半がムウタズィラ学派と同じ比喩的解釈をとっている。しかしながら、彼らが比喩的解釈を採用したのは決して知性的推論に頼ったのではなく、イマームたちが比喩的な解釈を示していたからである。前述のように、シーア派の教義形成に最も影響を与えた五代目、六代目イマームは神学論争の盛んな時期に学問的活動を行い、当時の神学論争に言及している。そこで、イマームがムウタズィラ学派と同様の解釈を示したことで、知性的推論を排除しようとする伝承主義者・アフバール学派が結果としてムウタズィラ学派と同様の解釈方法をとったのである（平野 2023, 317, 322–323）。

## 見神

アシュアリー学派とムウタズィラ学派の間で対立する教説の一つに来世においてアッラーを見ることができるかという見神（ruʾya）というものがある。アッラーは物質ではなく、時間にも空間にも拘束されない存在であるため、現世においてアッラーを見るということはあり得ない。しかしながら、クルアーンとハディースの記述をもとに来世の楽園においてアッラーを見ることができるという考えがあり、これが見神である。見神はスンナ派では異論のない合意事項であるという。クルアーンには「その日、顔は輝き、その主を眺める」（七五章二二‐二三節）とあり、スンナ派のハディースでは楽園でアッラーを見ることができるとされている（松山 2016, 250）。

それに対して、ムウタズィラ学派は見神を否定し、シーア派は伝承と知性の両方から見神が不可能であると主張する（al-Mufīd 1992–3a, 57）。クルアーンの中の根拠として「視覚は彼を把握せず、彼が視覚を把握する」（六章一〇三節）が最もよく挙げられる。アリーに帰される説教を集めたものとされる『雄弁の道（*Nahj al-Balāgha*）』の中の次の話は見神を否定するハディースとしてよく用いられる。それによれば、ズィウリブ・ヤマーニー（Dhi'lib al-Yamānī）という弟子がアリーに「信徒たちの長よ、あなたは主をご覧になったことがありますでしょうか」と尋ねた。すると、アリーは「見たこともないものを私が崇拝するようなことがあろうか」と応えた。続けてヤマーニーが「どのようにしてご覧になったのでしょうか」と尋ねると、アリーは「目が彼を目撃して捉えることはないが、心は信仰の真相において彼を捉えることができる（後略）」と語ったという（al-Raḍī 2010, 342）。現代のマルジャアの一人であるマカーレム・シーラーズィーは『雄弁の書』を注釈して、次のようにまとめる。目撃（mushāhada）には①感覚的目撃（al-mushāhada al-ḥissiya）、②知性的目撃（al-mushāhada al-ʻaqliya）、③内面的目撃（al-shuhūd bāṭinī）の三種類ある。①感覚的目撃は物理的に見ることで、現代では顕微鏡や望遠鏡での目視も含む。②知性的目撃とは知性的な推論によるもので、現代的な例ではリンゴが落ちるのを見てニュートンの法則を導き出すということも含まれる。③内面的目撃とは、知性的推論を必要とせずにある存在者を洞察力で見ることであり、この境地は常人には到達し得ない。シーラーズィーによれば、アリーは目や知性によるのではなく、内面的目撃によってアッラーを見た（al-Shīrāzī 2011, vol. 6, 444–445）。上のアリーの言葉以外にも、アリーはユダヤ教徒とのやり取りの中で同様のことを語っており、別のイマームたちも類似の内容を語っている。そのため、シーア派が否定する「見神」とは目や知性によってアッラーを見ることであって、アリーのような精神的境地にいる人間が心によって神を見ること自体は否定していない。

見神が不可能であることは知性的推論を用いて次のようにも説明される。前述のように、アッラーの本体から否定される属性は否定的属性と呼ばれ、それらは欠乏や欠陥、必要性、可能性などを含むものである。「アッラーは肉体ではない」、「物質でもない」、「何かに対しての場ではない」、「何かの中の状態でもない」などと言う時、神学者たちは否定的属性を議論していることになる。否定的属性はアッラーが必然存在であることに矛盾するものであり、「見られること」も否定的属性の一つである。あるものが視覚対象になる場合には①それが特定の方向の場所にいる、②それは暗闇の中にあるのではなく光によって照らされている、③それと見る者の間に一定の間隔や適切な距離がある、という三つの条件が必要である。そして、この三つのいずれも物質から成る存在に生じるのであって、物質性を超越したアッラーには起こり得ない。また、もしアッラー自身が視覚対象であるとすれば、それは①彼の存在全てが視覚対象か、②彼の存在の一部が視覚対象か、のどちらかとなる。しかしながら、前者の場合はアッラーが捉えられて限定されてしまうことになり、後者の場合はアッラーを部分ごとに細分化してしまうことになる。よって、いずれの場合も見神はあり得ない（al-Ḥillī 1988, 274; al-Sobḥānī 1998, 80–81）。

## 2. 神の正義

「正義（ʿadl）」はシーア派の五信のうちの二つ目にあたり、アッラーは悪を行うことがなく、また善を怠ることがないという教説を指している（al-Ṭūsī 1993–4, 105）。以下、アッラーの正義を扱うにあたり、そのたびに「アッラーの正義」と書くのは字数も増え筆者にも読者にも少し煩わしいであろうし、ただ「正義」とだけ書くとわかりにくく、専門用語としての「正義」なのか、それとも一般名詞としての「正義」

なのか区別がつきにくい箇所があるだろう。「アッラーの正義」の用語はアラビア語でal-ʿadl al-ilāhīとも言い、漠然と「神の」を意味する形容詞のilāhīを用いている。そのため、本書ではal-ʿadl al-ilāhīを訳したものとして「神の正義」と書くことを原則とする。

前節の中でアッラーの属性論を細かく見てきたが、「神の正義」もまた「アッラーが正義である（ʿādil）」ことを示す属性である。九九のアッラーの御名の中にも「正義者（al-ʿAdl）」という名前がある。そのため、上に見た「能力」、「知識」、「言葉」などの本体属性も行為属性もタウヒードの部分で論じられるため、「神の正義」という属性もタウヒードの中で論じるべきだと思われるだろう。

属性の一つに過ぎない「神の正義」が独立した信条として、かつ、五つの最重要信条の二番目として挙げられている理由は、まずムウタズィラ学派が自学派の五原則の二番目に「神の正義」を挙げていることに由来すると思われる。確かにシーア派においても「神の正義」はそれが属性であるという観点では知識、能力、命といった別の属性に勝るものではない（al-Moṭahharī 2009, 31, 76）。それに対して、「神の正義」の中で論じられる内容はシーア派のイマーム論を知性的に証明するための道具として用いられてきた。シーア派の合理主義的潮流において、アッラーの多くの属性と比較して「神の正義」はイマーム論との関係性において決定的に重要なものであるため、この属性は他の全ての属性とは異なり、シーア派のアイデンティティを決定付け、シーア派を他派から区別する指標になっているのである。

前述のように、スンナ派の六信はシーア派も信じていて、シーア派の五信のうちタウヒード、預言者性、復活の三つは概ねスンナ派も信仰している。そのため、これら三つは両派が共有するイスラームの信条というのが正しい。それに対して、「神の正義」とイマーム性の二つの信条はシーア派神学の特徴となっているが、このことはスンナ派がアッラーから正義という属性を否定しているということではなく、スンナ派においてもアッラーに不正や圧政を意図的に帰するようなことはない。そのため、「スンナ派は神の正義を信じていない」などとシーア派から批判がなされることがあるが、それはスンナ派が「神の正義」の中でもシーア派イマーム論の土台となる部分を信奉していないということである。

## 正義とは？

正義（'adl）とは不正、圧制、抑圧などを示すẓulm（以下、「不正」と訳していく）の反対である。そのため、正義であるアッラーは不正を行うことがない。これについて、イマーム・サーディクが弟子のアブー・ハニーファと共にいる時、アブー・ハニーファがまだ子供であった後の七代目イマーム・カーズィムに「童よ、罪（ma'ṣiya）は誰からか」と問うと、カーズィムが次のように語ったという。

それは三つの場合のうちのいずれかです。まず［最初は］尊厳比類なきアッラーからというになりますが、彼からではありません。寛大なる御方が下僕に対してやってもいないことで罰する必要がありません。そして、［第二に］尊厳比類なきアッラーと下僕の両方からということになりますが、このようでもありません。より強い共同者が弱い共同者に不正を働く必要がありません。そして、［第三に］下僕からですが、それ（罪）はそこからです。アッラーが懲罰を与えられるとすれば彼の罪によってですし、その者を赦されるとすれば彼の寛容さや善良さによってなのです（al-Ṣadūq n.d., 96）。

カーズィムのこの主張はシーア派もスンナ派も認めるものである。ウスール学派によれば、アッラーは善行の崇高さと悪行の愚かさを熟知しているため、あらゆる善なる行為を怠ることがなく、また、あらゆる悪しき行為を行うことがない。善を行うことがアッラーに害をもたらすことはあり得ないため、アッラーには善を行わない理由がなく、常に善を行い続けている。もしアッラーがこのようでないとすれば、以下の四つのうちのどれかに当てはまるという。①アッラーは自分の行為をよくわかっておらず、悪いとも思っていない、②アッラーは自らの行為を悪だとわかっているものの、何か別のものによって強制されていて、それに抗うことができずに悪行を行っている、③アッラーはそれが悪だとわかっていて、かつ、誰からも強制もされていないのに、そうする必要がある、④アッラーは自らの行為が悪だと知っていて、強制もされておらず、それを行う必要すらないのに悪行を行っている。これら四つはアッラーに悪や無知や無能や可能性を見出すものであり、宗派を問わずイスラームのタウヒード論と矛盾するものである(al-Muẓaffar 1968, 41)。

マルジャアのソブハーニーによれば、「神の正義」には①創造的正義(al-ʻadl al-takwīnī)、②立法的正義(al-ʻadl al-tashrīʻī)、③報いにおける正義(al-ʻadl fī al-jazāʼ)、の三つの類型がある。

①創造的正義とは、クルアーン二〇章五〇節「我らの主は、あらゆるものにその創造を付与し、導き給うた御方である」にちなんだもので、アッラーは全ての被造物に対して存在に不可欠なことや相応しいことを付与するということである。

②立法的正義とは、アッラーは預言者たちを派遣し現世の規則を制定することによって、精神的な完成を獲得する能力を持つ存在としての人間に対して導きを与える、ということである。ただし、個々人によって持っている能力は異なるため、アッラーは人間に対してそれぞれの能力を超えたものを義務として課すことはない。

③報いにおける正義とは、アッラーが信仰者と不信仰者を報酬と懲罰という観点で同じように裁定しないということである。また、信仰者を皆同じように楽園に入れることもなく、また、不信仰者を皆同じように火獄に行かせることもない。アッラーは個々の人間の全ての行いに対して相応の報いを与えるのである。そのため、タウヒードを信じなかった人々に対して、イスラームを否定した者たちとイスラームを知

る機会がなかった人や知性が十分ではなかった人々などを同じ基準で罰することはない（al-Sobḥānī 1998, 99）。

## 善と悪

シーア派によれば、善とはそれを行うことに非難が伴わないものであり、その逆に悪とはそれを行うと非難されるものである。イスラーム法学において、善と悪は、義務（wājib）、推奨（mandūb）、許容（mubāḥ）、忌避（makrūh）、禁止（ḥarām）の五つの範疇に分けられ、最初の四つは善であり、最後の禁止だけが悪となる。それを行うと称賛され行わないと非難されるものが「義務」、それを行うと称賛されるが怠っても非難されないものが「推奨」、称賛も非難もされないものが「許容」、行わなければ称賛されるが行ったとしても非難されないものが「忌避」、行えば非難されるのが「禁止」とされる（al-Ḥillī 1988, 280）。

イスラームの諸宗派の間で、善（ḥusn）と悪（qubḥ）がアッラーからの啓示によって定められるのか、もしくは、啓示を必要とせず客観的な善と悪が存在するのかを巡って見解の対立がある。アシュアリー学派によれば、行為の善と悪は客観的に存在するものではなく、聖法（shar'）が命じるものが善であり、聖法が禁じるものが悪であるとされる。聖法をクルアーンと預言者のスンナのことと理解すれば、クルアーン、およびスンナの中で命令されているものが善であり、禁止されているものが悪と見なされる。そして、聖法なくして人間は善悪を判断することはできないとされる。それに対して、ムウタズィラ学派とシーア派によれば、客観的な善と悪というものがあり、善と悪は啓示によらず人間の知性によって判断できる。そのため、イスラームの聖法を知らない人間でも、自分自身の行為の善悪を判別することができる（al-Ḥillī 1988, 280–281）。

善と悪が知性によって判断できるとされる理由として、シーア派学者は次のように推論する。①この地上にいる人間は自ずと正義が善であり、不正が悪であること、約束を守ることが善で、それを破ることが悪であることを知っている。そのため、人類の歴史から善と悪が神の啓示に頼らずして知性で知られるということがわかる。②知性が善と悪を判断できず、あらゆる行為の善悪を啓示に頼らなければならないとすれば、逆説的に聖法による善と悪も成立しないことになる。というのも、人間が聖法を通じて善と悪を知ることができるのは、その立法者による啓示や言葉に嘘はないと理解しているからである。啓示が下る前に、立法者たるアッラーに悪の属性がないことを立証するのは知性であるため、知性がアッラーに悪がないことを判断できなければ、聖法によっても善悪を判断できないことになる（al-Sobḥānī 1998, 97）。

## 義務付与

イスラーム神学の重要な概念としてタクリーフ（taklīf）というものがある。タクリーフとは一般名詞としては「困難なことを課すこと」を意味するが、神学用語では「アッラーが僕に義務を賦課すること」を意味する。アッラーは人間に対して困難を伴う様々な義務を課し、その困難を乗り越えた人間には来世で報酬を与える。タクリーフを課された存在者はムカッラフ（mukallaf, 行為能力者）と呼ばれ、他の動物とは異なり人間はムカッラフである。アッラーは悪を行うことがないため、アッラーが人間にタクリーフを課していることは、タクリーフが善であることを示す。そして、アッラーのタクリーフが善となる条件は、それを行うことが義務であるということやその行いの良さや根拠などを告知することである（al-Ṭūsī 2009, 128）。そのため、ある行いが義務であるということを知らなかった人間をその義務を怠ったという罪でそのまま来世で裁くことはないとされる。

イスラームでは、人間以外に天使とジンという存在にも知性が与えられているとされる。人間が泥から創造されたのに対して、ジンは火から創造された目に見えない存在であるとされ、人間と同じようにタクリーフが課されている。そのため、良いジンと悪いジン、ムスリムのジンと不信仰者のジンがいるとされ、後者が悪魔と呼ばれる。人間とジンがともにムカッラフであることは広く信じられているが、天使に対するタクリーフについては見解の対立がある。シーア派の多数説では天使たちはムカッラフであり、彼らが間違いを犯す可能性は否定されないものの、火獄で何らかの罰を受けることになるような罪に対して天使たちは無謬であるとされる。また、シーア派の別の説では、天使たちはムカッラフではなく、行為をアッラーに強制されているとされる（al-Majlisī 1983, v.64, 119; al-Mufīd 1992–3a, 71）。

アッラーのタクリーフは人間の能力を越える範囲では行われない。例えば、盲目の人にクルアーンの本を読ませようとしたり、力のない人に持てないほどの重いものを運搬させたりすることを義務とした場合、それは悪である。そのため、人間の能力を越えるタクリーフは悪であると判断される。また、ここでの能力とは単に行為を行う力を指すだけでなく、その知識やその行為を行うための道具なども含むとされる（al-Ṭūsī 2009, 126）。これについての聖典的根拠としては、まず、クルアーン二章二八六節「アッラーは誰にもその能力（wusʻ）以上のものは負わせ給わない」が挙げられる。また、イマーム・サーディクの言葉「下僕が行為を行い運動するのは、尊厳比類なきアッラーからの［与えられた］能力（istiṭāʻa）が伴う場合においてのみである。祝福多くいと高きアッラーからのタクリーフが生じるのは、能力付与の後に他ならない。（下僕が）能力者でない限りは行為のムカッラフとはならない」なども聖典的根拠とされる（al-Ṣadūq n.d., 345）。この伝承が示すように、アッラーは人間に対してそれを行うための様々な能力を与えてから、タクリーフを課すとされる。

また、アッラーが下僕に対してタクリーフを課すのは、証拠（hujja）を打ち立てた後においてである。そのため、人間が聞いたことのあるもの、それを行う能力を持つもの、知っているものに対してのみタクリーフが為される。というのも、聞いたこともないものや知りもしないことを義務とするのは悪と見なされるからである。このように、人間を善や幸福や利益に導いて、悪や害を避けさせるために、アッラーには下僕にタクリーフを課し、規則や利益のあるものを打ち立てることが義務であるとされる（al-Muẓaffar 1968, 42）。

タクリーフの諸条件がそろっている者に対してタクリーフを課すことはアッラーの義務だとされる。タクリーフがアッラーの義務である理由は、もしアッラーが条件を満たす者にタクリーフを課さないとすれば、アッラーがその者に悪を唆すことになるからとされる（al-Ḥillī 1988, 300）。「アッラーの義務」という表現は「人間の義務」という場合の用法とは異なっており、「人間の義務」はアッラーから課されるものだが、「アッラーの義務」は誰かがアッラーに命令して、アッラーがそれに従うというものではない。ここでの「義務」（名詞では wujūd, 形容詞では wājib）とは、アッラーが「必然存在（wājib al-wujūd）」であると言う時の wājib と似た用法であり、そのタクリーフが「アッラーから必然的に離れることがない」という意味だと理解される。つまり、アッラーは自身の存在ゆえに必然的にタクリーフを課すことになる、という意味合いである（al-Muẓaffar 1968, 51）。

## ルトフと最善

人間が利益を得て害を避けるためにアッラーがタクリーフを課すことは、僕に対するアッラーの恩寵（luṭf, 以下、ルトフと呼ぶ）であると言われる。このルトフという概念はシーア派ではイマーム論の前提となる教説として決定的に重要である。神学用語としてのルトフは「義務的行為に呼びかけること、もしくは、悪から遠ざけること」と定義される（al-Ṭūsī 2009, 152; al-Murtaḍā 2009–10, 186）。言い換えれば、アッラーのルトフがあるということは、人間がタクリーフによって課された義務を果たすための物理的かつ精神的に最高の条件を用意するというアッラーの介入とも言える（Abdulsater 2017, 98）。ムウタズィラ学派やシーア派では、ルトフを与えることはあらゆる時代においてアッラーの義務であるとされる。(al-Moṭahharī 2009, 79–80)。

また、ムウタズィラ学派やシーア派は最善(aṣlaḥ)という概念を主張する。アッラーはムカッラフである人間に対してその者の現世と来世における最善のものを行うとされる。しかし、アッラーが最善を行うのは来世のためだけであって現世の最善は含まないとも言われる(al-Mufīd 1992–3a, 59; al-Ṭūsī 2009, 162)。

## 予定説と自由意志説

タウヒードの章で見たように、「知識」とはアッラーの本体属性である。アッラーの本体は無始から永遠に一切の変化も起こらないものであるために、アッラーの知識が増えたり減ったりすることは神学上あり得ない。そのため、アッラーは創造を開始する以前から被造物の全てを知っていることになり、アッラーは世界で起こる全ての現象を事前に知った上で、その全てを創造しているということになる。このように聞くと、アッラーが全て知った上で創造したならば、自分たち人間が考えて行っている行為は何なのか、という疑問が当然浮かぶことになるだろう。この疑問に対するイスラームの中の一つの立場は、アッラーが人間の全ての行動を予め決定しているため、人間は自由な意志を持たず行為を強制されているのだという予定説である。その反対の立場が、人間の行為はアッラーが創造するのではなく個々人が自らの自由意志で行為を行っているのだと考える自由意志説である。

クルアーンにはアッラーが人間の行為を予め決定しているように思われる節が複数ある。例えば、「アッラーが望み給うたのでなければ、お前たちが望むことはない」(七六章三〇節)がそれにあたる。しかし、人間が自由に行動できないのだとすれば、アッラーは自ら人間に強制的に行為を行わせ、来世でそれを理由に罰するということになってしまう。自由意志説の立場では、来世で罰を受ける以上、人間が自由な意志で行為を行わなければならないということになる。

前述のように、予定説と自由意志説を巡る論争はイスラーム神学のかなり早い段階で生じ、予定論者は「ジャブル派」と呼ばれ自由意志論者は「カダル派」と呼ばれた。ウマイヤ朝は予定説を強く支持しており、「我らは良いものも悪いものも定めを信じる」をスローガンに、王朝の支配を正当化していたという▼1 (al-Moṭahharī 2009, 49)。なお、カダルとはアッラーの定めた運命のことであり、カダルを否定する者たちが「カダル派」と呼ばれた。

カダル派は悪名高き集団として描かれ、スンナ派とシーア派の両派で「カダル派はこのウンマのゾロアスター教徒である」やこの文言に類似の預言者のハディースが伝えられている (al-Shahrastānī n.d., vol. 1, 27; al-Qummī 2014, 335)。また、イマーム・サーディクはスィッフィーンにおけるムアーウィヤ陣営、ハワーリジュ派などと並べて「アッラーがカダル派を呪いますように」と語った (al-ʻAyyāshī 1991, vol. 1, 232; al-Kulaynī 2007, vol. 2, 228–229)。このようにカダル派への批判はシーア派ハディースに多いものの、彼らの自由意志説はムウタズィラ学派に引き継がれ、そして、シーア派はムウタズィラ学派の主張の一部を継承し自由意志説に近い立場をとっている (al-Moṭahharī 2009, 78)。ただし、シーア派は自派が自由意志説と予定説の間の中間の立場にいると自認している。シーア派の認識では、アシュアリー学派に代表されるスンナ派はジャブル派的な予定説を支持し、ムウタズィラ学派はカダル派的な自由意志説を支持している。しかし、両極端に位置するスンナ派もムウタズィラ学派も両方とも誤っており、シーア派はこれらの両極端の中間にいるというのである。その根拠として、イマーム・サーディクは「ジャブル (予定説のこと) とカダル (自由意志説のこと) の中間の立場はありますか」と質問された際に「はい」や「これはアッラーの秘密の中の秘密である」と答え、また、別の伝承では「天と地の間にあるものの中の秘密の中の秘密である」と答えたという (al-Qummī 2014, 45)。

この伝承から確かにジャブル派とカダル派の中間の立場があるということ、そしてサーディクがその中間の立場を支持しているということがわかる。しかし、答えの内容は秘密であるとして詳細を明かさなかったため、イマームは実質的に何も答えていないのと同じであると言える。このようなイマームの言葉について合理主義のシーア派学者たちは様々な説明を加えてきた。シーア派学者たちの多くは、アッラーのカダル（神の定めた運命）を説明する時に、人間の意志の及ばないレベルの事を例示する。カダルの例を挙げると、①植物はその能力を越えて動物としての生き方をすることはできないし、また、鉱物が動植物としての生き方を選ぶことはできない。②人間が自由意志によって行為を行うためには、各人の意志を越えた諸々の条件がそろうことが必須である。例えば、何らかの行為を行うためには、その行為主が存在していること、行為を認識していること、それを望んでいること、それを行うに十分な能力を有することなどが条件となる。そして、それらの条件が一つでもそろわなければ行為を行うことはできない。③自然の摂理もカダルに含まれ、高所からの落下は強制された運動となる。これら全てにおいて人間の意志を超えてアッラーが定めた限界や制限があって、これらがカダルであるという。このように説明することによって、シーア派の自己認識では、少なくとも人間の意志を超えたカダルの領域があるということを認めており、彼らはカダル派やムウタズィラ学派のような極端な自由意志説を支持しているわけではないとされる（al-Khūī 1998, 72–73; al-Sobḥānī 1998, 103）。

それに対して、シーア派学者たちは、人間は自らの自由意志に基づいて行為をするか否かを選択することができるとも主張する。そのため、人間の行為はアッラーに対してではなくその者自身に帰される（al-Muẓaffar 1968, 44; al-Khūī 1998, 72; al-Sobḥānī 1998, 108）。この立場によってシーア派の自己認識としては彼らがジャブル派的なスンナ派の予定説を否定していることになる。

加えて、人間の自由意志によって行われる行為にもアッラーのカダルが及ぶと主張する。全ての現象を起こすのがアッラーであるため、人間が自由意志で選んだ行為もまたアッラーの力に従属するとされる（al-Muẓaffar 1968, 44）。人間は可能存在であるために、いついかなる時にも必然存在であるアッラーの助けを必要とし、アッラーの助けによってのみ自由意志による行為の選択が可能となる。ムウタズィラ学派はアッラーが人間に行為を委ね、人間が自身の行為の創造主になると主張したのに対して、シーア派も自由意志を認めるものの人間が行為の創造をアッラーから委ねられたとは主張しない。このように、シーア派はアッラーによる行為の委任という自由意志説の一側面を否定する一方で、自由意志を認めることで予定説の一側面を否定する。この観点において、シーア派学者たちは自派をカダルとジャブルの中間の立場と説明するのである（al-Muẓaffar 1968, 44; al-Khūʾī 1998, 73; al-Sobḥānī 1998, 106–107; al-Moṭahharī 2009, 78–79）。

このような概念的で抽象的な説明は一般信徒には理解が極めて困難であるため、マルジャアのフーイーは身体の麻痺した患者と医師の関係に喩えて説明している。彼によれば、腕の麻痺した患者がおり、彼は自力で腕を動かすことができないとする。しかし、医師が電気を流すとその間だけ患者は腕を自分の自由に動かすことができるとする。この状況では、その患者は医師が電気を送っている限り手を自由に動かせるが、医師が電気を切ってしまえば患者が望んでも動かすことができない。その一方で、医師はただ電気を流しているだけであって、医師がその電気で患者の手の動きを強制的に操るようなことはない。この喩えにおいて、患者が人間で、医師がアッラーを示しており、患者＝人間は強制されることがなく自由意志によって行為を行うことができるものの、それは医師＝アッラーからの力添えがあって初めて為されるのだという（al-Khūʾī 1998, 73）。

しかし、このたとえをもってしても、大半のシーア派信徒はこの理論をなんとなくわかった気にはなったとしても、それを矛盾のないように理解することはできないはずである。そのため、マルジャアの中には、この問題は十分な知性のある者以外は踏み込むべきではないと述べる人物もいる（al-Sobḥānī 1998, 102）。

また、少数の人しか理解できないため、一般人は細かく知らなくて良いとされる。そのため、最低限シーア派信徒が持たなければならないのは彼らが「中間の立場」を信じているという漠然とした認識だけで良いという（al-Muzaffar 1968, 45）。

## バダー

後述のようにイマームは未来に起こることを知り、あらゆる過ちから免れた存在である。そして、イマームはアッラーからの霊感を受けて予言をすることがあると信じられている。しかしながら、その予言通りの事柄が実際には起こらないということやイマーム自身が過去の発言を撤回するかのような言動をとることがある。これらについてアッラーが嘘を伝えた、アッラーが計画を変更した、イマームの予見が外れた、もしくはイマームが無知ゆえに判断を誤ったのだと理解するならば、シーア派の根幹のタウヒード論やイマーム論と矛盾することになる。そのため、これらを正当化するものとして、バダー（badā'）という教義がある。

バダーとは辞書的には隠れていたものが現れることを意味し、人間におけるバダーとは、もともと頭にはなかったが新たな考えが思い浮かぶことを意味する。バダーは、何かをしようと思っていたのに状況に応じて別の考えが生まれたことで計画を変更することでもある。このような新たな考えを持つこと、計画を見直すということは無知であるということを意味するものであるため、この意味でのバダーがアッラーに起こることはあり得ない。それにもかかわらず、シーア派のハディースにはアッラーのバダーを主張するものが少なからずある（al-Muzaffar 1968, 45）。

一例を挙げれば、イマーム・サーディクは「アッラーは我が息子イスマーイールについて明かした（badā）ようには、［他の］ものについて明かす（badā）ことはない」と語った。このハディースの文言からは伝わりにくいが、「明かす」と訳した単語である badā がバダー（badāʾ）の動詞形であり、このハディースがバダーについての伝承としてよく知られるものである（al-Māzandarānī 2008, vol. 6, 89）。「我が息子イスマーイール」とはサーディクの長男のイスマーイールのことであり、これはイスマーイール派という宗派の成立に関係するものである。シーア派の中にはイスマーイールを悪しき特徴で描写する学者もいるが、彼は敬虔な信徒であったと言われることも少なくはないし、サーディクから次期イマームとしての後継者指名を受けていたとも言われる人物である。サーディクの多くの弟子たちはイスマーイールが次のイマームになるのだと信じていたが、彼は父サーディクより先にこの世を去ってしまった（al-Kulaynī 2007, vol. 1, 166）。そこで、サーディクは亡きイスマーイールの弟であるムーサーを自分の次のイマームとして指名した。

シーア派によれば、イマームによる後継者指名は彼らの恣意的な指名ではなく、アッラーの決定に基づくものとされる。そのため、サーディクによるイスマーイールに対する後継者指名はアッラーの意志であり、また、イスマーイールが死んだことでムーサー・カーズィムを指名し直したこともアッラーの意志であることになる。そして、このようなある種の前言撤回がバダーと呼ばれる。▼2

この例を見ると、イスマーイールが死んでしまったためにアッラーが次の後継者を変更したとも捉えられかねないが、このような大きな矛盾を回避するために、バダーは「規定の破棄（al-naskh fī al-aḥkām, naskh al-sharāʾiʿ）」のようなものであると説明される（al-Ṣadūq n.d., 335; al-Moṭahharī 2009, 81）。「規定の破棄」とはクルアーンの中で後から下った節がそれ以前に下されていた節の内容を破棄するというものである。クルアーンは一度に全てがムハンマドに啓示されたのではなく、彼の預言者としての活動期間である二三年間を通じて少しずつ下されていった。そのため、イスラーム法の様々な規定は最初からまとまって完成したものであったわけではなく、徐々に命令が下され、新たな命令が降ると、前の命令は破棄されていった。当初はエルサレムに向かっていた礼拝方向が、ある時からマッカのカアバ神殿に向かうようになったのも規定の破棄の一例である。

話をバダーに戻すと、アッラーの知識は無限であり不変であるが、アッラーは自身の持つ知識の全てを人間に開示しているわけではない。そのため、ある預言者や遺言執行人たち（イマーム）を通じて明らかにする内容を一度隠しておいて、それとは異なる部分を明らかにするということもあり、これがバダーだとされる（al-Muzaffar 1968, 46）。先のイスマーイールの例で後継者指名が為されていたという場合で考えると、人間には明かされない理由のもとでサーディクによる後継者指名があり、信徒たちの一部は彼が次期イマームになるものと信じていた。しかしながら、アッラーの意図は初めからカーズィムのイマーム位であって、最初の段階として明らかにされたイスマーイールへの指名は破棄され、カーズィムへの指名を通じてアッラーは隠された当初からの真意を開示した、という意味でバダーが解釈される（al-Māzandarānī 2008, vol. 6, 89）。

## 3. 預言者性

預言者性（nubuwwa）は五信の中の三つ目に位置付けられる。預言者性はシーア派の特徴的な教義ではなくスンナ派の六信にも含まれている。そのため、第一部で預言者ムハンマドとアリーの人生についてのシーア派の考えを紹介したが、歴史的事実においては当然スンナ派も共有している。また、クルアーンの中に多くの預言者たちの名前が言及されているが、両派は彼らの物語についても共有している。そのため、預言者性の議論の中で分析される教説の大半はスンナ派と共通するものとなっている。

預言者（nabī）と類似の用語に使徒（rasūl）というものがあり、預言者と使徒の違いについては様々な説がある。時として両方とも実質的に同じものを指すこともあり、一説では、使徒と預言者の間に違いはないという。別の説では、使徒は宣教を命じられて派遣された者であり、預言者は宣教を命令されたかどうかを問わず派遣された者を指すという。また、別の説では預言者はアッラーから伝えられた知識を持ち人々にそれを知らせる者であるが、使徒は預言者としての知識だけでなく、特別な便りや任務を与えられている者であるとされる（al-Majlisī 1983, vol. 11, 54; al-Ṭabāṭabāʾī 2009, vol. 2, 139–140）。そのため、全ての使徒は預言者だが、全ての預言者が使徒であるわけではないと説明されることが多い（al-Mufīd 1992–3a, 45）。いくつかのハディースによれば、イマーム・サーディク曰く、使徒は覚醒時にも睡眠時にも天使を目視することができるが、預言者は夢の中では天使を見ることができるものの覚醒時には目視することができない（al-Ṣaffār 2005–6, vol. 2, 109–112, 208–220; al-Kulaynī 2007, vol. 1, 101）。

イスラームでは、アッラーは最初の預言者アーダムの時代から断続的に預言者を派遣してきたのだと信じられている。クルアーンには「確かに我らは全ての共同体に使徒を遣わした」（一六章三六節）とあり、スンナ派とシーア派の両派共通のハディースによれば、アッラーが派遣した預言者の総数は一二万四千人もいたと言われている（Ibn Ḥanbal n.d., v. 36, 619; al-Ṣaffār 2005–6, vol. 1, 251）。イスラームではムハンマドは預言者たちの封印（khātam al-nabiyyīn）と呼ばれ、彼が最後の預言者とされる（クルアーン三三章四〇節）。アーダムからムハンマドより前の預言者までの預言者性は「一般預言者性（al-nubuwwa al-ʿāmma）」と、ムハンマドの預言者性は「特別預言者性（al-nubuwwa al-khāṣṣa）」と分類されることもある。

旧約聖書に登場するアブラハム（アラビア語でイブラーヒーム）、イシュマエル（イスマーイール）、イサク（イスハーク）、ヤコブ（ヤアクーブ）、ノア（ヌーフ）、モーセ（ムーサー）、イエス（イーサー）などの人物はクルアーンの中にも言及されており、イスラームでは彼らも預言者であったとされる。シーア派では、これらの預言者全員が真理の上にいると信じることが義務であり、もし預言者の誰か一人でもその預言者性を否定するならば、彼らの正しさを伝えたムハンマドを否定しているのと同じであると言われる（al-Muẓaffar 1968, 55）。

## 預言者を派遣することの不可欠性

シーア派では預言者は「その証（al-ḥujja）」、「アッラーの証（ḥujja Allāh）」というカテゴリーの中に含まれる存在である（イマーム性の節で詳説する）。この用語は頻出する専門用語のため、以下はカタカナでフッジャと表記する。

アッラーが預言者を含むフッジャを派遣することは必然であるとされる。聖典的根拠に、先述したクルアーン一六章三六節「確かに我らは全ての共同体に使徒を遣わした」がある。また、真正な伝承に、「地上はフッジャを欠くことはない（al-arḍ lā yakhlū min ḥujja）」というものがある（al-Kulaynī 2007, 104）。

預言者派遣の不可欠性はクルアーンやハディースの記述に加えて、知性的推論による論証が為される。人間の知性は善と悪をある程度は啓示なしで判断できるとしても、それは全ての善悪を判別できるわけではない。人間の知性は不十分なものであり、現世の様々な事柄について同じ問題を扱っていたとしても、知性のある人間が全く異なる主張をすることは非常に多い。まして、人間の起源や死後のことを考えた時に、知性だけでは正しい答えを見出すことは不可能である。そのため、人間が正しい信仰を持ち、義務を実践するためにはアッラーからの導きが必要となる（al-Sobḥānī 1998, 115–117）。

また、次のようにも説明される。クルアーンに「まことに魂というものは悪をそそのかす」（クルアーン一二章五三節）とあるように、人間は様々な欲望に駆り立てられる存在である。他方でアッラーは人間が己の欲を抑制し善に向かうようにするために、人間に知性を与えた。しかし、人間の知性はこの世の全てを理解できるほどのものではなく、どうしたら利益を得られ、どうしたら苦しみを味わうのかを十分に理解することはできない。そのため、人間は自分を善の正しい道に導いてくれるような存在を必要とするという。そのため、神の正義を扱った前節で見たように、シーア派では人間に対して「義務的行為に呼びかける、もしくは悪から遠ざけること」であるルトフを与えることはアッラーの義務であった。さらには、導き手を求める人間にルトフとして預言者を派遣することもアッラーの義務であるとされる（al-Muẓaffar 1968, 49–50）。

## 奇跡

預言者たちは奇跡によって自身の預言者性を証明する。奇跡（muʿjiza）とは「慣行を破る行いをすること」を意味する。イスラームでは預言者以外の人物が奇跡を起こすことも否定されておらず、スーフィーの中の聖者には多くの奇跡が伝えられていることもある。スンナ派では預言者以外の者が起こす奇跡を karāma と呼び、muʿjiza を預言者の奇跡に限定する。シーア派でも預言者以外の聖者などの奇跡を否定しないが、muʿjiza という用語は預言者とイマームたちの奇跡を指す（al-Ṭūsī 1974–5, 463; al-Baḥrānī 1991, vol. 1, 12–13; al-Sobḥānī 1998, 123）。奇跡とは預言者やイマーム自身が自力で起こすものではなく、アッラーが彼らの四肢を用いて自然界の理を破る行為であるとされる（al-Ṭūsī 1993–4, 105）。

前述のように、人間が来世での永遠の幸福を得られるようにするために、アッラーにはタクリーフを課すことが義務であり、また、ルトフを与えることも義務である。そのため、預言者の派遣もアッラーの義務であり、アッラーは人間に誰が預言者かを知らしめなければならないものの、預言者以外の人間は直接アッラーの啓示を受け取ることができないため、ある人物が預言者かどうかを判断するためには、その預言者が人々に対して明らかな根拠を提示する必要がある。そこで、預言者が自らを種や仕掛けのある魔術師などとは異なることを示すには、誰にも起こすことができないような自然の摂理を超越した現象を起こすことが必要である。このような論理で、奇跡の不可欠性は立証されるという（al-Muẓaffar 1968, 49–50; al-Khūʾī 1998, 40–41）。

また、奇跡がその者の預言者性を証明するということは、人間の知性が善と悪を識別できるという原則に則っている。たとえ超自然的現象を起こす者がいたとしても、その現象が善であれば預言者だと判断できるが、悪ならば預言者とは言えないとされる。預言者ムハンマドの時代にムサイリマ（Musaylima）という偽預言者が現れ、彼も奇跡を見せようとした。そこで、彼が荒廃した井戸に水を増やそうとして唾を吐きかけたところ、彼の思惑とは逆に水が完全に干上がってしまったという。これがたとえ事実であったとしても、知性がこれを彼の預言者性を証明する奇跡とは見なさいため、ムサイリマは預言者ではないと判断される（al-Khūʾī 1998, 40–42）。

スンナ派とシーア派の共通の認識として、預言者ムハンマドが起こしたとされる奇跡の数は数えきれないほど多く、一説では一〇万を超えるとされる。ムハンマドが多神教徒たちの求めに応じて月を割って見せたり、彼に対して蛇が語りかけたり、彼の前で石がアッラーを賞賛した、などの奇跡がある。このような数ある奇跡の中でも最大の奇跡がクルアーンであるとされる（al-Khūʾī 1998, 44, 82–83; al-Sobḥānī 1998, 157–160; 松山 2016, 355）。

## 預言者たちの奇跡とクルアーン

旧約・新約聖書やクルアーンで伝えられるムハンマド以前の預言者たちの奇跡には大規模かつ超常的なものが多い。例えば、預言者ムーサーが魔術師たちの前で杖を投げると、その杖は本物の蛇となったという。また、ファラオに追われてエジプトを脱出する際に彼は海を割って逃げることに成功した（クルアーン七章一〇三から一四一節）。預言者イーサーは盲人を完治させたり、死者を復活させたりしたという（クルアーン三章四九節)。

ムーサーやイーサーの奇跡と比較すると、クルアーンというムハンマドの最大の奇跡は小規模で些細なものに思われるかもしれない。しかしながら、宗派を問わずイスラームの理解はその反対で、クルアーンこそムーサーやイーサーや過去のどの預言者たちの奇跡よりずっと偉大であるというのである。当時の全ての人々に対して預言者性を立証できるように、過去の預言者たちの奇跡はその時代で最も優れた技術に対抗するものとして行われるとされる。ムーサーの時代のエジプトでは魔術師が社会的に大きな影響力を持っており、そこで、ムーサーが杖を蛇に変えたという奇跡は魔術師たちを圧倒するものであるため、当時の人々に対して彼の預言者性の主張を納得させるものとなった。また、イーサーの時代はギリシア医学の普及によって医術が発展していたという。そして、イーサーが盲人を治し死者を復活させたのは当時の医師には再現不可能なことであり、それは彼の預言者性を証明するものとなった。そして、預言者ムハンマドの時代のアラブは詩を愛し、詩作に長けていた。クルアーンは人智を超える表現や雄弁さを持っているため、当時のアラブに対してムハンマドの預言者性を証明するものとなったという(al-Khūʾī 1998, 42–43)。

クルアーンが他の預言者たちの奇跡やムハンマド自身の数ある奇跡のどれよりも優れているとされるのは、その「模倣不可能性(iʿjāz)」にある。イスラームを反駁する方法として、クルアーンには「それならば、それと同じような一章を持ってこい」(二章二三節、一〇章三八節)と書かれている。クルアーンの中で最も節の数が少ない章は一〇三章でたったの三節しかないが、その一章分に相当するようなアラビア語の詩を作ってみろというクルアーンに対して、どれほど詩作に長けた人物であってもそれに挑戦することすらできなかったと言われ、これが「模倣不可能性」である。

ムハンマド以前の預言者たちの奇跡は聖書やクルアーン、ハディースなどの伝承の形でしか知ることができず、後世の人々はそれが本当に起こったのかどうか、それが本当に奇跡と言えるかどうかを検証する方法を持たない。それに対して、クルアーンはテキストとして保存されているため、その模倣不可能性が本当かどうか、ムハンマドは正しいかどうか、を復活の日までいつでも何度でも検証することができ、そのたびに彼の預言者性を確かめることができる。この意味で、クルアーンは他のどの奇跡よりも優れた最大の奇跡と言われるのである（al-Khūʾī 1998, 44–81）。

### 無謬性

預言者の無謬性（ʻiṣma）はクルアーンと多くのハディースによって論証されてきた。クルアーンの中の三三章三三節「アッラーはただ、家の人々（ahl al-bayt）よ、おまえたちから汚れを取り除き、そしておまえたちを清らかに清めたいと欲し給うのである」が聖典の根拠である。「家の人々（ahl al-bayt）」とは預言者ムハンマドの家族のことで、狭義にはムハンマド、アリー、ファーティマ、ハサン、フサインの五人を指し、広義にはこの五人に加えて一二代目イマームまでのイマームたちを含む（平野 2019a, 59–60）。シーア派においてこの節の意図は、アッラーがイマームたちから汚れを取り除き、彼らを無謬にしたということだと解釈される（al-Sobḥānī 1998, 204–205）。

ハディースではマント（kisāʾ）の伝承が挙げられる。アリーへの後継者指名の伝承としてすでに引用しているが、妻のウンム・サラマ（Umm Salama）の家にいた預言者を、アリー、ファーティマ、ハサンとフサインが訪ねてくると、預言者は床に敷いてあったマントを広げ、それでアリー、ファーティマ、ハサン、フサインと自分自身の五人を包み、「アッラーよ、これが私の家の人々（ahl baytī）です。彼らから穢れを取り除き、彼らを清らかに清め給え」と言ったという。ウンム・サラマが家の人々に自分も含まれるのかを尋ねると、ムハンマドは「お前は善の上にいる」と返答したという（Furāt 2011, vol. 1, 331–342）。シーア派によれば、この時に先のクルアーン三三章三三節が啓示されたと伝えられており、ムハンマドの「家の人々」が無謬で、「家の人々」に彼の妻は含まれないことが明らかにされた。
　ムハンマドだけでなく過去の預言者たちも無謬である。預言者たちの無謬性は知性的推論による論証も為されている。もし預言者が無謬でなければ、以下の二通りになるという。①信徒たちは預言者の行為に従う義務がある。しかしながら、預言者が罪や過ちを犯すとするならば、アッラーは義務を課す一方で、罪を犯している預言者に従う人間に対して罪を犯すことを許容することになる。この主張は誤りである。②預言者が罪や過ちを犯した場合にその預言者に従うことが義務でなくなるとすれば、これは預言者派遣の目的に反する。以上の二つが否定されることによって、過去の預言者が無謬であることが立証されるという（al-Muẓaffar 1968, 54）。預言者の無謬性もまた人間を正しく導くための神のルトフであるとされる（al-Ṭūsī 2009, 152）。

　預言者の無謬性がどの程度まで及ぶのかについては宗派の間で見解の相違がある。スンナ派の合意では預言者は大罪を犯すことはなく、イスラームの宣教において間違いを犯すことはない。しかしながら、スンナ派の多数説では、預言者が無謬であるのは大罪についてだけで、小罪を犯すことはあり、宗教に関する事柄でさえ忘却することもある▼[3]（al-Nawawī 1972–3, vol. 6, 76; Ibn Taymiyya 2004, vol. 4, 319）。それに対して、シーア派では、預言者たちは小罪からも大罪からも誤りや忘却からも無謬であると見なされている。また、預言者たちは宗教に関する事柄だけではなく、現世の社会的な事柄や個人的な事柄、日常生活の中ですら罪も過ちも犯すことはない。ムハンマドが四〇歳で預言者となったように、預言者とされる人物は生まれた瞬間から預言者であったわけではなく、人生のある時点でアッラーからの啓示を受け取り預言者となる。そして、預言者たちは彼らが預言者となった後だけではなく、預言者になる以前から無謬であったとされる。また、預言者たちは人々を怯えさせるような病からも免れているとされる（al-Muẓaffar 1968, 54; al-Ṭūsī 1974–5, 464–465; al-Ḥillī 1988, 326; al-Sobḥānī 1998: 131–135; al-Mīlānī 2007, vol. 3, 170; Moṭahharī 2009, 82）。ただし、預言者としての召命以前に限っては、行っても人々から責められないほどの小罪ならば、意図せずして行ってしまう可能性があるという少数説もある（al-Mufīd 1992–3a, 62）。

しかしながら、クルアーンには過去の預言者たちが過ちや罪を犯しているかのような記述がある。例えば、最初の人類のアーダムは悪魔イブリースの誘惑によってアッラーから禁止されていた木の果実を食べてしまい、それが原因でアーダムは楽園から地上に落とされることとなった。この物語は預言者の罪を認める学者たちにとってはそれほど大きな問題ではないだろうが、預言者にいかなる罪も過ちも認めない立場に立った場合は大きな神学上の問題となる。後者の立場に立つシーア派はアーダムが罪や過ちを犯していたとは考えない。マルジャアのマカーレム・シーラーズィーによれば、アーダムの出来事は次のように考えられるという。①木に近づかないようにとのアーダムに対しての命令の意図は、禁止（行えば罪となる）ではなく、忌避（makrūh, やらない方が良いが、やっても罪にはならない）であったという。忌避の行為であれば本来はそれを行ったとしても罪（来世で懲罰をもたらすこと）にはならないものの、アーダムのような預言者たちは忌避行為すら行ってはならないほどに高い地位にいる。そのため、預言者たちが忌避行為を行った場合は、たとえそれが罪ではないとしてもアッラーは彼らを咎めるのだという。②罪は絶対的な罪と相対的な罪に大別される。絶対的罪とは窃盗や飲酒のように誰に対しても罪となるものである。しかし、相対的罪とは一般人には罪でないものであり、一般人には推奨（mustaḥabb, やった方が良い）や許容（mubāḥ, やってもやらなくても良い）に分類される行為が、一部の人間にとって「罪（maʿṣiya）」という単語を用いて表現されることがある。この場合の「罪」とは来世において懲罰を受けるような罪ではなく、「より良い方をしなかった」というほどの意味である。そのため、アーダムは一般的な意味での罪や過ちは犯しておらず、「罪」を犯したと言えるとすれば、預言者としての立場に相応しくなく maʿṣiya という単語で形容されるような行為を行ったという意味になるという。③この禁止は主従関係の禁止（nahy mawlawī）ではなく指示的禁止（nahy irshādī）であり、医師が患者に指示するようなものである。医師の指示に背くのは良くないが罪ではないのと同じである（al-Shīrāzī 2011, vol. 1, 133–135）。

## 預言者ムハンマドは文盲か？

預言者ムハンマドはしばしばウンミー（ummī）と呼ばれる。ウンミーという単語は「文盲の」という意味であり、スンナ派ではムハンマドは文字の読み書きができなかったという理解が一般的である。クルアーンでもムハンマドは「使徒にしてウンミーの預言者」（七章一五七節）と形容されている。クルアーンのこの箇所に基づき、シーア派の中にも預言者ムハンマドが文盲であったと主張する学者たちがいる（al-Sobḥānī 1998, 147）。しかしながら、シーア派ハディース集には預言者が文盲であることを否定するイマームの言葉が多く収録されている。一例を紹介すると、ある弟子がイマーム・ジャワードに「なぜ預言者はウンミーと呼ばれるのですか」と尋ねると、ジャワードは「人々は何と言っているのか」と聞き返した。すると弟子は「彼が書くことができなかったからだと主張しています」と答えた、すると、ジャワードは以下のように答えた。

彼らは虚偽を言ったのだ。アッラーの呪詛が彼らにあらんことを。（中略）アッラーに誓って、アッラーの使徒——アッラーが彼と彼の家族を祝福しますように——は七二——［伝承者曰く］もしくは七三——の言語を読み書き出来たのだ。マッカは諸都市の母の一つであり（ummahāt al-qurā, ウンマハートルクラー）、彼がウンミーと呼ばれるのは彼がマッカの住民であったからである。それこそアッラーの書の中の言葉「諸都市の母とその周辺の者にお前が警告して」（四二章七節）のことである（al-Ṣaffār 2005–6, vol. 1, 439–442; al-Ṣadūq 2006, vol. 1, 126; al-Mufīd 2009, 255）。

この伝承によれば、ムハンマドがummīであるのは、「文盲の」という意味のummīに由来するのではなく、彼がumm al-qurā（ummahāt al-qurāの単数形）と呼ばれるマッカ出身であったからだという[4]。アラビア語では地名の最後にīが付くと、その地の出身であることを意味するため、ummahāt al-qurāのummの部分にīが付いて、ウンミーとなる。ただし、これとは別に預言者は書くことはできなかったが、本を読むことはできたとするイマーム・サーディクの言葉も伝わっている（al-Ṣadūq 2006, vol. 1, 127）。

## 4. イマーム性

イマーム性（imāma）はシーア派の五信の四番目にあたる。シーア派が「アッラーの他に神はなく、ムハンマドはアッラーの使徒である」というイスラームの大原則を奉じる以上、同派において最も重要な存在はアッラーで、続いて預言者ムハンマドとなる。しかしながら、預言者性に派生するイマーム性という教義はシーア派を他派から区別するものであり、その意味でシーア派の中核的な教義と言える。

### イマームとは？

イマームとは預言者の後継者であるため、イマーム性の議論は預言者性の議論の延長線上に位置するものだと言われる（al-Muẓaffar 1968, 56; al-Ṣadr 2015–6, 54）。合理主義的潮流の中では、イマーム性とは「宗教と現世の諸事に関して人々の中から一人が有する一般的指導者権」を意味するとされる（al-Baḥrānī 2008, 29）。預言者ムハンマドと一二人のイマームたちはほとんどの能力を共有しているが、決定的な違いはアッラーからの啓示の受容能力の有無である。預言者は天使という仲介者を介して、もしくは直接アッラーからの啓示を受け取ることができるが、イマームたちに啓示受容能力はなく彼らは預言者という仲介者を介して啓示を知る。つまり、イマームがアッラーと言葉によって直接つながることはない（al-Murtaḍā 2006, vol. 1, 39）。

預言者とイマームの違いを知るためには知性的推論ではなく啓示に頼らなければならないとされる。シャイフ・ムフィードによれば、人間の知性は預言者とイマームの両者を区別することができないが、啓示とハディースはイマームたちを「預言者（nabī）」と呼ぶことを禁止している（al-Mufīd 1992–3a, 45）。啓示受容能力以外の預言者とイマームの概念的相違は次のように説明されることもある。シャイフ・トゥースィーによれば、「イマーム」という概念は「預言者」という概念とは別のものであるが、ともに共通部分を持つ。イマームの役目は二つあり、一つ目はその者の言動が人々から追従されることであるという。この意味で預言者とイマームは同列である。二つ目はウンマの統制、政治、罪人の矯正、ウンマの防衛、敵との戦争、知事や裁判官の任命、ハッド刑の執行▼5、などの統治に関する役目である。これは預言者には必ずしも義務でないが、イマームには義務である（al-Ṭūsī 1993–4, 111–113）。そのため、アリーのような預言者ではないイマームもいれば、イスラーイールの民の預言者たちのようなイマームではない預言者もいれば、ムハンマドのように預言者かつイマームである人物もいる。預言者イブラーヒームはイマームであることが知られている預言者の一人であり、彼は当初はイマームではなかったがアッラーが「我はお前（イブラーヒーム）を人々のイマームとなそう」（クルアーン二章一二四節）と語った時にイマームとなったとされる（al-Ṭabāṭabāʾī 2009, vol. 1, 278）。

また、先に挙げた使徒と預言者の違いについてのハディースの中でも彼らとイマームとの違いが語られている。それによれば、使徒は覚醒時にも睡眠時にも天使を目視することができ、預言者は夢の中では天使を見ることができるが覚醒時には見ることができない。それに対してイマームは天使たちから「語りかけられる者（muḥaddath）」であり、天使を覚醒時にも睡眠時にも見ることはできないが、天使の声を聞くことはできるとされる（al-Ṣaffār 2005–6, vol. 2, 109–112, 208–220）。イマームは啓示を受け取ることはないものの、アッラーからの直感的な霊感（ilhām）を受け取ったり、天使たちの語り声を聞いたりすることができる。シーア派のハディースでは、イマームたちは天使たちが通う場（mukhtalaf al-malā'ika）と呼ばれ、人間の行為は定期的に、伝承によっては日夜預言者とイマームたちに示されているという（al-Kulaynī 2007, vol. 1, 131）。霊感と天使からの語りかけを通じて、預言者を介さずにイマームがアッラーから伝える「神聖ハディース（al-ḥadīth al-qudsī）」も存在する。[6]

イマームは各時代に必ず一人であるとされる。知性では地域ごとにそれぞれ別のイマームを擁立することを禁止できないが、法学者たちのイジュマー（合意）によって無謬のイマームは地上に一人だけである（al-Ṭūsī 1974–5, 74–75）。

イマームたちは他の誰よりも優越していなければならない。というのも、劣った者が優越する者を指導するのは悪であるからとされる（al-Ḥillī 1988, 375）。預言者ムハンマドは誰よりも優れるが、彼以外の預言者たちとイマームたちの上下関係については見解が分かれている。一説ではムハンマドの家族であるイマームたちは他の全ての預言者たちに優越するという。別の説ではムハンマドの家族であるイマームたちは「決意の持ち主（ūlū al-'azm）」と呼ばれるヌーフ、イブラーヒーム、ムーサー、イーサー、ムハンマドの五人以外の預言者たちには優越する。また、別の説では預言者たちはイマームたちに優越する。さらに別の説ではアリーだけは他の預言者たちと同列である。ウスール学派においても預言者たちとイマームたちの優劣については知性を用いてわかるようなものではなく、ハディースに頼って判断しなければならないものだとされる（al-Ḥillī 1988, 370; al-Mufīd 1992–3a, 70–71; al-Sobḥānī 2007, vol. 6, 126）。

イマームはムスリムの選挙によって選ばれるのではなく、必ず預言者か先代のイマームによって指名（naṣṣ）された人物でなければならない。これについては多くのハディースでも伝えられる。また、無謬性は人間からは隠れた事柄であり、アッラーだけが知るものであるため、アッラーの啓示を受けた預言者か霊感を受けたイマームだけが次のイマームが誰かを明らかにすることができる（al-Muẓaffar 1968, 56; al-Ḥillī 1988, 343; al-Ṭūsī 1974–5, 535–536）。ムハンマドやイブラーヒームのように預言者がイマームを兼任する場合、アッラーからの指名を受けることになる。

シーア派の圧倒的多数派の見解では、イマームたちは預言者たちと同様にアッラーの許しによって奇跡を起こすことができるとされ、前述のように預言者とイマームの奇跡はどちらも muʿjiza と呼ばれる（al-Ṭūsī 1974–5, 463; al-Baḥrānī 1991, vol. 1, 12–13; al-Sobḥānī 1998, 123）。イマームが奇跡を起こし得るかという点は知性では判断できないため、伝承を参照しなければならないと言われる。そして、本書第一部でもいくつか例を示したように、イマームたちは数多くの奇跡をなしたと伝えられている。ただし、ムウタズィラ学派の大半は預言者以外の聖者による奇跡を認めていない。そのため、例外的ではあるものの、ムウタズィラ学派に非常に近い一〇世紀のナウバフト家のシーア派学者たちはイマームたちによる奇跡を否定した（Madelung 1979, 16; al-Mufīd 1992–3a, 68–69）。

アッラーが選んだイマームに対する服従は全ムスリムの義務であり、また、彼らを愛することも義務である。また、彼らの敵を憎み絶縁することも義務である。預言者ムハンマド曰く、

アリーを愛する者は私を愛し、私を愛する者はアッラーを愛したのである。また、アリーを憎む者は私を憎み、私を憎む者はアッラーを憎んだのである。アッラーよ、アリーを愛する者を愛し給え、アリーを憎む者を憎み給え、実に私はアリーを愛しています、ですので、彼を愛し給え（al- Ḥaḍramī

2002–3a, 214）。

この伝承はシーア派一〇行の九つ目であるイマームたちへの忠誠と一〇番目のイマームたちの敵への絶縁の義務性の根拠になっている。

## イマームの不可欠性

イマームの必要性と不可欠性は伝承と知性の両方から説明される。クルアーンにも預言者亡き後のイマームへの服従が示されていると言われ、四章五九節「信仰する者たちよ、アッラーに従え、また、使徒とお前たちのうち権威を持った者たち（ūlī al-amr）に従え」における「権威を持った者」はアリーを指すと解釈される（al-Qummī 2014, 207）。

ハディースにはイマームの存在を不可欠とするものがいくつもあるが、預言者の不可欠性のところでも引用したフッジャに関する伝承が最もわかりやすい。そこで挙げたものと別の伝承では、イマーム・バーキル曰く、「アッラーに誓って、アッラーはアーダムの死後、アッラーへの導き手であるイマームなしで地上を放置することはなかった。彼（イマーム）は下僕に対する証（hujja）である。地上が存続し続ける限り、そこには下僕に対するアッラーの証としてのイマームが必ず存在する」（al-Kulaynī 2007, vol. 1, 104）。このハディースの意図はこの地上には必ず預言者かイマームのどちらかが存在するということであり、預言者没後は一切の時間的空白がなく次のイマームが現れるとされる（al-Ḥillī 1988, 343; al-Ṭūsī 1993–4, 106）。

知性的推論によってイマームの不可欠性は次のように説明される。預言者性の章でも見たように、人間はしばしば悪しき行為に心が惹きつけられ、自力では真理の道を進むことができないということを前提として、人間を幸福へと導くためのタクリーフはアッラーの義務であり、預言者の存在はアッラーのルトフである。最後の預言者であるムハンマド亡き後も、イスラームのシャリーアに基づいて人間を導く存在がいなければならないため、イマームを置くことはアッラーの義務であり、イマームの存在もまたアッラーのルトフであるとされる。預言者ムハンマドが担った人々に対する後見権や正義の執行などといった社会的・政治的役割はイマームが担わなければならない。このように、預言者性を必然とするルトフの論理によって、イマームの存在も必然となり、この意味でイマーム性は預言者性の延長であると言われる(al-Muẓaffar 1968, 55–56; al-Ḥillī 1988, 338; al-Sobḥānī 1998: 219)。

## 無謬性

シーア派では、預言者性の後継者であるイマームも無謬であるとされる。その根拠は概ね預言者の無謬性の根拠と同様である。イマームの無謬性はクルアーンと多くのハディースによって論証される。クルアーンの中の根拠は三三章三三節「アッラーはただ、家の人々(ahl al-bayt)よ、おまえたちから汚れを取り除き、そしておまえたちを清らかに清めたいと欲し給うのである」である。シーア派においてこの章句の意図は、アッラーがイマームたちから汚れを取り除き、彼らを無謬にしたということだと解釈される(al-Sobḥānī 1998, 204–205)ハディースではマント(kisā')の伝承が挙げられる。本書では三度目の引用であるが、預言者は床に敷いてあったマントを広げ、アリー、ファーティマ、ハサン、フサインと自分自身の五人を包み、「アッラーよ、これが私の家の人々(ahl baytī)です。彼らから穢れを取り除き、彼らを清らかに清め給え」と言ったという(Furāt 2011, vol. 1, 331–342)。この時、無謬性を示すクルアーン三三章三三節が啓示されたとされ、女性のファーティマを含む五人の無謬性が示されたという。無謬性は預言者とイマームたちに限定されるのではなく、過去の偉大な聖人や女性も持ち得る。ファーティマのみならず預言者イーサーの母マルヤム（キリスト教の聖母マリア）も無謬とあったと言われる(al-Sobḥānī 1998, 140, 204)。

イマームの無謬性についても知性的推論によって論証される。シャイフ・トゥースィーによれば、無謬でない人間は、その者がいれば現世の不正が減って来世の利益が増え、その者がいなければ現世の不正が増えて来世の利益が減るような指導者を必要としている。そして、その指導者は無謬であるかそうでないかの二択であり、前者がシーア派の主張である。後者の場合、無謬でない指導者はまた別の指導者を必要とし、そうすれば最終的に一人の無謬のイマームに辿り着くか、複数のイマームたちに行き着く。この場合の前者もシーア派の主張であり、後者の場合は現実世界を見れば、イマームは一人だけであり他は彼に従う総督や代理人であるということがわかるという（al-Ṭūsī 1974–5, 505–506, 521）。

また、トゥースィーは無謬のイマームの存在が必然である根拠として次の二つも挙げている。①人間が知らなければならないことの決定的な根拠が必ずしもハディースやイジュマーによってわかるわけではない。しかし、人間は聖法に則って行動する義務を付与されているため、ウンマの中で見解が対立するような問題について正しい答えを知らなければならない。そのため、忘却も誤りも起こることのない無謬者が存在しなければならない。②預言者ムハンマドのシャリーアは復活の日まで全ての人間に課されるものであるため、彼の死後も聖法を守護する者が必要となる。その守護者はウンマ全体が担うかウンマの誰かが担うかであり、ウンマには間違いや忘却が起こり得るため、無謬のイマームの存在が必須である。イマームの無謬性もまた人間を正しく導くための神のルトフであるとされる（al-Ṭūsī 1974–5, 510; al-Ṭūsī 2009, 152）。

イマームは預言者たちと同様に大罪からも小罪からも免れており、宗教のみならず現世の日常生活における事柄においての過ちや忘却からも免れているとされる。そして、イマームたちは表向きにも心の中でも生まれてから死ぬまでいかなる罪につながる考えや誤った信条を抱くこともなく、彼らは意図的にも間違いによっても過ちを犯してしまうことがないという（al-Muẓaffar 1968, 67）。無謬者たちが罪を犯す能力を持つかどうかという点でシーア派内に見解の対立があり、一説には無謬者は罪を犯す能力を持たず、彼らの身体か心の中に罪を犯すことのないよう要求する特質があるとされる。別の説では、無謬者は罪を犯す能力自体は持っているとされる。後者の説をとるナスィールッディーン・トゥースィー、アッラーマ・ヒッリーの主張では、無謬性は罪を犯す能力とは矛盾しない。もし能力がないとすれば、罪を避けても賞賛も報酬も与えられず、無謬者へのタクリーフが無効となってしまうが、これは伝承とイジュマーによって誤りである（al-Ḥillī 1988, 341–342）。

加えて、一三世紀以降、シーア派の中でギリシア哲学やスーフィズムと接近する動きが見られるようになったことを述べたが、彼らは哲学的もしくは神秘主義的な観点でイマームの無謬性を主張するという。一つの見解によれば、まず人間の欲求や憤激などの類の能力は負の側面であり、理性的能力は正の側面であるとして、イマームが前者の負の側面を持っているならば、現世的な欲求に関心を持っていることになり、全ての状態で正義を執行することができなくなってしまう。このような事態はあり得ないため、イマームは無謬でなければならないとされる。また、イマーム以外の信徒にも無謬性を獲得する可能性を認める立場もあり、彼らによれば信徒が無謬性を獲得するためには、無謬なるイマームの指導が不可欠であるという▼7（西山 2023, 122–125）。

## イマームの知識

イマームたちの知識は預言者ムハンマドの知識と同等であるとされる。イマームは啓示受容能力以外のほとんど全ての能力を預言者から継承しているため、預言者ムハンマドが与えられた知識も全て継承している（al-Kulaynī 2007, vol. 1, 133–134）。シーア派のハディースには、「我々は預言者性の木であり、慈悲の館であり、知識の鉱脈であり、天使の頻繁な訪問先である」（al-Kulaynī 2007, vol. 1, 131）、「アッラーに誓って、我々は天と地におけるアッラーの保管庫である、それは金や銀に対してではなく知識に対してである」

(al-Ṣaffār 2005–6, vol. 1, 219)、預言者曰く、「私は知識の町であり、アリーはその門である。門を通らず町に入ったと主張する者は嘘を吐いたのだ」(al-Majlisī 1983, vol. 40, 206) など、イマームたちの知識の豊富さを示すものが非常に多くある。

イマームはイスラーム法の規定の全てを知っているとされる。また、アリー死後に奪われてしまったカリフ(イマーム)としての政治的権力も本来はイマームが持つべきであるとされる。そのため、これまでの議論を踏まえれば、無謬のイマームたちが法規定の全てを知っていることは必然である(al-Ṭūsī 1974–5, 529)。このことについてはシーア派内に異論はないようだが、それ以上の超人的な知識をどの程度まで認めるかについては見解の対立がある。少なくとも、アッラーは全知であるが、イマームは神ではないため、アッラーがイマームたちに対しても隠した情報(ghayb)があるということはシーア派学者たちが合意しており、例えばガイバ中の一二代目イマームがいつ再臨するかは隠された情報のため、ムハンマドや一二代目イマーム自身も含め誰にも明かされていない(al-Sobḥānī 1998, 221)。しかしながら、ほとんどのシーア派学者の考えでは、イマームたちは一般信徒が現世の生活において必要な情報の全てを知っている。多くのハディースによれば、彼らの知識は過去に起こったこと、現在起こっていること、そして復活の日までに起こる未来のことにも及ぶとされる。アリーは「それがクルアーンである。それゆえ、それ(クルアーン)に語るように求めなさい。しかしそれ[自体]は語らないので、私が代わってあなたがたに告げよう。その(クルアーン)中には過去に起きたことの知識と復活の日までに起こることの知識があり、あなたがたの間の事の規則があり、あなたがたの議論が対立するようなことについての説明がある」と言ったと伝えられる(al-Kulaynī 2007, vol. 1, 36)。この伝承をもとに、書物としてのクルアーンを「沈黙するクルアーン(al-Qur'ān al-ṣāmit)」と、そして、イマームたちを「話すクルアーン(al-Qur'ān al-nāṭiq)」と呼ぶこともあり、イマームはクルアーンを解釈することで正しい知識を引き出すこともできる(al-Sanad 2012, vol. 3, 370)。

また、一部の学者たちは、イマームは相手の心の中まで知ることができ、あらゆる言語を理解できるとも主張する（al-Mufīd 1992–3a, 67）。第一章の中でアラビア語を話せないペルシア皇帝の娘と会話できていなかったウマルに対してアリーは彼女にムスリム男性を選ぶように指示したが、この時アリーは彼女の言葉で話していた。ウスール学派の基準での真正性は低いと思われるが、ハディースではイマームが弟子の心の中の考えを見抜いて注意したり、イマームたちが全ての言語を話し、鳥や獣や爬虫類の言葉をも理解できたとされている（al-Ṣaffār 2005–6, vol. 1, 472; vol. 2, 144, 152–180）。

イマームの知識の源が何であるのかについてはシーア派学者の間でも見解の対立がある。一つの説では彼らは先代から学んだ知識に加えて、アッラーからの霊感（ilhām）によって随時知識を得ているとされる。霊感は預言者に下される啓示（waḥy）とは異なるものであり、それとはアッラーが預言者以外の存在に対して何らかの真理を開示することである。先にイマームが「語りかけられる者」と呼ばれると述べたが、彼らは天使たちの声を聞いて知識を得ることもあるという。それに対して、別の説ではイマームはアッラーからの霊感より、むしろ先代から学ぶこと、また、アリーから代々継承されてきた諸々の書物を読むことを通じて知識を得ているとされる。また、少数ではあるが、イマームに対する霊感自体を否定する学者も過去にはいた（Bayhom-Daou 2003, 72–73）。

イマームたちが代々伝わる書物から学んだという場合、ハディースの様々な記述を総合すると少なくとも以下の四つの書物から学んだと考えられる。なお、いずれもイマームたちしか参照できないとされる書物である。

**アリーのムスハフ**（Muṣḥaf ʻAlī）　ムスハフ（muṣḥaf）とは書物となったクルアーンを意味する。クルアーン改竄説の項でも少し説明したように、初期のシーア派は教友たちが集めたクルアーンのムスハフを改竄されたものと考えていた。スンナ派の歴史観では預言者の生存時にまとまったクルアーン本は存在せず、初代正統カリフ・アブー・バクルの命令で第二代正統カリフ・ウマルらが集め、それを第三代正統カリフ・ウスマーンが複写して現在に至るクルアーンが集成されたとされる。それに対して、シーア派はこの集成過程を否定し、預言者生存時もしくは彼の死から数日後くらいにはアリーが一人でクルアーンを書物としてまとめていたと信じている。アリーは自身のムスハフを教友たちに見せたものの、彼らはアリーのムスハフの受け入れを拒否した。それ以降アリーはそれを公表することなく、代々イマームたちがそれを継承していった。アリーのムスハフはウスマーン本より大著で、クルアーンの注釈も含んでいたという（平野 2018b, 324）。

**ファーティマのムスハフ**（Muṣḥaf Fāṭima）　この場合のムスハフはクルアーン本を意味するのではなく、一般的な書物の意味に近い。預言者ムハンマドが死去して以降、父を失ったファーティマは深く悲しみ、日夜泣いて過ごした。そんな彼女を慰めるために、アッラーは天使を派遣したという。そして、ファーティマは天使から告げられたことをアリーに話し、それをアリーが書き取ったものがファーティマのムスハフである。そこには、復活の日までに起こるであろうことも書かれている（al-Ṣaffār 2005–6, vol. 1, 307–308; al-Kulaynī 2007, vol. 1, 141）。

**ジャーミア**（al-Jāmiʻa, 全書）　これは単にサヒーファ（al-Ṣaḥīfa, 書巻）とも呼ばれる。預言者ムハンマドの腕丈七〇倍もの大著であったとされる。それは預言者ムハンマドが発した言葉をアリーが口述筆記したものである。その書物にはかすり傷に対する損害賠償に至るまで、人々が生活で必要とする許可禁止事項の全てが記されているという（al-Ṣaffār 2005–6, vol. 1, 289; al-Kulaynī 2007, vol. 1, 141）。

**白いジャフル**（al-Jafr al-Abyaḍ）　ジャフル（jafr）とは「皮の器」を意味する。この器には過去の預言者たちに啓示された聖典などが含まれる。預言者ダーウード（ダヴィデ）の詩篇、預言者ムーサーの律法書、預言者イーサーの福音書、預言者イブラーヒームの書の原文などが含まれる（al-Ṣaffār 2005–6, vol. 1, 304–305; al-Kulaynī 2007, vol. 1, 141）。また、ジャフルには白だけではなく赤いジャフル（al-Jafr al-Aḥmar）もあり、赤いジャフルの中には武器が入っているとされる。赤いジャフルを開けたイマームは存在せず「剣の持ち主（ṣāḥib al-sayf）」と呼ばれる一二代目イマームが再臨する時にそれを開くと伝えられている▼8（al-Ṣaffār 2005–6, vol. 1, 305, 314）。

これら以外にも、これから統治する諸王の名前が書かれた書物（al-Ṣaffār 2005–6, vol. 1, 337–339）、全てのシーア派信徒の名前の書かれた名簿（al-Ṣaffār 2005–6, vol. 1, 341–347）、楽園の民と火獄の民の名前が書かれた名簿（al-Ṣaffār 2005–6, vol. 1, 379–384）などといったものをイマームたちは代々継承しているとハディースには書かれている。しかし、それらは独立した書物であるのか、上記の四つの書物の一部にあたるものなのかよくわからない。現在これらの書物は一二代目イマームの手中にあるとされている。

## 一二人のイマームたちのイマーム性の知性的論証

預言者ムハンマドは「時のイマームを知らずして死んだ者はジャーヒリーヤ時代の死に方で死んだ」と語ったと伝えられ、スンナ派でも類似の伝承をムアーウィヤが伝えている▼9。シーア派では、これをもとに全ての人間はその時代のイマームを認知する義務を負うとされる。現在であれば、ガイバの状態にある一二代目イマームの認知が求められる（Kāshif al-Ghiṭā' 1994, 27–28）。そのため、一二人全員のイマーム位を立証する必要がある。

本書第一部でも述べたように、ハディースにはイマームたちの奇跡を伝えるものも多く、それらはそれぞれのイマームのイマーム性を立証するものであるとされる。アリーのイマーム位は諸々のハディース、とくにガディール・フンムのハディースが最大の根拠とされる。また、アリーは自分の後のイマームたちの名前をすでに知っていたとする伝承もある。それによれば、預言者ムーサーの師であるヒドル（Khiḍr）がアリーを訪ねてきて、息子ハサンの目の前で一二代目イマームまでの名前を列挙し、彼らのイマーム位を証言した（al-Nu'mānī 2011, 67–68）。なお、このヒドルという人物は生命の泉から水を飲んだことで永遠の命を得たという伝承があり、一二代目イマームの側近として現在まで生き続けているとされる伝説的人物である（吉田 2006, 26–29）。

アリーのイマーム位の知性的論証は以下のように為される。アッラーマ・ヒッリーの一つの説明によれば、上の議論のように人間の中には必ず誰か一人が無謬のイマームでなければならない。そこで、ムハンマド亡き後を考えた場合、アブー・バクル、ウマル、ウスマーンという三人のカリフたちが無謬でないことはイスラーム教徒の合意がある。彼らが無謬でない以上、無謬であり得る人物はアリーしか残っていないため、アリーが最も優れた人物であり無謬のイマームである、と論証される（al-Ḥillī 2000–1, 113–114）。預言者の死後に無謬者がいなければならないという大前提、そして、彼の死後のカリフ（イマーム）位の問題はアリーかアブー・バクルかを巡るものだが、イジュマーによってアブー・バクルは無謬ではないという小前提をもとに、よってアリーが無謬のイマームだという結論を導く三段論法である（al-Mīlānī 2007, vol. 3, 165）。また、スンナ派は礼拝のイマームとしてアリーよりアブー・バクルが優れていたと考えて後者の優位性を主張するが、シーア派はアリーがクルアーンの全てを暗記していたのに対して、アブー・バクルは暗記できていなかったと主張する。また、アリーの方がアブー・バクルより法学の知識に秀でていたことに異論はないため、スンナ派の主張は誤りであると論駁する（al-Karājakī 2000–1, 50）。

他の一一人のイマームたちのイマーム位は以下のように論証される。①アリー同様に彼らへの指名を示す伝承がある、②イマームは無謬でなければならないが、彼ら以外の者たちが無謬でないことにはイスラーム教徒全員のイジュマーがある（al-Ṭūsī 1993–4, 98）。そのため、残った一一人のイマームたちが無謬でなければ、地上が無謬者を欠くことになる。③彼ら一人一人の中に精神的かつ肉体的完成が見出され、そのことは彼らが指導者としての権利を持つことを示す。彼らが同時代の誰より優れているということを伝承が示しており、劣った者が優越する者を指導するのは悪だと知性が判断する（al-Ḥillī 1988, 375）。

## 過去の預言者たちの「イマーム」

アッラーは預言者たちを断続的に人間に派遣してきたが、預言者がいなかった時期もあったとされる。イスラーム学者の多くは、最後の預言者ムハンマドの前の預言者はイーサーであり、彼ら二人の間には預言者はいなかったと考える。その期間は西暦元年に生まれたイーサーが天に挙げられてから、西暦五七〇年頃に生まれたムハンマドが四〇歳で預言者になるまでである。このような預言者のいない期間を「空白期間（fatra）」と呼ぶ。シーア派学者たちは上の議論に基づき、預言者の「空白期間」にもフッジャ、すなわち預言者の後継者である「イマーム」がいたと主張する。ただし、過去の預言者たちの後継者としてのイマームは、おそらく預言者ムハンマドの後継者としての一二人の「イマーム」と区別するために、「遺言執行人（waṣī, ワスィー）」という名称で呼ばれることが多い。ただし、一二人のイマームたちもムハンマドの残した教えを守る存在であることからワスィーと呼ばれる。また、過去の預言者の後継者が預言者であることもあり、その場合は次の預言者が前の預言者のワスィーである。なお、イマームやワスィーは「ワリー（walī, 近しい者）」、「ワリーユッラー（walī Allāh, アッラーに近しい人）」と呼ばれることもある。

ムハンマドの後継者としてのイマーム位は血縁間で継承されていったものの、過去の預言者たちのワスィー性は必ずしも血筋によって受け継がれるものではない。人類史上、最初のワスィーは最初の預言者アーダムの後継者であるヒバトッラー（hiba Allāh）ことシース（Shīth）で、最後のワスィーが一二代目イマームである。ワスィー性の系譜を示したシーア派の歴史学者マスウーディー（ʻAlī b. al-Ḥusayn al-Masʻūdī, d. 345/956）の『イマーム・アリー・イブン・アビー・ターリブのワスィー性の立証（*Ithbāt al-Waṣiyya li-al-Imām ʻAlī b. Abī Ṭālib*）』には彼の考えるワスィー一覧が書かれているが、彼らの中にはクルアーンでは言及されていないものの旧約聖書やキリスト教徒の伝承で言及されている者も多い。例えば、預言者ヌーフ（ノア）の遺言執行人は旧約聖書のセム（Sām）、続いてアルパクシャド（Arfakhshad?）、続いてシェラ（Shālikh?）、続いてクルアーンに登場する預言者フードが来て、彼の遺言執行人が旧約聖書のペレグ（Fāligh?）と続いていく。預言者イーサーの遺言執行人は十二使徒のペトロ（Shamʻūn）である（al-Masʻūdī 1988, 290. 292）。また、預言者ムハンマドの直前のワスィーはバルダ（Barda）もしくはヤフヤー・イブン・フーフ（Yaḥyā b. Hūf）であったと伝えられる（al-Ibn Bābawayh 1984, 23; al-Masʻūdī 1988, 290. 292; al-Ṣadūq 1991, 204）。

過去のワスィーたちの特質など細かいことはほとんど議論されないが、彼らの特質の大半はムハンマドのイマームたちと同様である。ワスィーから次のワスィーへは何らかの指名が行われるが、新たな預言者はアッラーの指名によって選ばれるため、前のワスィーと面識を持たないこともある。イーサーの最後のワスィーであるバルダ、ないしヤフヤー・イブン・フーフが次のフッジャとなる最後の預言者ムハンマドに会っていたという伝承はおそらくない。

ワスィーたちへの言及は単なる昔話や伝説としてではなく、シーア派のイマーム論を補強する物語としても利用されてきた（平野 2021b, 19–20）。ここでは、ペトロを例にワスィーの物語を見ていきたい。ペトロはイーサーの一番弟子にあたり、キリスト教のカトリックの歴史観では初代ローマ教皇にあたる人物であり、イスラーム全体でもペトロは高く評価されてきた。スンナ派のクルアーン学者たちもしばしばペトロをイーサーの弟子たち、いわゆるキリスト教でいう「十二使徒（ḥawāriyūn）」の長と見なしてきたが、とりわけシーア派はペトロを高く評価してきた。同派におけるペトロの重要性については少なくとも以下の五点が挙げられるだろう[10]（平野 2021b, 13–14）。

**①ペトロが預言者イーサーのワスィーであること**

ペトロのワスィー性を伝える最も古い文献の一つにスライム・イブン・カイス（Sulaym b. Qays al-Hilālī, d. 76/695–6）の書がある。同書では「イーサーのワスィー、ペトロ（Shamʿūn waṣī ʿĪsā）」や「彼（ペトロ）をマルヤムの子イーサーがワスィーに任命した」というアリーの言葉が収録されている（Sulaym 1999–2000, 252, 332）。スライムという人物はアリーの直弟子で、シーア派的傾向を持っていた人物である。ただし、同書はスライムの弟子のアバーン・イブン・アビー・アイヤーシュ（Abān b. Abī ʿAyyāsh, d. 138/755–756）によって一部が改変されたという考える人物学者もいるものの（Modarressi 2003, 85; Amir-Moezzi, 2009, 37）、ペトロをイーサーのワスィーとするシーア派的思想は早ければアリーの時代、遅くても彼の孫弟子の時代には成立した可能性が高い。

**②ペトロの宗派の救済**

イスラームの両派が共有するハディースによれば、ユダヤ教徒は七一の宗派に、キリスト教徒は七二の宗派に、イスラーム教徒は七三の宗派に分派するとされ、それらの分派の中でも来世で救済されるのは各宗教の中の一派のみであるとされる（al-Shahrastānī n.d., vol. 1, 20; al-ʿAyyāshī 1991, vol. 1, 359–360）。宗派を問わずイスラームの分派学者たちは、自分自身の信奉する宗派こそがイスラームの七三の分派の中の唯一救済される一派であると主張してきた。この問題についてスライムは次のアリーの言葉を伝えている。

ユダヤ教徒は七一の宗派に分派した。そのうち七〇派は火獄に、一派は楽園に［入る］。それ（その一派）はムーサーのワスィー、ヨーシャウ・ブン・ヌーン（モーセのワスィー、ヨシュア，Yūshaʻ b. Nūn waṣī Mūsā）に従った派である。キリスト教徒は七二の宗派に分派した。七一派は火獄に、一派は楽園に［入る］。それ（その一派）は、イーサーのワスィー、シャムウーン（イエスのワスィー、ペトロ）に従った派である。そして、このウンマ（イスラーム共同体のこと）は七三の宗派に分派するだろう。七二派は火獄に、一派は楽園に［入る］。それ（その宗派）は——自らの胸に手を当てて——ムハンマドのワスィーに従った派である（Sulaym 1999–2000, 332）。

これ以外にも別の伝承集にはペトロに従う者たちが救済され、アリーに従う者も救済されるという趣旨の伝承が収録される（Furāt 2011, vol. 2, 378; al-Majlisī 1983, vol. 35, 26–27）。

**③預言者イーサーによる後継者指名、ペトロのヤフヤーへの後継者指名**

イーサーから遺言を受けたペトロはヤフヤーを次のワスィーに指名したとされる（al-Masʻūdī 1988, 90; al-Ṣadūq 1991, vol. 1, 204）。預言者ムハンマドがアリーを後継者として指名し、アリー自身も死の前にハサンを指名したように、ペトロは預言者イーサーから指名され、彼自身も次のワスィーを指名していたということになる。

**④ペトロの奇跡**

彼もイマームたち同様に奇跡を起こしたとされる。ペトロは「マスィーフ（メシア、イーサーのこと）の行為を行い、神の許しによって盲人、ハンセン病患者を治癒し、死者を復活させた」と伝えられている(al-Masʿūdī 1988, 89)。シーア派のイマーム・サーディクも預言者イーサーとペトロが起こした奇跡を行ったとされる。イマーム・カーズィムも死んだ牛を復活させたという(al-Rāwandī 1989, vol. 1, 294; al-Kulaynī 2007, vol. 1, 309)。

### ⑤一二代目イマームとの血の繋がり

第一部で述べたように、一二代目イマームの母ナルジスはビザンツ帝国の王女であり、ペトロの子孫でもあったと信じられている。また、ペトロは旧約聖書に出てくるイスラーイールの民の預言者たちの血を引くとされる。そのため、ペトロを介して一二代目イマームに過去の預言者たちの血が流れていることになる。

この五つからわかるように、イーサーとペトロの物語は、ムハンマドとアリーの物語の先例として位置付けられている。そして、預言者や先代による次のワスィーへの指名、彼らが奇跡を起こすこと、のようなシーア派のイマーム観を過去に遡らせる形で、彼らの物語の中に自派の正統性を見出そうとしている。

## ガイバ

十二代目イマームが信徒の前から姿を隠した状態をガイバと言い、ガイバ(ghayba)には二つの種類がある。第一部で述べたように、一二代目イマームが四人のサフィールを通じて指導した期間（八七四年から九四一年）が小ガイバで、代理人制度を廃止して信徒との交流を絶った期間（九四一年から現在）が大ガイバと位置付けられる。

ガイバの正当性はまずハディースに求められる。カーイムのガイバについての伝承は多く伝えられている。その中でイマームのガイバの先例として、過去の預言者が人々の前から何らかの理由で失踪したような出来事がガイバとして紹介されることがある。第一部のアスカリーの項で挙げたように、古代エジプトのファラオが自らの王権を脅かす人物がイスラーイールの民から現れるという予言を信じ、彼らの中から生まれてくる男の子を殺害していた。ムーサーの母はアッラーからの霊感を受け取り赤子のムーサーを川に流した。そして、ムーサーが一時的に川に流されるという形でその姿が隠されたことが彼のガイバであるという（吉田 1996, 120）。

八六九年頃に生まれたとされる十二代目イマームが超人的な長寿であることは過去の預言者たちや聖者の長寿から正当化される。預言者シュアイブ（Shu'ayb）やクルアーンに登場する聖者ルクマーン（Luqmān）は三〇〇〇年生きたと伝えられているため、カーイムの長寿もあり得るとされる（al-Ṭūsī 1993–4, 99）。

一部のスンナ派学者は、イマームがガイバしているならばイマーム性の目的が何一つ達成されていないことになる、とシーア派を批判する。スンナ派の碩学イブン・タイミーヤによれば、イマームの必要性はその者からイスラーム法の命令と禁止を知り、それを正しく実践することであるにもかかわらず、ガイバ中のイマームからイスラーム法の命令と禁止の規定を知ることとはできない。そのため、現実の統治者にはたとえ無知や不正があるとしても、不正な統治者の方がガイバする者よりは益がある、と彼は批判する（Ibn Taymiyya 1986, 384–386）。

このような批判に対してシーア派学者は、「神の正義」とイマームの無謬性の教義をもとに、ガイバの理由はイマームに対する援助者の少なさと彼の敵の多さゆえであって、アッラーがイマームと接触する機会を不当に奪ったとか、イマーム自身が自身の無知・無能ゆえに姿を隠しているのではないと反論する

(al-Ṭūsī 1993–4, 98–99)。また、ガイバの時代に信徒が利益を得るのは「雲が隠していようとも人々が太陽から利益を得られる」ようであるというハディースがあるように、ガイバの間もアッラーのルトフは継続しているとされる(al-Ṭūsī 1974–5, 507–508; al-Ṣadūq 1991, 241)。そのため、信徒はイマームを見ることはできないとしても彼から恩恵を受けることができ、その恩恵としてはイマームが存在すると信じることによって、信徒たちはイマームから叱責されることを恐れて悪行を避けて敬虔に生きようとする、ということが挙げられる。この観点においては、イマームが顕現していてもガイバしていても信徒がイマームから得られる恩恵は変わらないとまで主張するシーア派学者もいる(Ghaemmaghami 2020, 122–123, 128)。

## カーイム・マフディーとしての再臨と人々のラジュア

大ガイバは復活の日よりも前に終わり、一二代目イマームが再臨しカーイム(決起する者)として戦いを決起して、また、マフディー(救世主)としてシーア派信徒たちを救済に導くという。ハディースではその兆候が伝えられており、イマーム・サーディク曰く、「カーイムの決起前には五つ[の兆候]がある。イエメン人、スフヤーニー(ムアーウィヤの父アブー・スフヤーンの一族)[の蜂起]、空からの呼びかけ、バイダーゥでの陥没、ナフス・ザキーヤ(al-Nafs al-Zakiyya, サーディクと同時代のザイド派イマームのラカブ)の殺害、がある」(al-Ṣadūq 1991, 588)。別の伝承ではこれ以外にも、様々な怪奇現象や預言者やイマームを自称する嘘つきが現れる、などの様々な邪悪な現象が起きるとされている(鎌田 2013, 71–73)。

再臨したカーイムは悪の勢力・不信仰者との最終戦争に臨む。それまで迫害されてきて、政治的に静謐主義をとることの多かったシーア派信徒たちが立ち上がり、カーイム主導のもとで決起するとされる。カーイムは「剣の持ち主(ṣāḥib al-sayf)」や「ジハードに決起する者(al-qā'im bi-al-jihād)」とも呼ばれる(al-Majlisī 1984, vol. 3, 328)。スンナ派では預言者イーサーがイスラームの救世主と位置付けられているが、シーア派の終末観でも救世主としてのイーサーは登場する。しかしながら、シーア派では救世主としての主たる役割はカーイムが果たし、イーサーはその補佐や宰相のようなイメージで捉えられている。カーイム再臨以前の地上はアリーやサーディクらが語るように「イスラームは奇妙なものとして始まり、初めそうであったように奇妙に戻る」とあり、宗教的には退廃した状況に陥っているという（al-Nuʿmānī 2011, 337）。預言者ムハンマドの伝承に「［それ以前が］抑圧と不正で満たされていたように、彼はそれ（地上）を公正と正義で満たすだろう」とあるように、カーイムは地上を正しいイスラームで埋め尽くす存在と信じられている（al-Majlisī 1983, vol. 51, 82）。カーイムの敵は異教徒も含まれるものの、彼の蜂起の主たる目的の一つはフサインの敵への復讐であると表現される。いくつかのハディースによれば、カーイムはフサインの殺害に関与した人物の子孫たちを彼らの祖先が犯した罪業に基づいて処刑する。子孫が処刑される理由は、祖先がフサインを殺したことに対して彼らが満足し誇っているからだとされる（al-Ṣadūq 2006, vol. 1, 224–225）。カーイムが支配するのは七年もしくは一九年と数ヶ月と伝えられている（al-Majlisī 1983, vol. 51, 78; al-Nuʿmānī 2011, 353–355）。

一二代目イマームの再臨を意味するアラビア語の rajʿa は、シーア派では別の意味の用語としても用いられる。その意味は一部の人間が現世に蘇ることを意味し、以下にそれを「ラジュア」とカタカナで表記する。ラジュアはシーア派独特の教義と位置付けることができる。スンナ派が信じる人間の「復活」とは最後の審判の日における、つまり来世における復活であり、この種の復活はシーア派も信じているものの、ここでのラジュアとは一部の人間が生前の姿のままで現世に復活するということであり、アッラーは誰が善行を積み、誰が悪行を積んだかをラジュアを経て区別する。ただし、信仰が完成している者、また、不信仰にして現世で天罰を受けて滅びた者たちにはラジュアはないとされる。▼11 そして、多くの人間のラジュアはカーイムの時代、もしくはその前後に起こるとされる（al-Muzaffar 1968, 80; al-Qummī 2014, 46–47）。

ラジュアの根拠はハディースの記述に加えて、クルアーンの「あなたはわれらを二回死なせ、二回生かし給う」（第四〇章一一節）が挙げられる。人間は今の生で一度死に、カーイムの時代に元の肉体のまま復活し、そこでもう一度死に、最後の審判の際にまた復活し永遠の来世を迎えると解釈されるのである(al-Muẓaffar 1968, 80)。ラジュアについてハディースにはあまり詳しく書かれていないため、学者ごとに見解が異なる場合があるものの、全ての学者がそろって主張するのがフサインの復活である。あるハディースでは、最初にラジュアで復活するのがフサインと彼の従者たち、および、ヤズィードとその従者たちであるとされる。フサインはカルバラーで没した従者たちを引き連れて、ヤズィードとの再戦に臨み、カルバラーの戦いの復讐を果たすとされる。また、多くの伝承はフサインに加えて、アリーが復活することも伝えているが、一部の伝承では預言者ムハンマドや残りのイマームたちも復活すると伝えられる[12]（al-ʻAyyāshī 1991, vol. 2, 304–305; al-Majlisī 1988–9, 30）。

別のハディースによれば、カーイムは復活したフサインより先に死ぬという。シーア派ではイマームの葬儀の儀礼一式を行う資格があるのは無謬者だけであるとされるため、カーイムの葬儀はフサインが挙げるという（al-ʻAyyāshī 1991, vol. 2, 304）。

## 5．復活

復活（maʻād）はシーア派の五信の五番目である。五信の「復活」を意味するアラビア語はラジュアではなくマアード（maʻād）であり、マアードとラジュアとの違いは、前者は現世が終わった後の来世における復活で、後者は現世における復活である。前者の意味での復活はスンナ派の六信にも含まれ、マアード

（以下、単に「復活」）についてシーア派の教説のほとんどはスンナ派と同じであると言って良い。また、シーア派の教説の大半はクルアーンやスンナ派と共通のハディースの明文通りであるため、以下に簡単に紹介していく。

### バルザフ

イスラームの他派とも概ね共通しているが、シーア派は現世と来世の狭間の世界であるバルザフ（barzakh）の存在を信じる。バルザフとは人間が死んだ後に復活の日を待っている状態で、墓の世界とも言われる。バルザフはカトリックの信仰における天国と地獄の間にある煉獄ではなく、現世と来世の間にある世界である。亡くなったムスリムは葬儀の礼拝が捧げられた後にムスリム墓地に土葬される。すると、天使たちの名前はヴァリエーションがあるが、一般的にはナキール（Nakīr）とムンカル（Munkar）という名の二人の天使がやってきて審問を行う。スンナ派では二人の天使が審問する内容はその者の主、宗教、預言者についてであるものの、シーア派では主、宗教、預言者に加えて、イマームについても審問するとされる（al-Mufīd 1992–3a, 76; al-Ṭūsī 1993–4, 99; al-Murtaḍā 2009–10, 530; 松山 2016, 267–268）。その審問に正しく答えられた者は楽園の慈悲が及ぶ方へ行き、答えられなかった者は火獄の懲罰が及ぶ方へ行くことになる（al-Sobḥānī 1998, 232）。

シーア派の多くのハディースによれば、死に際の人間はムハンマドとアリーを見る。この二人を見ること（ru'ya）自体に異論はないが、見神の議論のように二人を視覚で捉えるのか否かについて見解の対立がある。視覚では捉えられないとする立場では、二人を「見ること」の意味は忠誠心、疑念、敵意、権利侵害などを通じてこの二人を「知ること」だと比喩的に解釈する（al-Mufīd 1992–3a, 73–74）。

シャイフ・ムフィードによれば、バルザフの人間は四種類に分かれる。一つ目は復活（ラジュア）して自分たちのイマームとともにある種の楽園（果樹園）にいる者、二つ目は復活して自分たちの指導者に従って屈辱の場にいる者、三つ目は生きているとも死んでいるとも言い得る者、四つ目は復活の日まで蘇生しない者、である。言い換えると、一つ目は善良な信仰者で、二つ目はアッラーに反逆する不信仰者たちである。三つ目はシーア派（ahl al-maʻrifa wa-al-ṣalāt）の中の罪人である。▼13 アッラーは彼らをバルザフで蘇らせ、そこで懲罰を与えて罪滅ぼしをさせた上で復活の日に楽園に入れるということもあり得るという。そして、四つ目はイスラームを知る機会のなかった人々を指すという（al-Mufīd 1992–3a, 75–76）。

## 復活の日

来世の存在が不可欠である根拠は、クルアーンの多くの節と数えきれない数のハディースに求められる。また、知性的根拠としては、アッラーが永遠の命を与えずして人間を創造したとすれば、その創造は戯れに過ぎないことになる。しかしながら、アッラーに戯れはなくその創造には善なる目的があるため、人間は永遠の命を与えられていることになる。そして、善人と悪人を報酬において同じように扱うとすれば、それは神の正義に反する。よって、死後に人間が復活し、審判を受けることが必然とされる（al-Sobḥānī 1998, 226–227）。

クルアーン八一章、八二章などによれば、現世が終わり復活の日（yawm al-qiyāma）が始まる前兆として、隕石が落ち、大地震が起き、山は砕け、海の水が溢れて地上の一部を覆い、空が割れるなどの天変地異が起こる。そして、天使イスラーフィールが角笛を吹くことによって復活の日は始まる。まず一度目の角笛によって全ての生物が死に絶える。そして、二度目の角笛によって全ての死者の霊魂が生前の肉体を伴って復活するとされる。ここからの大枠の流れはイマームが関わる事象以外はスンナ派と同じである（al-Sobḥānī 1998, 230, 240）。

復活の日に起こることの順番は必ずしも定説があるわけではないが、概ね次のようになる。人間の現世での行為の審判が行われる。イスラームでは人間の両肩に一人ずつ天使がおり、右の天使が善行を、左の天使が悪行を書き取っているとされる。そして、クルアーン八四章七節から一二節などにあるように、復活の日に、善行を積んだ者は右手に、悪行を重ねた者は左手に天使が書き取った書を渡される。また、クルアーン三六章六五節などにあるように、審判の際には各人が嘘を言おうともその者の身体の諸部位が自らの行ったことを証言する。そして、人間の行為はいかなる小さな行いも逃すことなく、秤（mīzān）に乗せられて計量される。「秤」とは現世のような両端のある秤であるという説と公正で平等なことのたとえであるという説がある。秤に乗せられて計られるものは、その者自身、または、行為を記した書、または、実体化した行為であるとされる。その後、全ての行為が一つ一つ細かく決算（ḥisāb）される。一説では、この決算はイマームたちが執り行うとされる（al-Ṭūsī 1974–5, 507–508; al-Mufīd 1992–3a, 79）。

おそらくこの次に、人間は溜池（ḥawḍ）に至る。この溜池はアリーへの後継者指名の伝承の一つである二つの重荷のハディースの中で、預言者がクルアーンと彼の家族という二つの重荷は「私のいる溜池に到達するまで決して離れることはない」と述べた溜池のことである。多くの伝承によれば、溜池にはムハンマドとアリーが待っており、楽園行きの者には溜池の水で喉の渇きを癒させ、火獄行きの者はそのまま追い払うという（al-Ṭūsī 1993–4, 99）。そして、これと前後して、人間は「道（ṣirāṭ）」を通ることになる。これは楽園と火獄を繋ぐ橋であり、信仰者にとっては渡りやすいが、不信仰者には髪の毛より細く剣より鋭い橋となる。そして、その道の右側にムハンマドが、左側にアリーがいて監視しているという（al-Mufīd 1992–3b, 108–109）。

クルアーン七章四六節「両者（楽園の民と火獄の民）の間には仕切りがある。そして、高壁（aʿrāf）の上にはそれぞれを彼らの標章で見分ける者たちがいる」に由来し、預言者とアリーらは復活の日に楽園と火獄の間にある高壁、また別の説では山の上におり、そこから人間を見下ろす（al-Mufīd 1992–3b, 106）。これらに由来して多くのハディースでアリーは「楽園と火獄の振り分け（qasīm）」と言われる（al-ʻAyyāshī 1991, vol. 1, 21）。預言者とアリーらが調べて振り分けた人間をアッラーは楽園と火獄に入れるのである。

## 悔悟と執り成し

現世の行いはもれなく全て計量されるが、善行より悪行を多く成した信仰者は必ずしもそのまま火獄に行くわけではない。悪行が赦されるという可能性は残されており、その方法は生前における各信徒の悔悟（tawba）と来世におけるイマームたちによる執り成し（shafāʻa）である。悔悟が認められる条件には人生で同様の罪を繰り返さないと決意すること、そしてそれを本当に繰り返さないことがある。また、他者の権利を侵害していた場合、それを返還したり賠償したりしなければ悔悟したことにならない。たとえ殺人を犯した人物であっても、悔悟が受け入れられる可能性は閉じられていない。イスラーム法では殺人犯に対する刑罰の決定は遺族に委ねられ、遺族は同害報復、血の代償の支払いを求めることができ、また赦すこともできる。この手続きを経た後に、殺人犯の悔悟は受け入れられ得る（al-Mufīd 1992–3a, 85–88）。

悔悟によって罪を許されれば良いが、そうではない信徒も当然いるだろう。イスラーム教徒の大半によれば、預言者ムハンマドは彼のウンマの者たちの中の罪人のためにアッラーに執り成すことができる。ムウタズィラ学派は執り成しを否定するが（青柳 2005, 26）、シーア派の大多数は預言者のみならずイマームたち、および敬虔な信仰者の執り成しも認める（al-Mufīd 1992–3a, 79–80）。

ムウタズィラ学派の五原則の中の、「楽園の約束と火獄の威嚇」がシーア派の五信に含まれないのは、執り成しとの関連で説明される。同原則では最後の審判で善行を多く行ったことが認定された者は楽園に、悪行を多く行ったと認定された者は火獄に落ちるとされる。しかし、シーア派においては、イマームによる執り成しを受けることができれば、たとえ大罪を犯した信徒であっても必ずしも火獄に行くとは限らないとされる（Madelung 1979, 16）。

現世の命は短いものであるが、霊魂自体は消滅することはなく、来世では永遠に生き続けるとされる。そして、善行の方が大きかった信徒は楽園に、悪行の方が多かった人間は火獄に行くことになる。イスラーム法の規定を遵守したシーア派信徒や殉教者らが楽園に入ることは言うまでもないが、悔悟や執り成しによって火獄を免れる者もいる。多神教徒には悔悟も執り成しもないが、そうでなければ期待はできるという。イスラームの中で楽園と火獄はすでに存在しているか、これから創造されるのかという議論があるが、一説では楽園と火獄はすでに創造されており、すでにどこかに存在はしているという（al-Sobhānī 1998, 253–255）。

# 第四章　一〇行

五信はそれぞれ細かな教説に触れながら説明してきたが、一〇行は非常に簡潔にそれぞれの概要を示すに留める。というのも、法規定を詳細に説明していくと、それだけで一冊の本になるほどの分量になってしまうからである。また、シーア派の法規定の大枠はスンナ派とあまり変わらない。

## 1. 礼拝

スンナ派同様に一日五回の礼拝（salāt）が義務である。しばしば「シーア派は一日に三回しか礼拝しない」と揶揄されることがあるが、それは誤りである。このように揶揄されるのは、シーア派の礼拝時間がスンナ派とは少し異なるためである。イスラームの一日五回の礼拝はそれぞれ順番に①ファジュル（fajr）、②ズフル（zuhr）、③アスル（ʻaṣr）、④マグリブ（maghrib）、⑤イシャー（ʻishāʼ）、と呼ばれる。①のファジュルの時間は夜中の空に太陽の光が現れ始めてから日の出までである。これは両派の間で異論がない。②と

**写真9**　シーア派は礼拝時に額をこれにつけて祈る。

③についてスンナ派とシーア派に大きな違いがある。スンナ派におけるズフルの時間は太陽の南中の直後から始まり、モノの影の長さがそのモノの長さと同じになるまで（法学派によっては二倍になるまで）、アスルの時間はズフル終了から日没までである（中田 2003, 322）。それに対して、シーア派は南中の直後から日没までがズフルとアスルの時間で、この時間帯のいつでも二つの礼拝を続けて行うことができる（Faḍl Allāh 2011, 237–239）。④と⑤も同様に両派に違いがあり、スンナ派は日没から空の残照が消えるまでがマグリブ、空の残照が消えてから翌ファジュルまでがイシャーの時間である（中田 2003, 322）。それに対して、シーア派の多数説では日没後に東の空の赤みが消えてから（現代では日没からおよそ一五分後が目安とされることが多い）夜半までがマグリブとイシャーの時間とされ、この時間帯のいつでもこの二つの礼拝を続けて行うことができる（Faḍl Allāh 2011, 239）。

礼拝の中でのシーア派に独特な点もいくつかある。礼拝の中の動作で額ずく動作があるが、スンナ派は床に額をつけるのに対して、シーア派では床に頭をつけただけの礼拝は無効となる。シーア派ではイマームの「地面、もしくは地面が生育したもの（つまり、植物）以外の上で跪拝してはならない（後略）」などのハディースに依拠して額をつけるのは自然由来のものだけとされている（al-Kulaynī 2007, vol. 3, 186）。額をつけるものは紙や木片、石などでも構わないが、ほとんどの場合は土、とくにカルバラーの土の塊が選ばれる（写真9）。

## 2. 斎戒

斎戒（ṣawm）自体については両派の間にほとんど違いはない。ヒジュラ暦第九の月であるラマダーン月の一ヶ月間、ファジュルの礼拝開始時刻からマグリブの礼拝開始時刻まで飲食や性交渉を断つ。しかし、上記のように両派のマグリブの時間が異なるため、それに伴い斎戒の終了時刻も異なる。スンナ派は日没の直後に断食明けの食事をとるが、シーア派は日没からおよそ一五分後に断食を解く（中田 2003, 457–458; al-Kulaynī 2007, vol. 4, 61–62）。

ラマダーン月はクルアーンが最初に下された月であり、啓示が下りた日の夜は「決定の夜（layla al-qadr）」と呼ばれる。決定の夜がラマダーン月の何日目であったかはわかっていないものの、スンナ派ではラマダーン月の最後の一〇日間のうちの奇数日、つまり二一日、二三日、二五日、二七日、二九日のいずれかであり、二七日が最有力と見なされている。それに対して、シーア派では一九日、二一日、二三日のいずれかであり、二三日が最有力であるとされる。なお、偶然かもしれないが、一九日はアリーが剣で刺された日で、二一日がアリーの殉教日である（al-Ṭabāṭabā'ī 2009, vol. 20, 333–334）。

### 3. 喜捨

両派に共通して支払者が成人であることや自由人であること、などの条件があり、一年間保有し続けた財物が喜捨（zakāt）の対象となる。古典法では、①金と銀、②ラクダ・牛・羊といった家畜、③穀物と果実、④商売の利益、が対象となる（中田 2003, 431–438; al-Sīstānī 2021–2, vol. 1, 318）。スンナ派では古典法の喜捨の対象は拡大し、現在は各国政府が発行する通貨も金銀に準ずるものとして、その二・五パーセントが喜捨の対象とされている。

それに対して、シーア派は喜捨を古典法の枠組みの中でしか捉えない。イスラーム世界で作られたものであるかどうかにかかわらず硬貨の形に鋳造された金と銀が課税対象であって、そこから金と銀への交換が可能な通貨やインゴットも課税対象となる。しかしながら、金銀複本位制を停止したことで金銀との交換ができなくなった現代社会の通貨は喜捨の課税対象にはならない（al-Sīstānī 2021–2, vol. 1, 323）。そのため、円やドルや中東の通貨で貯金があったとしても、それらは金銀と交換できないため喜捨の課税対象にならない。

喜捨の受給資格者はクルアーン九章六〇節に基づいて、貧者、困窮者、喜捨の徴収や分配に従事する者、心が傾いた者、奴隷、負債者、アッラーの道にいる者、旅路にいる者、の八種である。[14] 異教徒とのジハードに従事する戦士や喜捨を与えることでシーア派に転向しそうな者を除いて、原則的に喜捨受給者の要件に「信仰（īmān）」が挙げられる。第三部でまとめるように、単に「信仰」と用いた場合、シーア派の信仰を指す（al-Ḥillī 2004, vol. 1, 128; al-Sīstānī 2021–2, vol. 1, 333–334）。預言者ムハンマドの子孫は喜捨の受給が禁止されており、その代わりに彼らは次のフムスの受給権を持つ（森本 2010, 67–68）。

## 4. フムス

フムス（khums, 五分の一税）に関する解釈は両派で大きく異なる。フムスはクルアーン八章四一節「お前たちが戦い獲った（ghanim-tum）どんなものも、その五分の一はアッラーと使徒と、近親、孤児、貧困者、そして旅路にある者に属すると知れ」に由来する。スンナ派法学ではフムスは文字通りに戦利品の分配の規定に過ぎないものであり、戦利品の五分の四は獲得した戦士たちに与えられ、残りの五分の一が税として徴収されてアッラーと使徒、彼の近親者、孤児、貧困者、旅の者の間で分配される。ムハンマドの死後の「アッラーと使徒」の取り分としてムハンマドが受け取っていた取り分の分配については学説が分かれており、カリフのものになる、ムスリムの福祉に充てられる、預言者と近親者の取り分は消滅する、などの説がある（中田 2004, vol. 2, 15）。

シーア派においてフムスはより幅広く適用され、人間が取得する全てのものを対象としている。シャヒード・サーニーによれば、①戦利品、②鉱物（宝石や塩、価値のある砂や石）、③水中から採取されたもの（珊瑚や真珠など）、④商業の利益（農作、耕作などを含む）、⑤禁止されたものと混ざって区別できないようなもの、持ち主がわからないもの、⑥埋蔵物、がフムスの課税対象となるという（al-Shahīd al-Thānī 2015–6, vol. 1, 380）。ムハッキク・ヒッリーはこれに⑦庇護民（dhimmī）がムスリムから土地を購入した場合、それにフムスが発生することを追記する（al-Ḥillī 2004, vol. 1, 138–139）。フムスはヒジュラ暦で一年に一度支払わなければならない。現在では仕事で稼いだ現金収入は喜捨ではなくフムスの課税対象となり、多数説では贈与、受賞、親族以外からの遺贈、慈善活動、喜捨、フムスなどで得た金銭も課税対象となる。収入の場合、自分と自分の扶養家族の一年間の支出を差し引いた額にフムスが課されるが、一年間所有した家具や車などの財物にもフムスが課される。フムスは五分の一税であるため、最終的に計算された額の二〇パーセントの支払いが義務となる（Rizvi 1992, 7, 11–12）。

シーア派は上記のクルアーン八章四一節に基づいて、フムス受給者をアッラー、使徒、近親＝イマーム、孤児、貧困者、旅の者、の六つに分ける。そして、預言者亡き後、アッラーの取り分と預言者の取り分はイマームが受け取るとされるため、全体の六分の三をイマームが取り、残りは六分の一ずつを孤児、貧困者、旅の者に分配される。ただし、フムスの取り分を持つ孤児、貧困者、旅の者は一般人ではなく、預言者ムハンマドの子孫に限られる（Sachedina 1988, 237）。アッバース朝の厳しい監視下に置かれたイマームたちが代理人制度による地下活動を通じて徴収していた宗教税とは喜捨とフムスのことである。

スンナ派のフムスも同様だが、信徒が戦利品を勝手に分配するのではなく、イスラーム国家が分配するべきである。初期のシーア派は国家を持たなかったが、政治的権力は本来イマームのもとにあるべきものであるため、統治者としての資格を持つイマームがフムスの徴収と分配の特権を持つと考えられてきた。

イマームの大ガイバによってフムスの徴収と分配の特権を持つ者がいなくなったため、ガイバの期間にフムスを誰に払うのか、という大きな問題がシーア派の中で生じることとなった (Sachedina 1988, 237–238)。現在ではムジュタヒド、とくにマルジャアがイマームに代行して徴収・分配する資格を持つと考えられている。彼らはイマームが権利を持つフムスの全体の半分（アッラー、使徒、イマームの取り分）を一二代目イマームが同意すると思われる用途で分配しなければならない。例えば、困窮するシーア派信徒の支援、イスラームの布教、ウラマーの支援、イスラーム教育に携わる教員や学生の支援、イスラームに関する施設や学校の設立などである (Rizvi 1992, 27)。

## 5. 巡礼

ムスリムは一生に一度、経済的かつ身体的に可能であれば、ヒジュラ暦一二月の所定の日にマッカを巡礼 (hajj) することが義務である。巡礼の際には決められた日に決められた場所で決められた儀礼を行わなければならないが、それらのほとんどはスンナ派とシーア派で共通である。相違点があるとしても、それはスンナ派内の法学派の相違と同じ程度に過ぎないだろう。ハッジの儀礼には含まれないが、シーア派信徒の多くは巡礼の前後の機会にマディーナに立ち寄り、預言者、ファーティマ、二代、四代、五代、六代イマームたちの墓参りすることが推奨される (Momen 1985, 180)。

## 6. ジハード

スンナ派においてジハード (jihād) とは異教徒に対する戦いを意味する。それに対して、シーア派におけるジハードは①イマームに敵対する叛徒、②庇護契約 (al-dhimma) を破った庇護民 (ahl al-dhimma, 啓典の民と呼ばれるユダヤ教徒、キリスト教徒、ゾロアスター教徒でイスラームの領地に居住する者)、③諸々の異教徒、に対する戦いを指す。①に該当するのは、ラクダの戦い、スィッフィーンの戦い、ナフラワーンの戦いでアリーと交戦した人々やカルバラーでフサインと交戦したウマイヤ朝の軍などを指すという[15]（al-Muḥaqqiq al-Ḥillī 2004, vol. 1, 243–244）。

これ以外のジハードに関する規定はスンナ派とほとんど変わらない。行為能力者であり自由人で男性で年老いていない者にはジハードが義務となる。子供、重度の精神疾患者、女性、老人、奴隷にはジハードは義務ではない。イスラーム法上の義務は礼拝のように各人が行わなければならない「個人義務（farḍ al-ʿayn）」と誰かが行えば良い「集団義務（farḍ al-kifāya）」があるが、ジハードは基本的には「集団義務」とされる[16]。ジハードが義務となる条件は、イマーム、もしくはイマームがジハードのために置いた代理人がいることである（al-Ṭūsī 1993–4, 241; al-Ḥillī 2004, vol. 1, 241）。ジハードは敵陣に侵攻する先制のジハードと敵から自国を守る防衛のジハードがある。

先制のジハードはガイバ中には行われない。イマームの中で政治の実権を握った経験を持ったのはアリーとハサンに限られている。フサインはウマイヤ朝と戦ったが、彼ら以外のイマームたちは異教徒とのジハードはおろか不正な統治者への内乱の指示すらしていない。そのため、アリーとフサインの次に正当な先制ジハードが行われるのは終末における一二代目イマームの最終決戦の時である（Momen 1985, 180）。

それに対して、防衛のジハードにはイマームの許可は必要ない。二〇二三年一一月現在、パレスチナのガザ地区をイスラエルが蹂躙しているが、スンナ派のハマスやイスラーム・ジハード（al-Jihād al-Islāmī, ガザで活動する組織）、およびシーア派のヒズブッラー（いわゆるヒズボラ）がイスラエルと戦うことをハーメネイーはかねてよりそれがジハードであると宣言してきた[17]。

## 7. 善の命令

この項目から最後までは特定の規定ではなく、信徒としての生き方を定める原理のようなものである。善の命令（amr bi-al-maʿrūf）は、何らかの義務行為を命令する場合にはムスリムの義務であるが、推奨行為を勧める場合には義務ではないものの推奨される行いである（al-Ṭūsī 1993–4, 245）。

## 8. 悪の阻止

悪の阻止（nahy ʿan al-munkar）とは善の命令とセットで、全ての悪き行為（munkar）を禁止し、それが行われるのを阻止することである。ハディースによれば、この善の命令と悪の阻止の二つには三つの段階がある。▼18 第一段階では手、つまり、力を行使して命令・阻止することが求められる。第二段階では力を行使することができない場合、舌を使う。つまり、注意したり、説得したりする。第三段階は手も舌も使えない場合で、自分の心の中だけで行う（al-Ṭūsī 1993–4, 245–246）。

## 9. イマームたちへの忠誠

イマームたちへの忠誠（walāya, tawallī）も具体的な規定ではなく、行動原理である。常に預言者とイマームに服従し、彼らを愛することなどである。これはシーア派の日常の実践の随所に見られる。

## 10. 彼らの敵との絶縁

彼らの敵との絶縁（barāʾa, tabarrī）も具体的な規定ではなく、行動原理である。常に預言者とイマームにとっての敵を憎み、そのような者から絶縁することである。これはシーア派の日常の実践の中ではあまり見られないが、フサインの殉教日のアーシューラー、それから四〇日後のアルバイーンでは明確に表現さ

図10　シーア派の五信と一〇行のまとめ

| シーア派の五信のまとめ | |
|---|---|
| ①タウヒード | アッラーを唯一の神として崇拝すること |
| ②神の正義 | アッラーは常に善を行う。それゆえ、預言者とイマームを派遣 |
| ③預言者性 | アッラーからの啓示を受け取った者で、最後がムハンマド |
| ④イマーム性 | ムハンマドの後継者が12人のイマーム |
| ⑤復活 | 死後、最後の審判のために復活 |

| シーア派の一〇行のまとめ | |
|---|---|
| ①礼拝 | 一日五回の礼拝 |
| ②斎戒 | ラマダーン月の斎戒 |
| ③喜捨 | 古典法で定められたものに課される税 |
| ④五分の一税（フムス） | 五分の一税 |
| ⑤巡礼 | 一生に一度のマッカ巡礼 |
| ⑥ジハード | 宗教の大義のための戦争 |
| ⑦善の命令 | 勧善 |
| ⑧悪の阻止 | 懲悪 |
| ⑨イマームたちへの忠誠 | 思想と行動原理 |
| ⑩彼らの敵との絶縁 | 思想と行動原理 |

れる。イマームたちへの忠誠と彼らの敵との絶縁の最もわかりやすい例として、「アーシューラーの参詣祈願（Ziyāra ʻĀshūrāʼ）」を付録に載せたので参照されたい。

## コラム②

# タキーヤ（信仰隠し）

スンナ派がシーア派を批判する時の論点の一つにタキーヤ（taqiyya, 信仰隠し）というものがある。これは信仰隠しと訳すことができ、己の信仰を隠し偽ることである。シーア派がタキーヤの教義を持つことから、「シーア派は表向きにはムスリムのふりをしているが、実は隠れてアリーを神として崇拝しているに違いない」などの誹りが彼らに向けられることがある。そこで、タキーヤとは何であり、何を目的としているのかを知っておくことは重要であるだろう。

当たり前のことではあるが、イスラーム教徒はたとえ心の中で信仰を捨てていなくても、無意味に自身の信仰を隠してイスラームを冒瀆する発言をしてはいけないし、「イスラームを離教した」などと言ってはならない。このように無闇やたらとタキーヤを行うことは許されないものの、イスラームでは特定の状況において信仰隠しが許容されることがある。ムハンマドがマッカで迫害を受けていた時代に、教友のヤースィルと彼の両親が多神教徒に拷問され、両親が惨殺される事件が起こった。その時にヤースィル自身は心の中での信仰は捨てずロ先だけでムハンマドを否定して、拷問から解放された。後になってこれを深く後悔したヤースィルをムハンマドは責めることなく、彼のタキーヤを合法とした。このような命の危険があった際にはタキーヤを行うことがスンナ派でも許される（中田 2004, vol. 2, 238–239）。

シーア派法学におけるタキーヤは実際にはスンナ派の規定と大きく変わるところはない。タキーヤはいつでも許容されるのではなく、自身の生命、財産、名誉に危険が想定される場合にのみ合法とされる。タキーヤを行って良いのは個々人の信仰の内容についてだけであり、イスラームの教義についてタキーヤをすることはいかなる場合にも許されない。つまり、例えば、スンナ派からアブー・バクルの件で脅迫された場合を想定した時、「私はシーア派をやめます」、「私はアブー・バクルのカリフ位を信じます」と言うことはタキーヤとして合法である。これはあくまで個人の信仰に過ぎないからである。しかし、「シーア派はアブー・バクルのカリフ位を信じます」と言えば宗教について嘘をついたことになり、それはタキーヤとしては禁止される。そのため、シーア派学者がイスラームの教義やシーア派の教義について執筆したり、声明を発したりした場合、そこにタキーヤはないというのが前提である（al-Sobḥānī 1998, 227）。シーア派の思想文献から引用する場合、欧米研究者もシーア派学者たち自身もその本の著者のタキーヤの可能性は全く疑うことはない。

ただし、シーア派研究において問題となるのはイマームのタキーヤである。シーア派学者の教義についての発言にはタキーヤの可能性は排除されても、イマームの私的な言葉の中にはタキーヤの可能性は否定されない。例えばイマームがアブー・バクルとウマルのカリフ位を認めるようなハディースが伝わっているが、それらはイマームがタキーヤによって「個人の信仰内容の問題として」発言したものであると理解される。「タキーヤのない者に宗教はない」とイマームが語るように、イマームの時代にはタキーヤは今よりも重要であった（al-Kulaynī 2007, vol. 2, 133）。

スンナ派学者たちの中には、シーア派（十二イマーム派）がいつでもタキーヤを実践していると考える者もいるが、それは十二イマーム派とシーア派系諸派のタキーヤ論を混同しているからとも考えられる。シーア派系でもイスマーイール派や極端派などはタキーヤを常態化しており、教義を門外不出とする宗派もある。

# 第三部　シーア派の他者観

# 第五章　イスラーム諸派の形成とシーア派におけるその分類

二〇世紀に欧米語で書かれた研究書の中には、シーア派をイスラームの「異端派」として考えて論述するものが少なくなかった。現在でもイスラーム世界では、多数派のスンナ派がシーア派を異端視して書いた著作が多く流通している。日本の書店に陳列されている一般書やネット記事の中でも、数は少ないもののいまだにシーア派を異端派と捉えているものが見受けられる。

それに対して、近年の研究書の中ではシーア派を異端と見なす考えは見直され否定されている。歴史を通じてイスラームには異端と正統を区別し判断する権威が存在しなかったため、イスラームの特定の宗派を「正統」と「異端」という概念で分類することは客観的な視点に基づくものではなく、ある宗派のある学者が他の宗派全体を異端視するという主観的な分類に過ぎない。スンナ派の歴史観では預言者ムハンマドの死後、キリスト教カトリックのローマ教皇のような特定の個人が宗教的権威を握るという状況は現在まで存在しなかったし、宗教的権威を持つ教会のような組織も存在しなかった。シーア派の歴史観では一二代目イマームの大ガイバ以降長くスンナ派と同じ状況が続いたと言って良い。現代ではマルジャアに権威が集中するものの、仮にあるマルジャアが特定の宗派を異端視する見解を出したとしても、それは彼の従者の法学的実践にしか影響を与えない。このように、宗派を問わず少なくともイスラームには宗教的な枠組みにおいて他派を「異端」と宣告する公式の権威は存在しないため、公式の「異端」が存在しないことになる。イスラーム研究者の菊地によれば、イスラーム初期には「正統」な教義も定まっておらず、シーア派やハワーリジュ派は「正統派」から離脱したわけでもない。彼らは正統な教義もなく宗派としての教義も確定していない多数派（まだスンナ派ともなっていない）から決別し、そして自分たちの教義を確立していった。そのため、イスラームにおける「正統」と「異端」というのは特定の宗派の視線から見たものに過ぎないという（菊地 2009, 48–50）。

各派の主観的概念である「異端」に近いアラビア語に「ビドア（bid'a）」という言葉がある。ビドアは否定的な意味で用いられることが多く、預言者ムハンマドの時代（シーア派ではイマームの小ガイバ期まで）に行われていなかった行いや思想を新しく作り出すことを意味する。菊地によれば、ビドアはムハンマドの言行と彼が是認した社会からの「逸脱」であり、「異端」と訳すより「逸脱」と訳した方が相応しい。ビドアは必ずしも全てが悪いわけではなく、ムハンマドの時代から時間が経過するにつれて新たな行いが求められることは少なくないだろう。どの程度までのビドアを許すかどうかはスンナ派の中では法学派によってても相違があるようだが、現在のサウジアラビアなどで信奉されるワッハーブ派はビドアに非常に否定的である（菊地 2009, 52–53）。また、ビドアに類似の概念に「クフル（kufr）」があるが、これはイスラームから離反した「不信仰」の意味であるために、イスラームの枠内にある「異端」ですらない（菊地 2009, 53）。以下に他宗派に対するシーア派の見方を上記のような考え方と用語を踏まえて説明していく。

## イスラームの諸派の形成史

第一部でも見たように、スンナ派とシーア派の分裂の原因は預言者ムハンマドの後継者問題であった。しかし、当初の対立はアブー・バクルをカリフ（イマーム）と見なす多数派とアリーをカリフと見なす少数派の政治的な対立であった。アリーの従者は「アリーの党派（シーア・アリー）」と呼ばれ、後にこれが短縮されて「シーア」と呼ばれるようになった。政治的党派としてのシーア派が宗教の宗派として発展した契機はフサインの惨殺である。これを機に多数派とは異なる独自の宗教意識が形成されるようになり、多数派から決別した宗派となった。当時の多数派はまだ宗派としての「スンナ派」にはなっておらず、スンナ派の成立はもっと後になってからである。そのため、宗派が成立する以前の教友に対して、「アリーはシーア派だ」、「アブー・バクルはスンナ派だ」などというのは正確でない。

イスラームの中で最初の分派はハワーリジュ派である。彼らはスィッフィーンの戦いでアリーがムアーウィヤと調停したことを理由にアリー陣営から離脱した。彼らはナフラワーンの戦いでアリーと交戦して壊滅したが、その残党がアリーを暗殺した。アリー暗殺後、彼らはムアーウィヤが開祖のウマイヤ朝に抵抗し、カルバラーの悲劇の起こった第二次内乱の頃までに小規模ながらも反乱を繰り返した。現存するハワーリジュ派はイバード派と呼ばれているが、彼らは第二次内乱の際に分裂した集団である（近藤 2021, 22–23）。

「シーア派」とは預言者ムハンマドの死後すぐにアリーがイマームとなったと主張する集団の総称であり、後にイマーム位を巡って多くの分派を生み出した。最初の分派であるカイサーン派（al-Kaysāniyya）は、ファーティマの死後にアリーと彼の後妻ハウラ（Khawla bint Iyās b. Jaʻfar al-Ḥanafiyya, 没年不詳）の間に生まれたムハンマド・イブン・ハナフィーヤのイマーム位を主張した集団である。彼はファーティマの子であるフサインの異母兄弟であるものの、預言者の血は引いていなかった。彼はフサインのカルバラーへの出兵に反対し、ムフタール（al-Mukhtār b. Abī ʻUbayd al-Thaqafī, d. 67/687）が彼を担ぎ上げて反乱を起こし、カイサーン派が創始された▼1。アッバース朝の初代カリフはもともとカイサーン派のイマームであった。同派は九世紀には消滅したものの、最初の分派ということもありシーア派形成史の中では有名な宗派である（Madelung 1979, 838; 菊地 2009, 85–87; al-Nawbakhtī 2012, 58–73）。

カイサーン派以外のシーア派はザイヌルアービディーンを四代目イマームとしたが、彼の死後にイマーム派（十二イマーム派の母体）とザイド派に分裂した。イマーム派の奉じるイマーム・バーキルは父同様にウマイヤ朝への静謐主義をとったが、兄と意見を異にしたザイドは蜂起した。ザイドの蜂起を支持し、彼のイマーム位を主張したのがザイド派である（菊地 2009, 98–99, 170）。ザイド派はシーア派系諸派の中では特異なイマーム論を持っている。イマーム派では先代の指名（naṣṣ）によってイマーム位が受け継がれるとされるのに対して、ザイド派ではイマーム位の要件に蜂起（khurūj）が課されている（al-Shahrastānī n.d., vol. 1, 34）。また、ザイド派はフサインの子孫のみならずハサンの子孫にもイマーム位を認めるものの（Lalani 2000, 50）、無謬者を預言者ムハンマド、アリー、ファーティマ、ハサン、フサインの五人に限定する（Kohlberg 1976, 91, 98）。ザイド派の多くは現在イエメンに居住している。

イマーム派はバーキル、続いてサーディクのイマーム位を主張したが、彼の死後にいくつかの分派が生まれた。その中でもイスマーイールないし彼の息子ムハンマドをイマームと見なす集団がイスマーイール派である。ファーティマ朝以前の初期のイスマーイール派において、人類史は七人の告知者（nāṭiq）を機軸にする七つの周期（dawr）からなる神聖史として特徴づけられる。告知者たちは新たなシャリーアをもたらし、告知者の死後には彼の聖法の内面的な意味を明らかにする沈黙者（ṣāmit）が来るという。そして、沈黙者の次に七人のイマームが来て、七人目のイマームがカーイムであり、次の告知者となり、新たな周期を開くという。同派によれば、預言者ムハンマドが告知者であり、イマームたちが続くことになる（菊地 2006, 49–50)。アラムート（現イラン）というイスマーイール派の要塞がモンゴルに破壊されて以降、表立った活動を避け、彼らは神秘主義者を装い、現在のパキスタンやインドの地域に移動していき、現存している。

イマームたちを神格化する「極端派」は古くは初代イマーム・アリーの時代に遡り、とくに五代目、六

**図11**　シーア派分布図

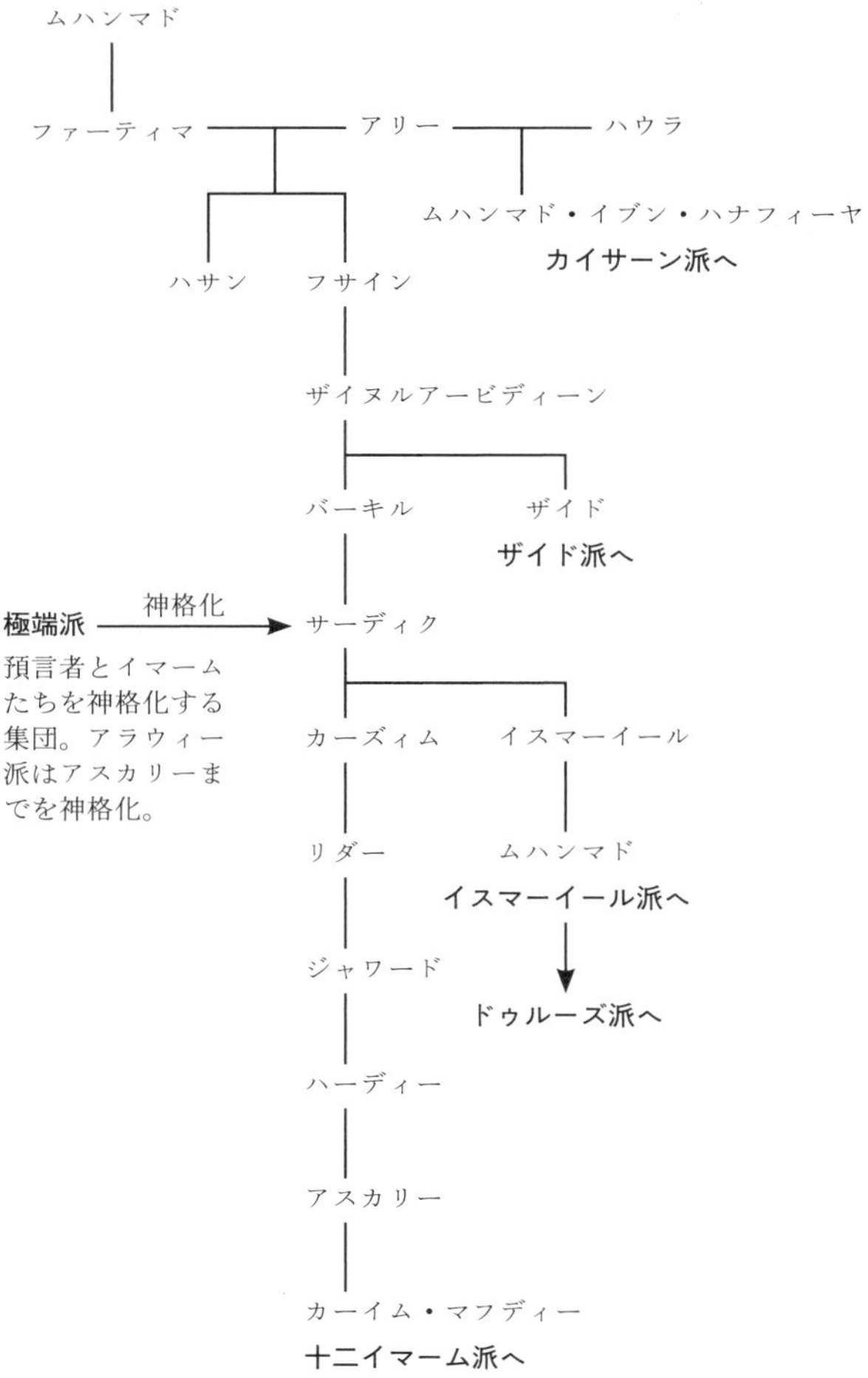

代目イマームの時代に活発化した。イブン・ヌサイル（Muhammad b. Nusayr al-Namīrī, 没年不詳）が名祖であるヌサイル派は初期の極端派の伝統を継承したほとんど唯一の現存する宗派である。彼らは一九二〇年代に自派の名称をアラウィー派に変更し、現在ではシリアのアサド大統領の宗派とされる。ヌサイル派に特徴的な教義は神の三位一体の教義である。同派によれば、神の最初のペルソナが「意味（ma‘nā）」、第二のペルソナが「名前（ism）」、ないし、「覆い（hijāb, 知る資格のない者たちから至高な存在を覆い隠す）」であり、第三のペルソナが「門（bāb, これを通じて、神の領域に到達し、その神秘を学ぶ可能性が信仰者たちに与えられるから）」であるという。そして、神の三つのペルソナは神的次元にあるだけでなく、順番にアリー、ムハンマド、サルマーンという姿で歴史の中で具現化した。歴史的には、サルマーンというムハンマドの教友はアリーの最も有力な弟子であって、アリーは彼に特別な知識を与えたとされる。[2] アラウィー派によれば、第一のペルソナ「意味」＝アリーが第二のペルソナ「名前」または「覆い」＝ムハンマドを発出する。そして、「名前」は「門」＝サルマーンを発出する（Bar-Asher 2021a, 47）。信徒が真理に辿り着こうとする時、直接アリーやムハンマドの次元に達することはできず、まずサルマーンという門を通っていかなければならない。そして、その先にあるムハンマドという覆いを取り払い、アリーを指す名前を理解しなければならない。そうして、初めてアリーという真理に辿り着くことができる。また、アラウィー派は人間が生前の行いに応じて死後この世界にアラウィー派や他派、もしくは、動物に生まれ変わるという輪廻思想を持つ。このような三位一体論、輪廻論はスンナ派や十二イマーム派からは受け入れ難い（宇野 1995, 91–94）。

現在のシーア派系宗派として主要なものは、十二イマーム派、イスマーイール派、ザイド派、アラウィー派の四つである。なお、第二部までから引き続き、以下も「十二イマーム派」を原則的に「シーア派」と表記する。

ハワーリジュ派とシーア派（アリーの党派）が西暦七世紀と早い段階で宗派として成立したのに対して、

スンナ派の源流はこの時に両派に与しないその他大勢でしかなかった。彼らが「スンナ派」という宗派になっていく過程は極めて緩やかなものであり、ハワーリジュ派の成立がスィッフィーンの戦いを契機に、シーア派の成立がカルバラーの戦いを契機としていたような明確な契機がスンナ派の成立には存在しない（菊地 2009, 208–209）。そのため、何をもってスンナ派が成立したかを断定することは難しく、研究者の間でも見解が分かれている。一つの見方では次のように説明される。一〇世紀以前までは地域ごとの小規模な法学サークルやムウタズィラ学派などのいくつかの神学派が存在していたが、一〇世紀から一一世紀にかけてそれらの集団が淘汰されて、スンナ派の四大法学派（ハナフィー学派、マーリク学派、シャーフィイー学派、ハンバル学派）、および三大神学派（アシュアリー学派、マートゥリーディー学派、ハディースの徒）の寡占状態が成立した。そのため、この時期にスンナ派という思想的まとまりが成立したという（菊地 2009, 204–208）。シーア派とスンナ派が決定的に異なる教義がイマーム（カリフ）論であるが、スンナ派の「正統カリフ」の概念も一〇世紀後半から一一世紀前半に確立された（橋爪 2014, 69）。

スンナ派、イスマーイール派、ザイド派、アラウィー派以外にも、トルコのクルド民族が信奉するアレヴィー派、イスラエルのハイファに拠点を置くドゥルーズ派（教）といったシーア派由来の宗派が存在する。アレヴィー派とはサファヴィー朝の従者であったキズィルバシュの伝統から生まれた集団である。二〇世紀の研究書ではトルコのアレヴィー派は隣接するシリアのアラウィー派と同一の宗派と言われることもあったが、現在ではアレヴィー派とアラウィー派は起源も教義も全く異なる宗派であることがわかっている。アレヴィー派とはシーア派とスンナ派スーフィズムのベクタシー教団の強い影響を受けており、アリーが刺されたのが礼拝中であったことから礼拝を行うことはなく、ジェムと呼ばれる独自の神秘主義的実践を行う。現在トルコで多く居住するアレヴィー派は自派のシーア派性を否定することも多いという（Shankland 2012, 211）。ドゥルーズ派はイスマーイール派から派生した分派で、一〇二一年頃に失踪したフアーティマ朝六代目カリフ・ハーキムを神と見なして活動を始めた。彼らは『叡智の書簡集（*Rasā'il al-Ḥikma*）』という独自の聖典を持っている（菊地 2021, 5–9）。

アレヴィー派の思想についての研究はいまだ非常に少なく、とくに十二イマーム派のアレヴィー派観はほとんどわかっていない。ドゥルーズ派についてはそもそもスンナ派とシーア派の大半は彼らのイスラーム性を否定しており、ドゥルーズ派の内部でもイスラーム教徒を自認しない立場がある。さらには、現在のドゥルーズ派はイスラエル軍にも従軍しており、筆者はドゥルーズ派を同じイスラーム教徒と見なすシーア派学者を一人も知らない。そのため、十二イマーム派のアレヴィー派観は現状よくわからず、ドゥルーズ派は不信仰者ということになるだろう。

## イスラームとイーマーン

「イスラーム（islām）」という単語は多義語であり、本書ではこれまで宗教の名前として「イスラーム」という言葉を用いてきた。この場合、狭義のイスラームは、預言者ムハンマドがアッラーからの啓示を受け取ったと主張し人々に広めた宗教のことである。それに対して、宗教の名前としてのイスラームにはより広い意味もあり、その意味でのイスラームとはアッラーが預言者たちに啓示した正しい一神教の教えのことである。この考えでは、最初の預言者アーダムから預言者ムハンマドに至るまで、それぞれが受け取った内容は時代や地域の影響を受けて異なっていたとしてもその本質は同じであり、過去の預言者たちは皆ムハンマドと同じ正しい一神教を信じる者として「ムスリム」であるとされる（Ibn Kathīr 1999, vol. 2, 25; al-Ṭabarī 2001, vol. 5, 282）。

また、イスラームという単語は宗教の名前としての固有名詞だけではなく一般名詞としても用いられ、その場合はアッラーに「帰依」することを意味する。そのため、ムスリムとは「イスラームする者」つまり「帰依する者」を指す。アッラーに対する人間の心の中の服従心を示す言葉は「帰依」の他にも「イーマーン（īmān）」というものがあり、イーマーンはしばしば「信仰」と訳される。

イスラーム学者たちは「帰依」と「信仰」が同じものか否かを初期から論じてきた。スンナ派では「帰依」と「信仰」は同一のものであるという説と両者は異なる別のものであるという説がある。そして、後者の立場では「帰依」は「信仰」よりも包括的な概念であり、「帰依者（muslim）」の中で信仰を深めた者が「信仰者（mu'min）」と呼ばれる（松山 2016, 320–327）。

シーア派の自他認識において「帰依」と「信仰」の区別は重要であり、イマーム・サーディクは次のように両者の違いを説明している。

「帰依」とは人々がその上にあるところの外面（ẓāhir）である。つまり「アッラー以外に神はなし、彼に共同者は存在せず、ムハンマドは彼の僕であり、使徒である」との信仰告白、礼拝の挙行、喜捨を施すこと、館（カアバ神殿）への大巡礼、そしてラマダーン月における斎戒、これが帰依である。「信仰（イーマーン）」とは、これ（上記の実践）に加えて「この事（hādhā al-amr）」を認知することである。もしそれら（上記の実践）を認めたとしたとしても、「この事」を認知しなければ彼は帰依者（ムスリム）であっても、逸脱者（ḍāll）である（al-Kulaynī 2007, vol. 2, 19）。

この伝承では、礼拝、斎戒、喜捨、巡礼といった外面的な信仰行為を実践することが「帰依」＝「イスラーム」の段階であり、「この事」を認知することによって「信仰」の段階に到達するとされる。シーア派伝承において「この事」とは一般的にイマーム性や彼らに服従することを意味する「ワラーヤ（walāya）」を指す（al-Māzandarānī 2008, vol. 8, 76）。このような「帰依」と「信仰」の区別に立脚することで、スンナ派の五行などの義務行為を行う信徒が「帰依者（ムスリム）」であり、ムスリムの中でも義務の実践を果たしイマームを認知し従う者＝シーア派が「信仰者（mu'min）」と呼ばれる。

## シーア派における他者の分類

イスラームは人間をムスリムと不信仰者（kāfir）の二つに分類する。シーア派法学は、イスラームの信仰告白を行った自称ムスリムを「信仰者」、「反対者（mukhālif）」、「敵対者（nāṣib）」の三種に分類することが知られている[3]（平野 2018c, 125; Hirano 2019, 32–35）。「信仰者」とはシーア派信徒を指し、「ワラーヤの徒（ahl al-walāya）」とも呼ばれる。「反対者」とはイマームたちに敵対しない非シーア派のイスラーム教徒を指す。彼らは単にムスリムと呼ばれることもあるが、先の伝承のように「逸脱者（ḍāll）」と呼ばれることもある（al-Astarābādī 2005, 452）。ただし、ムスリムとだけ言えば、シーア派を含めたイスラーム教徒全員を指すことが多い。そして、「敵対者」とはイマームらに敵意を持つ者である（Kohlberg 1985, 99; 平野 2018c, 125–126）。

シーア派ハディースにおける敵対者の定義は、①イマームたちに対して敵意を向ける者、②イマームたちのみならずシーア派信徒に対しても敵意を向ける者、の少なくとも二通りがある（al-Ṣadūq 2006, vol. 2, 585; al-Kulaynī 2007, vol. 2, 21）。アフバール学派のアスタラーバーディーによれば、ハディース解釈として正しい説は後者であるが（al-Astarābādī 2005, 451）、前者の意味で用いられることも少なくない。

シーア派法学においては、敵対者に対して他のムスリムとは異なる規定が設けられていることがある（平野 2018c, 125–127）。多くのハディースによれば、敵対者は不信仰者と同様に不浄性（najāsa）を持ち、また、不信仰者同様に敵対者との婚姻は禁止される。ハディースを根拠として、シーア派学者たちは敵対者が現世においてすでにイスラームを離れた「不信仰者（kāfir）」であることに合意している（al-Shīrāzī 2011,

図12　信仰者と帰依者、信仰と帰依の関係

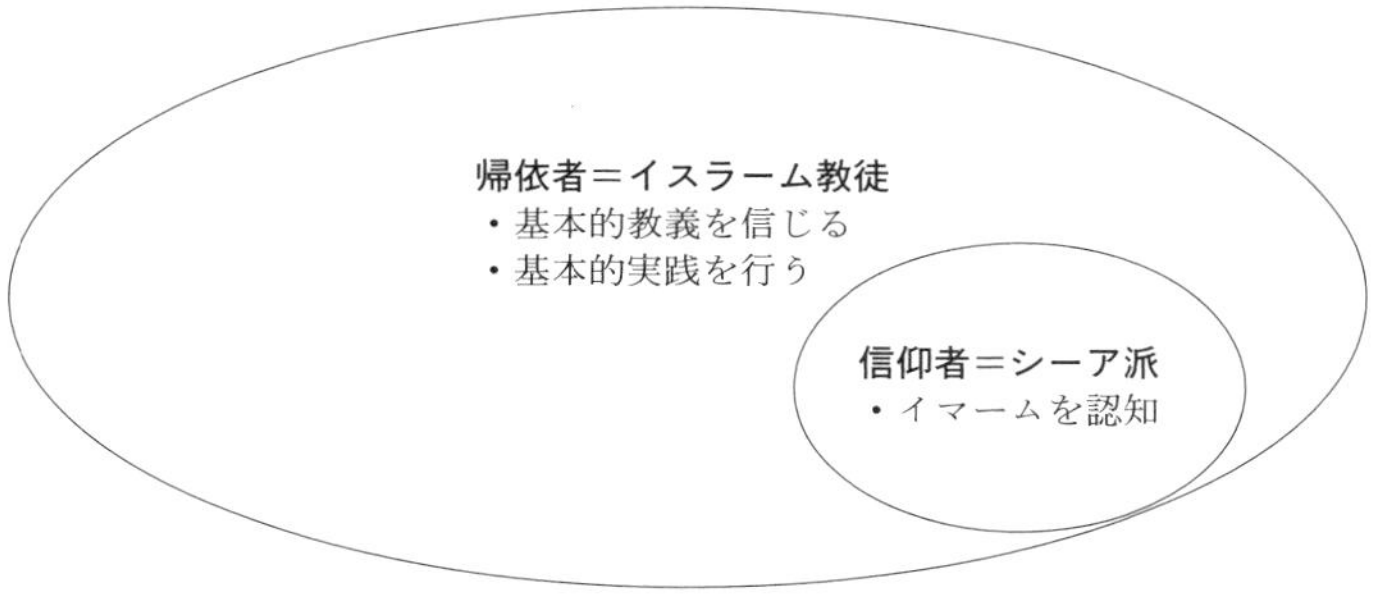


図13　現世と来世における人間の分類の違い

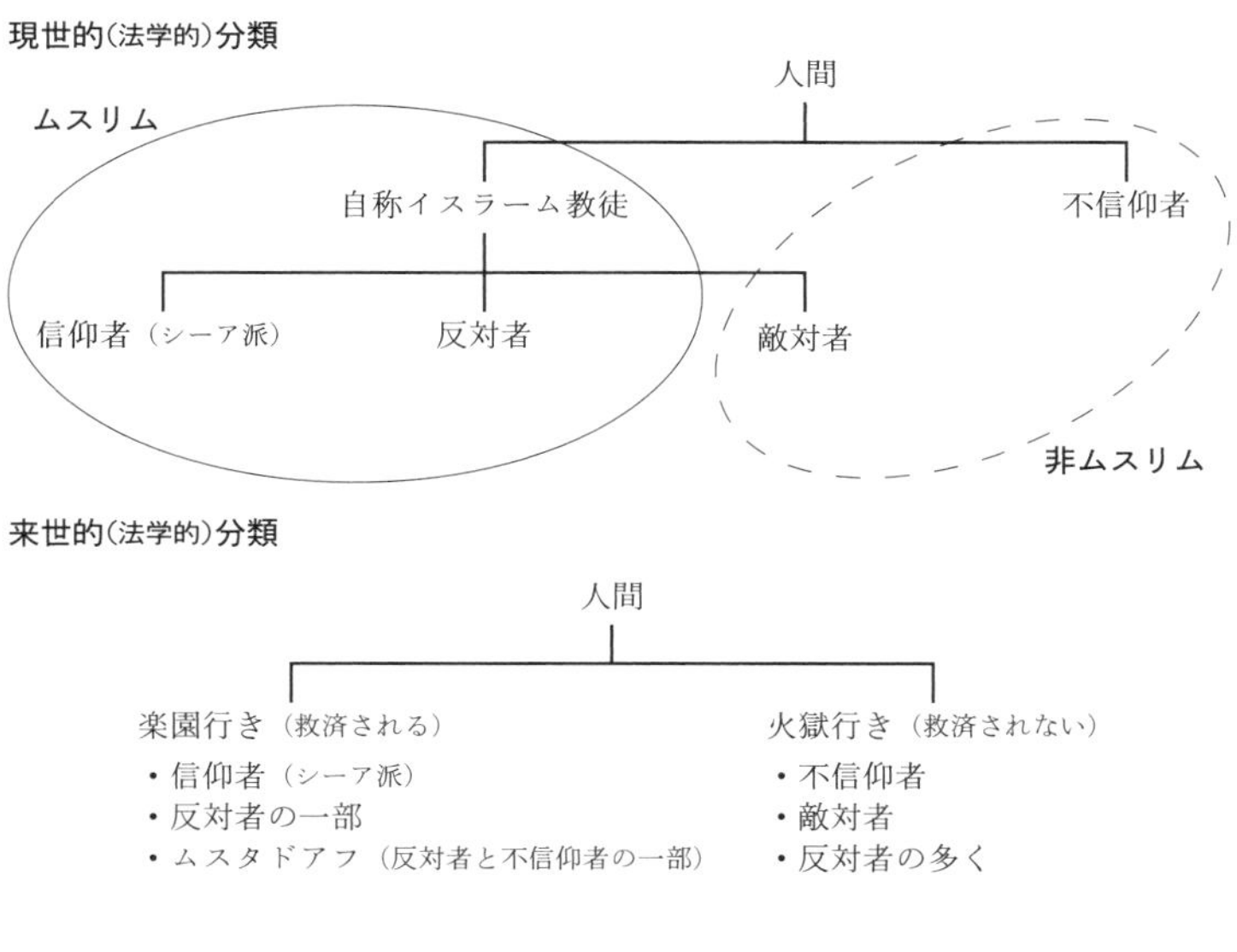

vol. 2, 451)。これについて、「敵対者の不信仰（kufr al-nāṣib）はシーア派の教説の中の必然的なものの一つである」と言われる（al-Anṣārī 1993–4, 285）。ホメイニーは敵対者の現世における不浄性を議論する中で、シーア派学者たちの合意を論拠の一つとして、敵対者を不信仰者と認定する[4]（al-Khomeynī 2000, vol. 3, 455–458）。また、シーア派を憎むもののイマームを愛するような敵対者は不浄ではないと主張する学者もいる。敵対者の不浄性についてイマーム・サーディクは「祝福多くいと高きアッラーは犬よりも穢らわしいものを創造されなかったが、我ら家の人々に対する敵対者はそれより穢らわしい」と語った（al-Khalkhālī n.d., vol. 3, 154; al-Khomeynī 2000, vol. 3, 412）。

　不信仰者の中でも啓典の民（主にユダヤ教徒とキリスト教徒）の不浄性については見解が分かれており、不浄説と清浄説がある。ここから、不浄であることが合意されている敵対者は啓典の民以上に厳しい規定が課されていることがわかる（Takim 2010, 154–156）。

　また、イマーム・バーキルによれば、一二代目イマームが再臨すると、彼は敵対者たちに対して「信仰」を呼びかけるという。そこで、敵対者たちがシーア派の信仰を拒否すると、イマームはその者を処刑する、もしくは、庇護民（ahl al-dhimma）から徴収される人頭税（jizya）を敵対者たちから徴収するという（al-Kulaynī 2007, vol. 8, 123; Furāt 2011, vol. 2, 550）。庇護民とはイスラーム国家の支配下で一定の庇護を与えられた非ムスリムを指し、彼らが支払う税金が人頭税である。ここからも、現世で敵対者は不信仰者と判断され、カーイム・マフディーの討伐対象とされていることがわかる。

　ほとんどの法学的主題において「信仰者」と「反対者」は同じ規定が適用されるが、一部の主題ではシーア派であるかどうかが問題となる。例えば金曜礼拝の礼拝導師の条件の一つに「信仰」が挙げられ、また、裁判の証人についても「信仰」が条件とされる。ムハッキク・ヒッリーによれば、「たとえイスラームで呼ばれるとしても、信仰者でないものの証言は受け入れられない」という（al-Ḥillī 2004, vol. 1, 75–78; vol.

2, 381)。

## 「反対者」と彼らの救済の有無

スンナ派の中には一方ではシーア派を同じイスラームの構成員と見なす見方もあるが、他方ではシーア派をイスラームの枠組みから外れた不信仰者と見なす見方もある。一部のスンナ派学者たちは正統カリフのアブー・バクルとウマルのカリフ位を認めない者を不信仰者と見なす。その場合、アリーのカリフ位しか認めないシーア派はイスラームから離れた不信仰者となる（松山 2016, 407; Modarressi 2016, 407–408）。

このような両極端な他者認識はシーア派の中にも見られる。一方ではイスラームの他派の大半を「反対者」と見なすことで、彼らもイスラーム共同体の一員であると考える見方がある。少数派が多数派の中で共存するには、この考えの方が都合が良いだろうし、実際にこの考えが主流である。しかしながら、ハディースの解釈に基づいて、「反対者」を含むイスラームの他者を不信仰と見なすという少数説もある（al-ʿĀmilī n.d., 126）。ハディースには後者の説に近いものが少なからずあり、イマーム・サーディクの「イマームを知らずして死んだ者は、ジャーヒリーヤの死に方で死んだのである」というスンナ派にも伝わるハディースや、彼の「彼を認知する者は信仰者で、彼を知らない者は逸脱者で、彼と同等に何かを据える者は多神教徒である」というハディースなどがある（al-Kulaynī 2007, vol. 2, 16; al-Māzandarānī 2008, vol. 6, 89）。

上記の「信仰者」、「反対者」、「敵対者」の区分は現世における法学的なものである。その一方で、イスラームの来世観では楽園と火獄の二つしかなく人間は救済されるか否かの二択となるため、「反対者」や「敵対者」も救済されるのかという神学上の問題が生まれる。一三世紀のナスィールッディーン・トゥースィーの「アリーに対して戦争した者たちは不信仰者であり、彼に反対した者たちは罪人（fussāq）である」という主張に対して、彼の弟子のアッラーマ・ヒッリーはこの言葉を注釈し、敵対者とそれ以外のムスリムの救済についてのシーア派内の見解を次のようにまとめている。

「アリーよ、お前の戦争は私の戦争である」という預言者の言葉ゆえに、アリーに対して戦争した者たちは不信仰者である。預言者に対して戦争した者の不信仰については疑いの余地はない。また、イマーム位に関して彼に反対した者たちについては、我らの学者たちの見解が対立している。彼ら（シーア派学者たち）の中には、彼ら（反対した者たち）の不信仰を断定する者がいる。というのも、彼らは宗教において必然的に成立することが知られているもの――それはタワートゥル（tawātur，疑いの余地の残らないほど多くの伝承者から伝わること）として伝わっている、彼のイマーム位を示す明示的な指名である――を拒否したからである。［シーア派の］別の者たちは彼ら（アリーのイマーム位に反対した者たち）が罪人であると主張するが、これが最も有力な説である。彼ら（罪人であるという説を唱える学者たち）は［来世における彼らの地位について］三つの見解で分かれている。①彼ら（反対者）は楽園に入る資格がないため、火獄に永住する。②一部の学者たちは彼らが火獄を出て楽園に入ることができると主張する。③ナウバフト家（一〇世紀の合理主義者たち）と我らの学者たちの大勢が受け入れるものであり、「それは」永住しなければならないほどの不信仰ではないために彼らは火獄から出ることができるものの、報酬を得るために求められる信仰もないために楽園に入ることもできない（al-Ḥillī 1988, 376）。

このように、「敵対者」は現世ですでに不信仰者と判断されるために、来世において救済の可能性は閉ざされていると言って良い。上記のように、「反対者」を不信仰者と見なす説もあるが、彼らをムスリムと見なすのが主流の学説である。「反対者」がムスリムであるという認識に立った上で彼らが救済されるかについて、アッラーマ・ヒッリーは①救済されない説、②救済される説、③火獄を出るが、楽園に入ることもない説、という三つの説を提示した。この中でも②と③の説では、「反対者」は少なくとも火獄を出ることができる、とされる。

## 救済される他派としての「ムスタドアフ」

「反対者」が救済に与る可能性があるとして、彼らの中でもとりわけ救済の可能性が強調されるのは「ムスタドアフ（mustaḍʻaf, 薄弱者）」と呼ばれる人々である。この単語は一般名詞としては「弱い者」、「虐げられた者」を意味するが、シーア派では専門用語として用いられる。この単語はクルアーンの中で五回（四章七五節、四章九七節、四章九八節、四章一二七節、八章二六節）言及されており、シーア派の専門用語としての「ムスタドアフ」はクルアーンの次の節に由来する。[5]

自分自身に不正を為すところを天使たちに召し上げられた者たちに、（天使たちは）言った、「お前たちはどんな状態にあったのか」と。彼らは言った、「我らは大地でムスタドアフであった（kunnā mus-taḍʻafīn）」と。天使たちは言った、「アッラーの大地は広く、その中でお前たちは移住できたではないか」と。そして、それらの者の住処は火獄である。なんと悪い行き着く先だろう。ただし、男、女、子供たちで「ムスタドアフ（mustaḍʻafīn）」は別であり、為すこと能わず、道へと導かれていない。それゆえこれらの者についてはきっとアッラーは免じ給う（四章九七から九九節）。

このように、クルアーンには、ムスタドアフと分類される人々に赦しがあることが書かれている。シーア派ではクルアーンのこの節のムスタドアフという単語をハディースによって解釈して、その意味を定義する。ハディースの内容を総合すると、ムスタドアフは①知的能力が不十分の者、②シーア派の宣教が到達しておらず、イスラームの宗派の相違を知らない者、に大別される（Fawwāz 2017, 60）。

**①知的能力が不十分の者**

イマーム・バーキルにはムスタドアフについて、次のように言ったという。

それは、自身から不信仰を追い払う策を持たず、また、信仰の道へと導かれることもない者である。彼は信仰することもできず、不信仰に陥ることもできない。そして、彼らは子供たち、男や女のうち理性において子供のような者である（al-Kulaynī 2007, vol. 2, 226）。

また、イマーム・サーディク曰く、「（前略）彼ら（ムスタドアフ）は信仰者でも不信仰者でもない。彼らの一部は『神の裁決を猶予された者[6]』である」（al-Kulaynī 2007, vol. 2, 227）。

上記二つの伝承においては、シーア派か否かというイスラーム内部の問題ではなく、信仰を持つために十分な知性があるかどうかが問題とされている。ハディースの文字通りの意味においては、ムスリムかどうかにかかわらず、知性が子供のように薄弱で宗教を理解する能力を十分には持たない者を指している。

**②宗派の違いを知らない者**

イマーム・サーディクは「人々の相違を知る者は、ムスタドアフではない」（al-Kulaynī 2007, vol. 2, 227）と語ったとされ、このハディースを肯定文で言い換えれば「人々の相違を知らない者がムスタドアフである」ということになる。「人々の相違」という文言が何に関する相違であるのかについてはこのハディースの中に言及されていないものの、マーザンダラーニーという学者の注釈によれば、「人々の相違」とは

「宗派に関する人々の間の相違」のことであるという（al-Māzandarānī 2008, vol. 10, 116）。または、「シーア派の論拠が到達していないこと」を指すとされる。この意味でのムスタドアフは十分な知性を持つイスラーム教徒の中の反対者の中でシーア派の教えを知らなかった者を指すことが多いが、彼らも「信仰」も「不信仰」もないとされる。敵対者は不信仰者であるため、ムスタドアフには含まれない（Fawwāz 2017, 60–67）。

ムスタドアフは信仰者でも不信仰者でもない中間に位置するため、彼らの神学・法学上の位置付けも特殊なものがある。例えば、人間はカーイム再臨前後にラジュアとして一度復活するが、ムスタドアフにはラジュアがない。そのため、彼らは最後の審判の日まで復活することがなく、眠っているかのような状態にあるとされる（al-Majlisī 1988–9, 30; al-Mufīd 1992–3a, 76; al-Kulaynī 2007, vol. 3, 138–139）。

## 第五章のまとめ

シーア派における「信仰」とはシーア派の教えのことであり、シーア派は「信仰者」と呼ばれる。非シーア派のイスラーム教徒はイマームを信じない「反対者」とイマームに敵意を示す「敵対者」に分類され、前者はムスリムだが、後者は不信仰者であった。「反対者」のムスリムは来世で無条件に救済されるのではなく、彼らの中の「ムスタドアフ」という分類に入る者はとくに救済に与る可能性が強調されている。

# 第六章　シーア派の他宗派に対する認識

前章ではシーア派における他者の概念的な分類法を取り上げた。本章ではその議論を踏まえてスンナ派、ハワーリジュ派、イスマーイール派、ザイド派、アラウィー派、といったイスラームの主要宗派、および他宗教に対するシーア派の認識を概略する。

シーア派の五信のうちタウヒード、預言者性、復活の三つは「宗教の根幹」とされイスラーム諸派が信奉する。また、残りの神の正義とイマーム性がシーア派独自のものであり「宗派の根幹（uṣūl al-mazhab）」と呼ばれる。前者の「宗教の根幹」を信じていれば、敵対者と極端派でない限り（後述）原則的にはイスラーム教徒＝反対者であると見なされる（al-Khomeynī 2000, vol. 3, 441）。

## スンナ派

歴史的にシーア派がスンナ派に対して論戦を繰り広げたり、彼らの教義を批判したりすることはあったものの、少数派のシーア派の多くはスンナ派を同じイスラーム教徒の同胞として扱ってきた。一九四七年にイスラーム諸派の友好的対話を目指してエジプトのカイロで設立された「イスラーム諸学派対話の館(Dār al-Taqrīb bayna al-Madhāhib al-Islāmiyya)」でスンナ派四大法学派と十二イマーム派、ザイド派、イバード派が招待された。この時にスンナ派の最高学府の一つアズハル大学で後に総長となるシャルトゥート(Maḥmūd al-Shaltūt, d. 1963)はジャアファル学派(シーア派の法学派の呼称)をスンナ派四大法学派に並ぶ五番目の法学派として認め、シーア派の法学派に基づく崇拝行為はスンナ派の法学派に基づくものと同様に合法であるというファトワーを出した。そのファトワーの中で彼はシーア派とスンナ派の法学上の違いはスンナ派内部での見解の対立のようなものに過ぎないと説明した(Zebiri 1993, 25–26)。シャルトゥートの見解はスンナ派内では議論を生んだものの、少数派のシーア派にとっては非常に都合が良いものであり、二〇世紀後半以降のシーア派学者たちは積極的に彼の主張に同調してきた。

しかしながら、スンナ派の中にもシーア派に攻撃的であったり、イマームを憎悪したりする人々は存在するため、そのような者たちは敵対者と見なされることになる。ただし、一二代目イマームがガイバして以降はすでに没したイマームたちを政治的な敵と見なす集団はほとんどいなくなったため、シーア派が明示的に敵対者認定する集団や個人とは、歴史的にイマームと交戦したこと、その者がイマームを敵視していたこと、イマームがその者を憎悪していたこと、自分たちの先人がイマームに敵対していたことに満足し誇っているようなことが確認される者たちに限られると言って良い。そして、このような理由で敵対者として認定された人物たちの中にはスンナ派が重要視する者たちも含まれている。

## スンナ派が背教者と見なす人々

まだスンナ派が宗派として成立する以前の時代のイスラームの多数派集団に対する「敵対者」認定、

「不信仰者」宣言は多く為されてきた。その逆に、初期のイスラーム教徒の中でスンナ派が「不信仰者」と見なすものの、シーア派はそうとは見なさないような集団もある。後者の例は、背教者戦争の際のアラブが挙げられる。預言者ムハンマドの死後にアラビア半島の部族の中にはアブー・バクルのカリフ位を認めず、カリフへの喜捨の支払いを拒否した者たちが現れた。そこで、アブー・バクルは彼らをイスラームに引き戻すことを意図して、彼らを背教者と断定することで討伐対象とし背教者戦争を行った。このような背景から、スンナ派ではアブー・バクルのカリフ位の否定は不信仰であると言われるのである。それに対して、シーア派はアブー・バクルが背教者と見なした当時のアラブの諸部族を「背教者」や「不信仰者」とは見なさない。というのも、彼らは喜捨というイスラームの根幹の義務性を否定した訳ではなく、アブー・バクルへの支払いを拒否することで政治的な抵抗を示しただけであったからとされる（Modarressi 2016, 403）。また、シーア派自身がアブー・バクルのカリフ位を認めていないことから、彼の背教者戦争における対応に批判的であるのは当然である。

それに対して、アリーらイマームたちの権利を簒奪したり、彼らと交戦した集団は原則的には「敵対者」のレッテルが貼られる。代表的な「敵対者」には以下の集団がいる。

### アリーのカリフ位の簒奪者たち

シーア派の歴史観では、ムハンマドの死後、即座にアリーが継承すべきであったカリフ位はアブー・バクルに、次いでウマル、ウスマーンに簒奪された。シャイフ・ムフィードによれば、「彼らが逸脱者（ḍullāl）であり罪人（fāsiqūn）であること、信徒たちの長がアッラーの使徒の［後継の統治者としての］地位に就くことを遅らせたために彼らは反逆者（ʻuṣāt）であり抑圧者であること、彼らは抑圧ゆえに火獄で永住するということにイマーム派と多くのザイド派は合意している」とまとめている▼7（al-Mufīd 1993–4a, 41–42）。

しかしながら、歴史的に長い期間、多くの地域で少数派であったシーア派がカリフたちへの冒瀆や呪詛を公に行うことはあまりなく、シーア派学者たちの著作の中でさえも彼らの不信仰を明言する記述はほとんど見られない。彼らは迫害を受けることを防ぐ意図をもって、三人のカリフたちを中傷する時にはしばしば隠語を用いてきた。最も多く用いられる隠語は、「第一の者（al-awwal）」、「第二の者（al-thānī）」、「第三の者（al-thālith）」であり、これらはカリフ位即位順にそれぞれアブー・バクル、ウマル、ウスマーンを指す。または「何某（fulān）」という言葉で彼らを指すこともある。「何某」が一つだけならアブー・バクルを、二つ並べばアブー・バクルとウマルを、三つ並べばアブー・バクルとウマルとウスマーンを指す。また、アブー・バクルはハブタル（habtar）、ウマルはズライク（zurayq）という蔑称で呼ばれることもある。ハブタル（habtar）は「狐」の意味であるようだが、アブー・バクルはその狡猾さゆえにハブタルという呼称で罵られる。ズライクとはクルアーン二〇章一〇二節の「青い目（zurq）」に由来する蔑称であり、復活の日の罪人の青ざめた様子に由来する。また、「悪魔（shayṭān）」という言葉でウマルを指すこともある。また、アブー・バクルとウマルの二人を指す時には「二人の男（rajulān）」や「彼ら二人（humā）」などとも書かれる。ウスマーンは「愚者（na'thal）」や「罪人（fāsiq）」とも呼ばれる▼8（Bar-Asher 1999, 115–117; al-Kulaynī 2007, vol. 3, 141; Kohlberg 2020, 73; 平野 2022, 9–10）。

また、多くの教友もまた「敵対者」、ないし「不信仰者」と判断される。教友とは預言者ムハンマドの直弟子のことであるが、彼らの大半はガディール・フンムでアリーに対する後継者指名を目の当たりにした、もしくはそれを伝聞で聞いたにもかかわらず、アリーを裏切りアブー・バクル側についた。アリーの少数の信奉者たちとムハンマドより先に死んだ者たちを除いて教友の大半は「不信仰者」や「偽信仰者（munāfiq, 本当は信じていないがムスリムのふりをする人）」と呼ばれるか、「不信仰」とまでは呼ばれないもののそれに準ずる扱いを受ける（al-Ḥalabī 1996–7, 368; Kohlberg 2020, 57–61）。また、険しい山道（'aqaba）のハディースによれば、預言者はある夜にアンマールとフザイファという二人の教友を付き添わせ山道を移動していたという。その時、十四人が策略を巡らしムハンマドの暗殺を試みたものの、アンマールとフザイファが身をていしてムハンマドを守り、ムハンマドの知恵で暗殺の危機を乗り切ったという。そして、その時の一四人の暗殺者の中にはアブー・バクル、ウマル、ウスマーンがいたと言われる（Kohlberg 2020, 61–62）。また、ウマルはファーティマの腹を殴り、預言者の孫を流産させたと言われる。

ウスマーンはアリー以外で預言者の娘と婚姻した唯一の教友であり、ルカイヤ（Ruqayya）とウンム・クルスーム（Umm Kulthūm）の二人を妻とした。スンナ派では彼は「二つの光の持ち主（dhū al-nūrayn）」という敬称を与えられているが、あるシーア派伝承によればウスマーンはルカイヤと婚姻した後に、彼女を殺害したという（al-Kulaynī 2007, vol. 3, 132; Walbridge 2014, 85）。また、そもそもウスマーンは預言者の娘とは結婚しておらず、ウスマーンが結婚したのはルカイヤとウンム・クルスームいう名の別の女性であったという学説もある（al-ʿĀmilī 2007, vol. 2, 213–216）。

## イマームと交戦した「敵対者」

三人のカリフたちの後に明確に「敵対者」となったのは、四代目正統カリフ時代のアリーが戦ったラクダの戦い、スィッフィーンの戦い、ナフラワーンの戦いにおける敵たちとフサインを惨殺したウマイヤ朝である。ラクダの戦いは、教友のズバイルとタルハが預言者の妻アーイシャを担ぎ上げてアリーに反旗を翻した戦争である。ズバイルとタルハはもともとアリーのカリフ位締結の場にいて彼に忠誠を誓っていたものの、その後まもなくして忠誠の誓いを破棄した人物である。それに由来して、ラクダの戦いでのアリーの敵陣営は「反故にした者たち（al-Nāqithūn）」と呼ばれる。アーイシャはラクダの戦いの頭領であったにもかかわらず、アリーは預言者の妻であった彼女を処罰しなかった。スンナ派の伝承ではこの時にアーイシャはアリーへの叛逆を改心したと言われるが、シーア派学者たちは彼女の改心を伝える伝承を信頼性の薄弱なものと見なす（al-Murtaḍā 2009–10, 497–499）。彼女はシーア派文献の中では名指しで批判されることもあるが、「何某（女, fulāna）」と隠語で書かれることもある（Bar-Asher 1999, 41）。

スッフィーンの戦いはイラクに拠点を置くアリーとシリアに拠点を置くムアーウィヤの戦いである。ムアーウィヤ陣営は「不正者（al-Qāsiṭūn）」と呼ばれる。アリーのムアーウィヤとの調停に反対してアリー陣営を離れたハワーリジュ派に対しての討伐戦争がナフラワーンの戦いであり、彼らは「離脱者（al-Māriqa/al-Māriqūn）」と呼ばれる（平野 2021a, 110）。ムフィードは、ラクダの徒とスィッフィーンの徒について「バスラとシャームの人々から成る反故にした者たちと不正者たち全員が不信仰者（kuffār）であり、逸脱者（ḍullāl）であり、信徒たちの長に戦争したことによって呪詛される者たちである、ということにイマーム派とザイド派とハワーリジュ派は合意した」と述べる▼9（al-Mufīd 1993–4a, 42）。また、ハワーリジュ派についてムフィードは「信徒たちの長に蜂起し宗教から離脱した［ハワーリジュ派の］者たちは、彼に対する蜂起ゆえに不信仰者であり、それにゆえに火獄に永住する、ということにイマーム派、ザイド派、一部のハディースの徒は合意した」と述べる（al-Mufīd 1993–4a, 43）。

アリー以降のイマームたちの中で戦争を行ったのはフサインだけである。フサインが惨殺されたアーシューラーの日には「アーシューラーの参詣祈願（ziyāra ʿĀshūrāʾ）」が詠まれるが、その中では最初の三人のカリフ、ムアーウィヤ、フサイン殺害を命じたムアーウィヤの息子ヤズィード、および彼の配下の者たちが呪詛の対象とされている。この参詣祈願は本書付録に全訳を載せているので、参照されたい。

### ハワーリジュ派

ハワーリジュ派はシーア派の合意で「敵対者」、「不信仰者」であるため、彼らは不浄である。ナフラワーンの徒だけでなく、彼らを源流とする後代のハワーリジュ派全体が「敵対者」と見なされる。特定の宗派全体に対して「敵対者」認定されるのはおそらくハワーリジュ派だけであり、ハディースの中では預言者の家族に敵対した者たちは犬よりも穢らわしいとされる（al-Khomeynī 2000, vol. 3, 455）。「反対者」＝ムスリムが屠殺した肉を食べることは合法だが、「敵対者」とハワーリジュ派が屠殺した肉を食べることは違法とされる（al-Ṭūsī 2007–8, vol. 9, 81）。

## イスマーイール派

イスマーイール派は最初の六人のイマームを共有するが、七代目から一二代目のイマームを信奉していない。一二人のイマームのうち一人でも認知しなければ「反対者」であり、七代目以降のイマームに敵意を向けていれば「敵対者」とされる。そのため、現在では、イスマーイール派は「反対者」のムスリムであって、不浄ではないとされることも多い（al-Khalkhālī n.d., vol. 3, 156–157; al-Khāmeneʾī n.d., vol. 1, 97）。筆者は二〇二二年九月一四日にシーア派の聖地コムにおけるハーメネイーの事務所を訪問し、そこの質問所の法学者に、イスマーイール派信徒に対する彼らの姿勢、また彼らとともに礼拝することがシーア派法学上許されるのかを質問した。その回答を要約すると、イスマーイール派はイスラームの一派であるが、六代目までしか信じないため彼らの信仰は不完全である。ただし、彼らとの人付き合いは全く問題ないし、むしろ倫理観をもって彼らに接するべきである。また、十二イマーム派の教えを広めるという目的ならば、彼らと一緒に礼拝しても良い（その礼拝が有効かどうかは述べていない）という。筆者の質問した場所がハーメネイーの事務所であったことから、その法学者の見解に政治的な意図が働いている可能性は大いにあるが、彼は少なくともイスマーイール派をムスリムと見なしていた。

ただし、イスマーイール派の評価を巡っては、彼らのイマームに対する態度以外にも、彼らのイスラーム法（もしくはクルアーンの外面的意味）に対しての姿勢も考慮されることがある。シーア派系諸派において聖典クルアーンには外面的意味と内面的意味があるとされ、外面的意味とはクルアーンの文字通りの意味であり、シーア派信徒のみならずスンナ派や他派でさえその意味の正しい解釈に辿り着くことは可能である。それに対して、クルアーンの内面的意味とは聖典のテキストの真意であり、原則的にイマームだけが知ることのできるものである。シーア派（十二イマーム派）における内面的意味とはクルアーンのテキストから①イマームたち、②シーア派、③イマームの敵たち、に対する言及を見出そうとするものであり、法規定においては外面的意味しか解釈せず、そこに内面的意味を見出すことはない（平野 2018b, 340–343）。それに対して、イスマーイール派は法規定においても内面的意味を主張する。イスマーイール派時代のナスィールッディーン・トゥースィーによれば、礼拝の前などの清めの内面的意味は過去の因習から離れることであり、礼拝の内面的意味は一瞬たりともアッラーとアッラーの代理人への服従を怠らないことであるという（al-Ṭūsī 2010, 27）。

イスマーイール派の一派には過去にイスラームの法に関する聖典の外面的意味、つまりシャリーアを破棄したことがある。イランのアラムートの要塞を拠点とするイスマーイール派系の分派ニザール派のイマーム・ハサン二世（al-Ḥasan II, d. 561/1166）は大終末の到来を宣言しシャリーアの破棄を宣言した。それ以降シャリーアに従う者は石打刑に処されることとなり、この方針は次のイマーム・ムハンマド二世（Muḥammad II, d. 607/1210）にも引き継がれた。アラムートの勢力に対してスンナ派が強い恐怖心をもって敵対しニザール派内部でも反動があった結果、次のイマームであるハサン三世（al-Ḥasan III, d. 618/1221）は父祖を呪詛し、信徒たちにスンナ派ハナフィー学派の法学に準拠することを課した（菊地 2006, 102–103）。おそらくこの事件が念頭にあって、一部のシーア派学者たちはイスマーイール派がイスラームの外面的な教義を軽視していると考える。

マルジャアのモタッハリー（Morteḍā al-Moṭahharī, d. 1979）はイスマーイール派が内面的意味によって外面的意味を改変したからという理由で、同派がムスリムの一派ではないと明言する。また、前述の「イスラーム諸学派対話の館」において、シーア派（十二イマーム派）、ザイド派、イバード派、およびスンナ派四大法学派のハナフィー学派、マーリク学派、シャーフィイー学派、ハンバル学派、が招待されたが、イスマーイール派は参加を目指したものの最終的に招待されなかったという。モタッハリーはそれをもって同派はムスリムの諸派から拒否されたと主張する（al-Moṭahharī 2009, 25–26）。

## ザイド派（フースィー派を含む）

ザイド派もスンナ派やイスマーイール派同様に「反対者」となるが、イマームたちに敵対する者たちは「敵対者」となる。

ザイド派においてイマーム位は蜂起することを要件とするため、蜂起をしなかった人物はイマームではない。そのため、マントの伝承で預言者の指名のあるアリー、ハサン、フサインはイマームだが、十二イマーム派の四代目イマーム・ザイヌルアービディーン以降はイマームとは見なされない。そこで、おそらくフサインの次にイマーム位の資格を持ったのがザイドである。このように、ザイド派信徒たちは十二イマーム派のイマームを信じていないため「反対者」と見なされるが、シーア派（十二イマーム派）においてザイド派とその名祖ザイドは切り分けられて考えられており、ザイド自身は敬虔なシーア派信徒であったと見なされる。

シーア派伝承では、ザイドは確かにウマイヤ朝への蜂起を巡ってイマーム・バーキルと対立したが、ザイド自身はバーキルのイマーム位を支持し、預言者一族の大義のために殉教したとされている（al-Kulaynī 2007, vol. 1, 185; al-Ṣadūq 2014, 579–584）。イマーム・サーディクは「単に『ザイドは蜂起した』とは言うな。実にザイドは知者であり、誠実な者である。彼はお前たちを自らのために呼びかけたのではなく、ムハンマドの家族の満足のために呼びかけたのである。もし成功していれば、彼は彼がお前たちに呼びかけたもの（つまり、預言者一族の満足）を達成してくれていたであろう」と語ったという（al-Kulaynī 2007, vol. 8, 142）。現代レバノンのマルジャアのファドルッラーは、この伝承を以ってサーディクがザイドの乱に肯定的かつ共感的な態度をとっていたと主張した（Faḍl Allāh 1986, 272–273）。

シーア派の見方ではザイドは正しい信徒だったが、その従者たちが誤った道に進んだとされる。しかし、概してザイド派が「敵対者」と見なされることはほとんどない。その理由としては、ザイド派が十二イマーム派のイマームたちを批判することはなく、むしろ大きな敬意を払っていることが考えられる。十二イマーム派では宗教の知識はその時代に一人のイマームに独占されているが、ザイド派においては預言者の一族全体が特権的な知識を持つとされる。そのため、預言者の一族は敬意を払われ、ザイド派のハディース集を見てみるとバーキルの伝承は決して珍しくはない（Aḥmad b. ʿĪsā 2007, vol. 1, 60）。

おそらくザイド派のこの態度によって、シーア派のハディース学者たちがザイド派学者から学ぶという事例も少なからず確認されている。[10] 先のマルジャアのモタッハリーの論理では、イスマーイール派は「イスラーム諸学派対話の館」に招待されなかったがザイド派は招待されたため、彼らもイスラームの同胞となる。

歴史的にザイド派はイエメンに多く居住してきた。八九七年にザイド派イマームがこの地で政権を樹立して以降、一九六二年にイマーム・ムハンマド・バドルの王位が廃位されるまで、ザイド派イマームたちがイエメンの一部を支配してきた。他のシーア派系諸派においてイマームは終身制だが、ザイド派では政治的主張と行動を行わない人物はイマームではないため、一九六二年以降ザイド派のイマーム位は空位になっていると考えられている（Daftary 2013, 170–171）。現在、イエメン内戦においてフースィー派という政治勢力が宗教的にはザイド派を信奉しているが、現在イランはおそらく政治的な理由で彼らを支援している。イランのザイド派支援の例として、フースィー派について少し紹介しておこう。フースィー派というのは宗教の宗派の名前ではなく、イエメンの民兵組織の俗称である。正式名称を「アンサールッラー（Anṣār Allāh）」というが、初代と現在の第二代目の指導者がフースィーという名前を持つため、彼らはフースィー派という名前で呼ばれてきた。フースィー（Ḥūthī）という言葉はイエメンの首都サナアと地方都市サアダの中間に位置する「フース（Ḥūth）」という地名に由来し、「フース出身」であることを意味するものである。

彼らは現代のザイド派で最も著名な学者の一人であるバドルッディーン・フースィー（Sayyid Badr al-Dīn al- Ḥūthī, d. 1431/2010）の子供たちや親族が中心となっている。彼はザイド派のジャールード派を信奉していたが、彼自身はジャールード派と十二イマーム派の根本の教えは対立せず、両派がイスラームの基本において合意していると主張し、イランの学者たちとの交流も行っていたという。彼は人生の長い期間において計四回結婚し、四人の女性から年代の異なる多くの子供を残したため、歳の離れた多くの子供たちがいた（Ṭabāṭabāʾī-farr 2015–6, 76–80）。

バドルッディーンの子供の中でもフサイン（Sayyid al-Ḥusayn b. Badr al-Dīn al- Ḥūthī, d. 2004）は父からザイド派の教義を学び、大学院修了後はイエメンでの政治参加を果たし、一九九〇年代には Shabāb al-Muʾmin（信仰者の青年）という政治組織を結成した。これが母体となって、「アンサールッラー」すなわちフースィー派が結成された。フサインがフースィー派の五つのスローガンである「アッラーは偉大なり。アメリカに死を。イスラエルに死を。ユダヤ教徒に呪詛を。イスラームに勝利を」を掲げると、当時の親米のサーリフ政権はこれを危険視し、フースィー派と幾度の武力衝突を起こした。フサインは二〇〇四年に戦死し、弟でまだ二〇代であったアブドゥルマリク・フースィー（Sayyid ʿAbd al-Malik b. Badr al-Dīn al- Ḥūthī, b. 1979）が指導者となって、彼が若きリーダーとして現在までフースィー派を率いている。二〇一一年の「アラブの春」でアラブ諸国の独裁政権が倒された中で、長期政権であったサーリフ大統領が辞任し、新たにハーディーという人物が大統領となったが、国民の不満からハーディーは二〇一四年にイエメンを逃亡した。その時の騒乱の中でフースィー派は首都サナアにまで勢力を拡大することとなった。すると、ハーディーがアラブ連盟に呼びかけて、サウジアラビアが主導するアラブ連合がフースィー派の壊滅のためにイエメンに攻め込み、それに対抗してイランがフースィー派を支援したことで、イエメン内戦がサウジとイランの代理戦争の様相を見せることになった（Ṭabāṭabā'ī-farr 2015–6, 11–13）。しかしながら、アラブ連合はフースィー派を押さえ込むことができず、昨今は彼らの反イスラエル行動が日本でも多くニュースになっている。二〇二三年には紅海を通行するイスラエルに関連する船舶にフースィー派が攻撃や拿捕を行うようになり、一一月には日本の会社の運航する貨物船が拿捕されて大きく報じられ、二〇二四年一月には米英がフースィー派の拠点に攻撃する事態にまで発展してしまったが、イランのハーメネイーは一月一六日に新たな声明を出し、イエメン人とフースィー派ことアンサールッラーを賞賛した[11]。

イランが十二イマーム派の純粋な神学の論理でザイド派と接近する理由はないだろうし、歴史上これまで両派が宗教上の一致を見出し接近を図った例はあまりないと思われる。そのため、イランの支援は同じシーア派系であることを口実にしつつも、反米、反イスラエル、反サウジなどのイデオロギーに基づく政治的思惑によるものと考えられるだろう。また、フースィー派側のイランへの接近も同じ理由で説明されるべきであろう。とくにザイド派は昨今はスンナ派への教義的接近が指摘されてもいたが、一九六二年からイマーム位が空位となったことによって、フースィー派のようなザイド派信徒の勢力にとってイマームがいた時代よりも自主的に政治行動することが容易になったとも考えられるだろう。

## アラウィー派

とくに現代以前の文献の中で、アラウィー派ないし改称前のヌサイル派は「敵対者」ではないものの、一般的に「極端派」に分類される。ただし、多くの法学書において「極端派」は「敵対者」と同様に現世において不信仰であり、不浄と見なされる。アラウィー派以外にも少数の極端派が現存し、彼らはアリー・イラーヒー（アリーを神と見なす者）と呼ばれることもあり、極端派は法学においては異教徒の中でも啓典の民（キリスト教徒とユダヤ教徒のような一神教徒）ではないただの多神教徒と同様の扱いとなる（al-Khāmene'ī n.d., vol. 1, 96）。

アラウィー派はアリーを神格化し、過去には十二イマーム派をシーア派の外面的教えしか信じない外面主義として批判してきた。また、アラウィー派はカルバラーでのフサインの死を否定し、アーシューラーの日にフサインの神性を祝う。このように、アラウィー派は十二イマーム派との思想上の連続性を持つものの、イスラーム教徒の大半と比べて極端な解釈を行う（Bar-Asher 2009, 84–85）。

しかしながら、二〇世紀に入ってからおそらく政治的な理由が主となって、アラウィー派学者がムスリム、とくにシーア派を自称するようになり、アラウィー派をシーア派と見なすスンナ派・十二イマーム派学者も現れた。ヌサイル派（Nuṣayriyya）という名称は極端派として悪名高いイブン・ヌサイル（Ibn Nuṣayr）やアラビア語でキリスト教を指すナサーラー（Naṣārā）との関係性を彷彿とさせるため、彼らは一九二〇年代にアリー支持者を意味する「アラウィー派」に改称した。

イスラーム世界でアラウィー派がムスリムの同胞と見なされるようになった契機は、一九三六年にパレスチナのスンナ派ムフティー（Muftī, ファトワーを出す資格を持つ法学者）ムハンマド・アミーン・フサイニー（Muḥammad Amīn al-Ḥusaynī, d. 1974）が、アラウィー派がムスリムであることを表明し、彼らに団結を求めたことである。ただし、フサイニーはアラウィー派を神学的分析によってムスリムと見なしたのではなく、彼の目的はフランス植民地政府と対立する中で隣国シリアの少数派を囲い込みムスリムを団結させることであった。このようなスンナ派側の動きに呼応して、アラウィー派は以前よりも自派のイスラーム性を主張するようになり、さらに一九七〇年にシリア共和国の初代大統領にアラウィー派信徒のハーフィズ・アサドが就任するとますますアラウィー派のイスラーム性が強調されていった（Bar-Asher 2009, 89–90）。

このような政治的な理由でのスンナ派の一部とアラウィー派の接近を追う形で、十二イマーム派とアラウィー派との接近も始まったようである。レバノンのイスラーム最高評議会の指導者となったシーア派法学者ムーサー・サドル（Mūsā al-Ṣasr, d. 1978）はレバノン国内のアラウィー派を庇護し、彼らをシーア派の一部と認定することでシリアとの接近を図った。それから、イランの法学者ハサン・シーラーズィー（Ḥasan Shīrāzī, d. 1980）もシリアを訪問してアラウィー派の村落を訪れ、①アラウィー派がシーア派であること、②アラウィー派とシーア派とはアリーの信奉者という意味で同義語であること、を宣言した（Bar-Asher 2009, 90–91）。

アラウィー派をシーア派の一派と捉える考えは十二イマーム派の中でもいまだ一般的ではないものの、歴史的に激しい非難を加えてきた極端派を認めようとする動きはこれまでにはほとんどない現象である。そして、この現象は純粋な神学的分析に基づくのではなく、現代の政治的要素が大いに関わっていると言わざるを得ない。

## 他宗教（キリスト教、ユダヤ教ほか）について

これまでイスラームを自称する主要な宗派に対するシーア派の見方を説明してきたが、シーア派の他者理解を扱う本章の最後にイスラーム以外の宗教に対するシーア派の見解を紹介する。ただし、シーア派の他宗教理解はほとんどスンナ派と変わらないことを念頭に置いてもらいたい。

**図14　他宗教の分類**

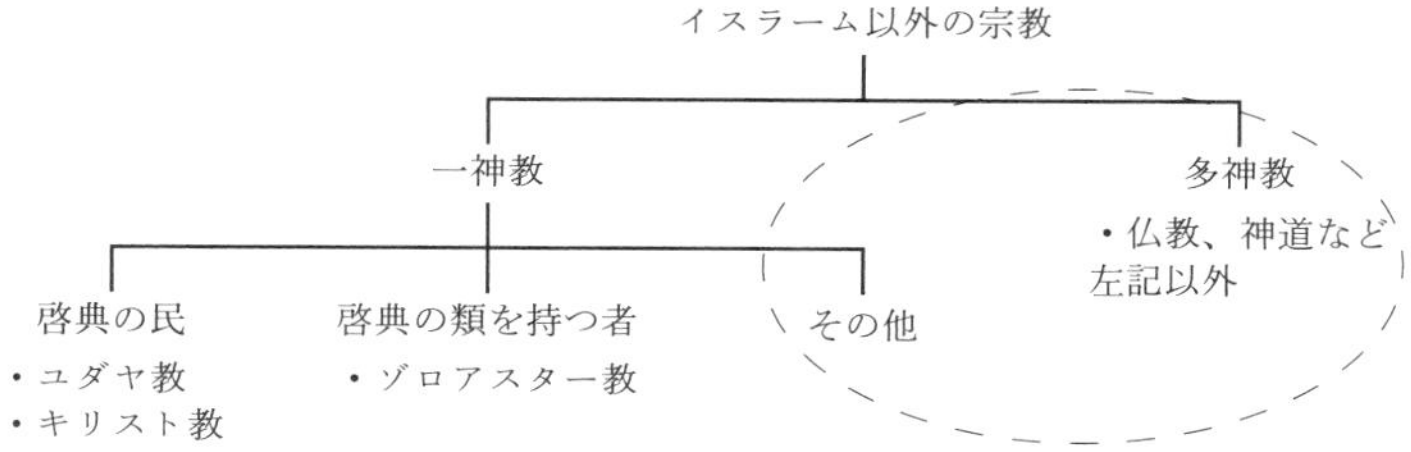


＊「啓典の民」と「啓典の類を持つ者」の区別はされないことも

他宗教をその教義の内容から考察した際に、彼らは二つ、もしくは三つに分類される。それぞれ①啓典の民（ahl al-kitāb）、②書の類を持つ者（man la-hu shubha kitāb）、③その他の宗教、である。②は①か③に含めて議論されることもあるため、その場合には異教徒は二つに分類されることになる。以下は三分類に分けて整理していく。

①**啓典の民**は狭義には「書を持つ者」、広義には「神の宗教に起源を持ち、自身を至高なる神の預言者たちの一人の共同体に位置付ける全ての者である」と言われる。多くの場合、ユダヤ教徒とキリスト教徒を指すが、後述のようにゾロアスター教を含める学者もある（al-Khāmeneʾī n.d., vol. 1, 96; al-Karakī 1993–4, vol. 12, 384; al-Ṭabāṭabāʾī 2009, vol. 1, 248）。ユダヤ教徒はムーサーに下された律法書、キリスト教徒はイーサーに下された福音書を持っているが、宗派を問わずイスラーム学者たちは現在彼らの持つ啓典が改竄されたものであることに合意している。歴史的にも、旧約聖書も新約聖書もムーサーやイーサーがこの世を去った後に（イスラームの理解ではイーサーはまだ死んでいない）複数の人間の手によって描かれ、数百年を経て聖典として確定したものであるということがわかっている。加えて、イスラーム学者たちはクルアーンでは過去の天啓の書の中にムハンマド到来の記述があったと書かれているのに、旧約と新約にその記述がないことなどを改竄の証拠として挙げる。しかしながら、彼らが最初から最後まで全て書き換えたとまでは言わず、彼らの書の中に天啓の

書の一部が保存されている可能性を認める。そのため、旧約聖書、新約聖書はいずれも聖典とは見なされないが、それらを持つユダヤ教徒とキリスト教徒は啓典の民として一定の評価を受ける（al-Shīrāzī 2013, vol. 1, 132–133）。

前述のようにムスリム以外の不信仰者は不浄であるため、シーア派の多数説では啓典の民は不浄である。彼らの不浄性とはその腐敗した内面と悪き信仰のことを指すという説と、法学のいくつかの規定において彼らが不浄として扱われることを指すという説がある。後者の不浄性に基づいて、ヨーロッパに居住するシーア派信徒の間ではキリスト教徒の手製の洋服を着て礼拝したり、また彼らから借りた家で礼拝した場合、その礼拝が有効かどうかが議論されてきた。これが問題となるのは不浄なものの付着した服を着たままの礼拝や不浄なもののついた場所での礼拝が無効となるからである。シーア派法学では不浄性は濡れた状態でのみ移動し、乾いた状態では移動しないため、例えば賃貸の家の場合、異教徒の大家や前の住民が濡れた手で家具や床を触っていれば、その部分は不浄になるため、洗わなければならない。なお、この問題は啓典の民以外の異教徒との交流の中でも起こることである（Takim 2010, 154; Tabrizi 2012, 457–458; Bar-Asher 2021b, 123–124）。

スンナ派の多くの学者の学説ではムスリム男性は啓典の民の女性と婚姻が許されるが、シーア派学者の多くは禁止説をとる。より細かく言えば、①無条件で禁止、②合法、③一時婚[12]と自身の所有する奴隷とだけ許される、という学説がある。現在では奴隷は存在しないため、③については一時婚だけということになる（al-Karakī 1993–4, v. 12, 391）。

スンナ派では啓典の民の屠殺した肉を食べることは合法とされるが、シーア派の多数説では彼らの屠殺肉を食べることは禁止される。ただし、彼らがアッラーの名前を唱えたことを確認できた場合は良いという少数説もある（al-Ṣadūq 1986, vol. 3, 215; al-Ṭabāṭabā'ī, 2009, vol. 5, 212）。

現代ではユダヤ教はシオニズムと結びつけられて語られることが多い。シオニズムはユダヤ教徒がパレスチナに国家を建設しようとする思想であり、現在のイスラエルのパレスチナでの行為の裏付けとなる思想である。そのため、イスラーム世界の中でのユダヤ教のイメージは概して極めて悪いと言って問題なく、パレスチナを蹂躙し大虐殺を行うイスラエルに対する憎悪がしばしばユダヤ教にも向けられる。直接的にユダヤ教への批判ではないもののシオニストへの非難はイスラーム世界全体で見られ、イスラエル製品やイスラエルを援助する企業の製品のボイコットを呼びかけるマルジャアも少なくない[13]。

②**書の類を持つ者**は一般的にゾロアスター教徒を指す。ゾロアスター教の教義は時代によって大きく変化しており、彼らの開祖ザラスシュトラ（ギリシア語でゾロアスター）は唯一神アフラー・マズダーへの信仰を説いたが、後にゾロアスター教徒たちは二つの神の存在を主張する二元論の立場をとるようになった[14]。正統カリフの軍が滅ぼしたササン朝ペルシアの国教がゾロアスター教である。

ゾロアスター教徒が啓典の民に含まれるかどうかについては議論が分かれるが、ハーメネイーら現代の学者の多くは彼らを啓典の民の一派と位置付けている[15]（al-Khāmeneʾī n.d., vol. 1, 96）。古典イスラーム法学では、啓典の民、および、書の類を持つ者は人頭税を支払うことでイスラーム国家内に居住が許される庇護契約を締結することができる（al-Khomeynī 1998, vol. 2, 453）。

③**その他の宗教**は多神教を指し、日本の仏教や神道もこれに当てはまる。シーア派を含むイスラーム教徒の合意として、多神教徒の屠殺肉を食べること、彼らと婚姻することは禁止である（al-Ṣadūq 1986, vol. 3, 215）。

注意されたいのは、シーア派を含むイスラーム教徒が異教徒を常に蔑み、冷たく扱うことを推奨しているわけではない。シーア派の中での論点は屠殺肉と婚姻の問題、および不浄性に関わるものだけで、日常生活においては普通に異教徒と付き合うことができる。

また、とくに現代では宗教間対話に積極的で、異教徒により柔和な姿勢を示すシーア派学者も少なくない。シーア派法学者とヴァチカンのキリスト教聖職者の間の対話と交流は以前より行われてきたが、二〇二一年にローマ教皇であるフランシスコがイラクのマルジャア・スィースターニーに対して歴史的訪問を果たした。この訪問はコロナ禍においてローマ教皇が希望し、打診したものであった。彼らの話し合いでは、イラクの全国民の平等な権利が確められ、キリスト教徒国民の安全や権利を守るべきであることに両者は一致した（al-Hakeem and Moughania 2021, 11–12, 37–48）。

## 西洋に対して

シーア派の多い地域であるイランやその周辺から見た場合、異教徒として最初に思い浮かぶのは日本やアジア諸国ではなく西洋だろう。西洋に対するシーア派の見方をまとめることは非常に難しく、学者や立場によって大きく異なるだろう。

イランでは前述のように「アメリカに死を」、「イスラエルに死を」というスローガンが日常的に唱えられているように、常にこの両国には批判的である。ハーメネイーは二〇二三年一一月二九日にX（旧Twitter）において、西洋は中東において以前からアラブvs非アラブ、シーア派vsスンナ派、そして今パレスチナで抵抗vs服従、という人為的な分断を行っていると批判している。また、ハーメネイーら一部の法学者たちは自身の従者たちに対して生活の様々な局面で西洋人の真似をしないように勧めている。たとえばネクタイの着用が合法か？という質問に対してハーメネイーは、非ムスリムの装いでネクタイやそれに準ずるものを着用することは許されないと述べる。彼によれば、そのような行為は西洋の物質主義的文化を広めることにつながるものであるため、ネクタイの着用禁止の規定はイスラーム国家の居住者だけに限定されない。そのため、たとえ欧米に生まれ育ったシーア派信徒だとしても彼の従者ならばネクタイの着用は許されないことになる（al-Khāmene'ī 1999, vol. 2, 104）。ただし、誤解のないように断っておくとネクタイ着用について取り締まりがあるわけではないため、現実的にはとくにイラン国外のハーメネイーの従者がネクタイを着用することは可能である。このように西洋の文化全般に否定的な法学者は少なくないが、その一方で欧米に好意的なシーア派学者も少ないながら存在する。X（旧 Twitter）で Imam of Peace の名で活動する Mohammad Tawhidi はその最も極端な例として挙げられる。彼はオーストラリアを拠点としており法学者としての地位は下位であるものの、X のフォロワーは90万人を超えるインフルエンサーでもある。彼は全てのイスラーム政府を違法なものと見なして「パレスチナはユダヤ教徒の土地」と明言し、イスラエル擁護とハマス、フースィー派、ヒズブッラー非難を繰り返している。[16] 実のところシーア派はハーメネイーの指導の下で一枚岩なのではなく、様々な考えの持つ学者がいて、宗教上はマルジャアに服従しなければならないとしても実際には宗教上の戒律を守っていない信徒も決して少なくない。

イランとその周辺諸国は大きな反米、反イスラエル感情を抱えるものの、それらの国出身の多くのシーア派信徒が西洋に移住し、そこでシーア派信徒として生活するようにもなってきている。彼らは就職や留学や難民など様々な理由を抱えて西洋に滞在しているが、ムスリムが少数派の地域で居住することには大きな困難が伴う。例えば、挨拶で西洋人は男女でも握手をするが、イスラーム法上は男女が握手すべきではない。このような西洋に住む信徒たちのために多くの従者を抱えるようなマルジャアたちは少数派のための法的見解を出している。スィースターニーは西洋にいる信徒に向けて『旅人のための法学（*al-Fiqh li-al-mughtaribīn*）』を書いている。このように、イランのような国家やマルジャアが西洋、とくにアメリカを敵視していたとしても、一般信徒は必ずしもそうではなく、西洋を好んでいる者も少なくない。スィースターニーのようなマルジャアもそのような人々のニーズに応えるような努力をしているのである。

なお、日本に対する彼らの見方は概ね良好である。日本が中東を植民地としなかったことや彼らを蹂躙した経験が一度もないことなどが理由で、宗派を問わずムスリム諸国は概して親日的であると言われている。二〇二四年二月に入ってイランが二八ヵ国の国民に対して観光ビザを免除すると発表し、日本はその対象国となったものの欧米の主要国は軒並みそのリストに入らなかった。あくまでもこれは政治的問題であるものの、ここからシーア派の盟主イランの親日性を見て取ることができるだろう。

## 多様性に富むシーア派信徒

ここまで読んでくださった読者には明らかであると思うが、同じシーア派（十二イマーム派）と言っても決して一枚岩ではなく、実に多様な考え方の人間がいて多様な実践を行なっている。シーア派に限った話ではないがイスラーム教徒の日常の実践には地域差が非常に大きく、それらは思想書には書かれていないものである。そこで、やや脱線気味にはあるもののシーア派の他者観を扱ってきた本章の最後にシーア派の自派観の一端として、同派の中に実に多様な人々がいることを紹介したい。第二部ではシーア派の主要な教義と実践についての少数説も紹介していったが、シーア派とはアリーらのイマーム位を信じる人々の総称に過ぎず、地域ごとにとくにフサイン追悼儀礼の実践に大きな違いがある。そもそも、法学者の統治の最高指導者であるハーメネイーとキリスト教のローマ教皇の違いとして、ハーメネイーはシーア派教義の集約者ではなく、一人のマルジャアであり行政上の最高指導者に過ぎない。その点でハーメネイーの宗教的判断に反対して異なる見解を表明することはシーア派法学上許されている。また、法学者の統治自体の正当性を容認しない人たちにとってハーメネイーはイランという一国家の長に過ぎず、イラン国外の者なら彼の命令に従うこともないだろう。このようにウスール学派の中でも見解の多様性は見られるばかりか、アフバール学派も現在まで存続しており、後者において法学者の統治などそもそも許容されるものではない。

本書はこれまでに本文でイランの事例を多く紹介しており、コラムでインドネシアと日本のシーア派を扱っている。そこで、以下にシーア派が多く居住する地域としてイラク、ペルシア湾岸諸国、インドのシーア派の活動を簡単に紹介したい。なお、シーア派はイスラーム世界中に居住するが、筆者が行ったことがある地域や多くの研究を通じてよく知られている地域としてこの三つを取り上げる。

**イラク**　バグダードやヒッラが合理主義的潮流の拠点であり、ナジャフとカルバラーの二大聖地はいつの時代もシーア派学問の拠点であり続けた。一一世紀世紀以降の合理主義の時代やサファヴィー朝滅亡後などにはイラクのシーア派文化の方がイランよりも繁栄していた。現在でもイラクに居住するシーア派信徒数もイランに次いで多く、イラク国内にある六人のイマームの廟には毎年多くの参詣者が訪問している。

一八世紀後半のビフバハーニー以降はナジャフが長らくシーア派の学問的中心であったものの、今ではその地位をイランのコムに譲ってしまった。二〇世紀後半になってスンナ派でバアス主義者（社会主義的なアラブ民族主義）のサッダーム・フセイン独裁（Ṣaddām Ḥusayn, d. 2006）の時代にシーア派への抑圧が激しくなったことでイラクのシーア派の学問的拠点としての地位が失墜していった間に、イランがイスラーム共和国となってイラクを追い抜いて行った。それでも、二〇〇三年のイラク戦争でフセイン政権がアメリカに倒されて以降、ＩＳ（イスラーム国）の出現などの危機がありながらもイラクの学問的活動は少しずつではあるものの復興しているようである。現在ではナジャフにスィースターニーら数人のマルジャアがおり、弟子たちの育成を行っているようである。イラクのシーア派の中では親イランで「法学者の統治」を支持する学者たちも多い一方で、イランとは距離を取り反「法学者の統治」的立場をとる学者もいて、彼らも決して思想的に一枚岩ではない。

**ペルシア湾岸諸国**　湾岸諸国とは現在ではおよそサウジアラビア、クウェート、アラブ首長国連邦、バーレーン、カタール、オマーン、イラン、イラクを指し、特にサウジアラビアではスンナ派の中で反シーア派感情が最も強いワッハーブ派（法学的にはハンバル学派）が支配的である。マディーナにはもともとイマームの廟が建てられていたこともあったが、ワッハーブ派が破壊してしまい現存していない。しかしながら、サウジアラビアの東部では今も多くのシーア派が居住しており、シーア派の居住地域は同国の主要な油田地帯と重なっている。そのため、サウジアラビアは反シーア派のワッハーブ派を支援する国家ながら、シーア派を抑圧しすぎると自国の油田地帯を危険に晒すというジレンマを抱えているのである。湾岸諸国の中ではバーレーンはシーア派が人口の多数派を占めているものの、国王はスンナ派である。バーレーンはイランのサファヴィー朝が支配していた時期にもあり、現在でもアフバール学派が残存している。同国のシーア派の中ではアフバール学派と親イランのウスール学派の対立も指摘されている（Matthiesen. 2015, 24–29; Alrasheed 2020, 1–7）。

**インド**　インドや隣国のパキスタンにはイランからの移住者としてのシーア派信徒が多く居住してきた。イランから逃れてきたイスマーイール派イマームらもこの地に移住し、現在のイスマーイール派信徒の多くはこれらの地域に住んでいる。また、イランから逃れたアフバール学派がインド南東のハイデラバードという都市に多く居住している（Howarth 2005, 131–132; Daftary 2013, 139–142）。筆者は二〇二二年にインド北部のウッタール・プラデーシュ州のマフムーダーバードにてアーシューラーの儀礼を観察したが、同地の儀礼ではヒンドゥー教徒やスンナ派信徒もイマーム・フサインに敬意を表し、シーア派信徒たちとともに追悼儀礼に参加していたのが印象的であった。アーシューラーの追悼儀礼の中に旗を持って行進する実践があるのだが、それは同地ではダリット（いわゆるカースト制度から除外された不可触民）の役目だという。スンナ派は白い服を着て追悼歌を朗誦し、シーア派は黒い服を着てそれを聞いているなど宗派・宗教ごとに役割分担がある程度成立している。なお、同地ではカルバラーのフサイン廟に模したレプリカを神輿のように担いでアーシューラーの日の午後に埋葬する儀礼があるのだが、そのレプリカの扱いはスンナ派とシーア派で若干異なっていた。スンナ派は集団で一つのレプリカを所有するのに対して、シーア派は各家族がそれぞれレプリカを購入して埋葬するという違いである。また、遠方のカルバラーに参詣に行くことは同地の人々にとっては簡単なことではないため、イマーム・フサインの廟の建物を模した大きな建造物を作り、そこをカルバラーと呼んで参詣することでイラクのカルバラー参詣に準ずる功徳を得ようとしている。このような日本の富士信仰にも通じる実践は、シーア派世界ではインド独自の風習と言えるだろう。

## 第三部のまとめ

第五章で見たように、宗教の観点では人間はイスラーム教徒かそうでないかで分けることができる。そして、シーア派は自称イスラーム教徒を信仰者、反対者、敵対者に分類している。信仰とはシーア派の教えを信じることを意味するため、信仰者とはシーア派信徒のことである。反対者とはイマームたちのイマーム位を信じないが、彼らに敵対もしない者を意味する。それに対して、敵対者とはイマームたちのイマーム位を信じないのみならず、彼らに敵対する人々である。

敵対者は現世ですでにイスラームから離れた不信仰者と見なされるため、不浄であって、来世での救済の可能性はない。それに対して、シーア派の有力説では反対者の救済は否定されない。ムスタドアフに分類される人たちはとくに救済に与る可能性があるとされる。ムスタドアフとは知性が不十分の人間やシーア派のことを知る機会がなかった人間のことを指す。

第六章はこの分類がイスラームの各派にどのように適用されるかを見た。敵対者認定はイマームと敵対関係にあったことを知られている人物にだけなされることがほとんどである。そのため、アリー陣営から離脱し、アリーと交戦し、その後に彼を暗殺した集団であるハワーリジュ派は宗派単位で敵対者であるが、それ以外の宗派全体に敵対者認定はなされない。とりわけ二〇世紀以降はイスラームの宗派間対話の流れから他派を同じムスリムとして認める傾向が強い。それに加えて、アラウィー派との接近などは政治的な理由が大きい。

コラム③
# 日本のシーア派

コロナ以前から日本各地に多くの外国人観光客が訪れるようになっており、また、留学生や労働者として日本に滞在する外国人ムスリムも多い。街中でも頭をスカーフで覆ったイスラーム教徒の女性を目にする機会がとても多くなっただろう。イスラームにはキリスト教の教会のような宗教組織がないため、改宗したとしてもどこかに登録するということがない。そのため、日本に何人のムスリムがいるのかは正確にはわからないものの、二〇一六年頃には一七万人のイスラーム教徒がおり、そのうちの四万人ほどが日本人だと推計する研究者もいる(店田 2018, 109–128)。あまり知られていないが日本には多くのモスクがあり、筆者が訪問したことがあるものだけで一〇〇を超える。

シーア派のムスリム内での人口が一〇から二〇パーセントであるものの、日本のイスラーム人口の中のシーア派の比率は一〇パーセントよりずっと少ないと思われる。シーア派信徒数の統計をとった研究はないようであるし、筆者も見当がつかないが、モスクの数だけでいうとスンナ派のモスクが一〇〇を超えるのに対して、シーア派はおよそ四つしかない。その四つの中で筆者は三つのモスクを訪問したことがあるが、その三つはそれぞれ埼玉県三郷市、茨城県常総市、千葉県四街道市にある。ただし、シーア派モスクの少なさは必ずしも人口の少なさだけに起因するわけではなく、集団礼拝の重要性の違いも関係している。スンナ派では金曜礼拝は義務とされるが、シーア派では各モスクの金曜礼拝を指導する礼拝導師（アラビア語でイマーム）は無謬のイマームが指名した人物でなければならないとされる。イマームのガイバ期間においては礼拝導師がイマームによって任命されることはないため、シーア派の多くの学者の見解ではガイバ期間の金曜礼拝は義務ではない。そのため、シーア派信徒にとってはスンナ派ほどモスクを持つ重要性が高くない。

日本のシーア派モスクはパキスタン人やアフガニスタン人が運営して集まっており、モスク内にはフサ

**写真④**　常総市のシーア派モスク

**写真⑤**　三郷市のシーア派モスク

**写真⑥**　コロナ禍でソーシャルディスタンスを守りながらのフサイン追悼行事（於：イラン大使館）

インの殉教を追悼する施設も併設されている。この三つのモスクではアーシューラーの日には数十人のシーア派信徒が集い、路上を行進して追悼儀礼を行う。路上行進の際には複数人の警察官が同行するが、筆者の聞いた話では日本で路上でのフサイン追悼儀礼を行うには事前に警察に赴き、道路使用許可が必要なのだという。法律的にはいわゆるデモ行進をしていると見なされ、警察官が誘導することになる。モスク以外にもイラン大使館などでの催しもある。

近年世界中でスンナ派とシーア派の関係性は悪化しているといって良いだろうが、日本においては両派が協力する例も見られる。常総市の例ではシーア派信徒たちがモスク建設のための資金を集めるために、近隣のスンナ派モスク利用者から寄付を受けた（岡井 2018, 201）。

十二イマーム派以外ではイスマーイール派の支派ニザール派（アーガー・ハーン四世が指導）が神奈川県に拠点を置き、同派の別の支派であるダーウーディー・ボホラ派（Dāwūdī Bohra）も個人宅などで集会を開き、宗教実践を行っている。

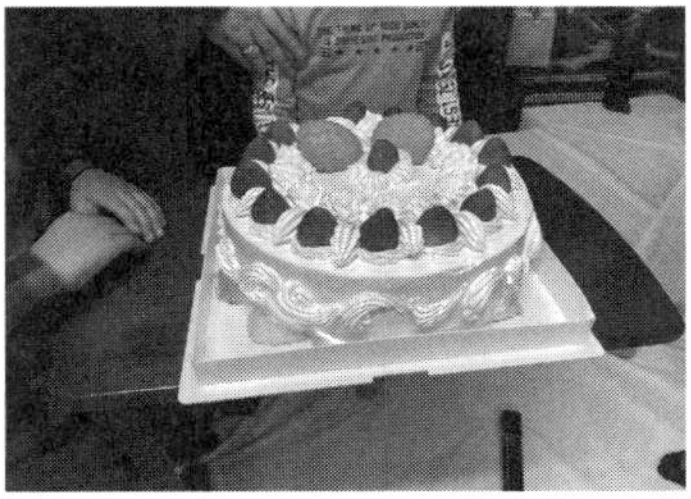

**写真⑦**　三郷のモスクでの預言者の生誕祭の様子。現代風にケーキでお祝いする。

# 付録　アーシューラーの参詣祈願

## I．解説

これはフサインの追悼儀礼の際に全シーア派地域で広く詠まれてきた「アーシューラーの参詣祈願（ziyāra ʿĀshūrāʾ）」の翻訳である。シーア派信徒は毎年ムハッラム月の最初の一〇日間、とりわけアーシューラーの日にフサインの追悼儀礼を行っているが、その中に『アーシューラーの参詣祈願』を詠むことが含まれている。

『アーシューラーの参詣祈願』はイブン・クーラワイヒ（Jaʿfar b. Muḥammad b. Qūlawayh, d. 368/978–9）の『参詣の完成（*Kāmil al-Ziyārāt*）』に、次いで彼の孫弟子のシャイフ・トゥースィー（Shaykh al-Ṭāʾifa al-Ṭūsī, d. 460/1066–7）の『深夜礼拝する者の灯火（*Miṣbāḥ al-Mutahajjid*）』に収録されている（al-Kāshānī 2003–4, 28–29）。いずれもイマーム・バーキルに帰される伝承という形で本参詣祈願を伝えているが、両者が伝える伝承はそれぞれ伝承経路が異なり本文にも異なる部分がある（Ibn Qūlawayh n.d., 325; al-Ṭūsī 1998, 536）。イブン・クーラワイヒとトゥースィーの収録するいずれの伝承もハディース学上大きな問題を抱えている。両伝承ともハディースの伝承経路に記されている伝承者の中に極端派やワーキフ派を信奉していた可能性のある人物、また、信頼できるとは判断できないような人物を含む。そのため、『アーシューラーの参詣祈願』は宗教儀礼の中で積極的に用いられてきたものの、ハディース学上はその信頼性が「薄弱」であると判断されることになる（al-Kāshānī 2003–4, 73）。ハディース学において「薄弱」と判定された伝承が積極的に受け入れられることは非常に稀ではあるが、同様のことはシーア派ではイマーム・アリーに帰される説教集『雄弁の道（*Nahj al-Balāgha*）』やイマーム・ザイヌルアービディーンに帰される『サッジャードの書（*al-Ṣaḥīfa al-Sajjādiyya*）』にも当てはまる。その内容が広く知られていたこと、また、その内容がイマームから発せられたとしか考えられないほど精緻なものであることなどが理由となり、これらのイマームに帰される文献は、ハディース学上の伝承経路の精査を行う必要すらなく「真正」であるとシーア派では判断されている（平野 2021, 29–30）。

また、『アーシューラーの参詣祈願』の文言はバーキルが自身で創作したものではなく、アッラーが伝えた「神聖ハディース（ḥadīth al-qudsī）」であると考える学者もいる。イスラームにおいて、「神聖ハディース」はクルアーン同様にアッラーに由来するとされる。しかしながら、クルアーンがアッラー神の言葉そのものと信じられるのに対して、神聖ハディースはその内容がアッラー由来であっても、その言語上の表現は預言者（シーア派ではイマームたちも含む）に由来するようなハディースとされる（ʻAbbās 2010, 102–105）。

この付録では同参詣祈願を単に翻訳するのみではなく、注釈書をもとに本文より多い分量の註を付けて解説した。『アーシューラーの参詣祈願』はアラビア語の原典から複数の言語によって翻訳されてきた。この訳文を作成するにあたっては Sayyid Athar Husain & S. H. Rizvi の英訳、および、Moʼassase-ye Ṣabā という機関によるペルシア語訳を参照した。底本としては Shaykh al-Ṭāʾifa al-Ṭūsī, *Miṣbāḥ al-Mutahajjid*, Beirut: Muʾassasa al-Aʿlā, 1418 [1998] を採用した。トゥースィー版の底本には改行がほとんどないため、本稿では内容の切れ目ごとに筆者が改行している。

なお、この付録は『イスラム思想研究』（第四号、二〇〇二年、一一－一二頁）に掲載された筆者の『アーシューラーの参詣祈願』の訳註を修正したものである。

## II．翻訳

あなたに平安がありますように、アブー・アブドゥッラー（フサインのこと）よ。あなたに平安がありますように、アッラーの使徒の息子よ。あなたに平安がありますように、信徒たちの長の息子、遺言執行人たちの長の息子よ。あなたに平安がありますように、諸世界の女性たちの長であるファーティマの息子よ。あなたに平安がありますように、アッラーの血の復讐者▼1（thār Allāh）と彼の血の復讐者の息子、唯一の単独なる御方（al-witr al-mawtūr）▼2よ。あなたとあなたの中庭に留まる霊▼3に平安がありますように。私が生き、夜と昼があり続ける限り、私からあなたがた全員にアッラーの平安が永遠にありますように。

アブー・アブドゥッラーよ、惨害は甚大で大きく、あなたを襲った惨事は我々と全イスラームの民にとって甚大で、あなたへの惨事は諸天において諸天の民全員にとって甚大でした。そのため、あなたがた家の人々に対する不正と不義の基礎を打ち立てた集団をアッラーが呪い給いますように。▼4そして、あなたがたをあなたがた［のあるべき］地位から追いやり、アッラーがあなたがたに作り給うた階級からあなたがたを排除した集団をアッラーが呪い給いますように。▼5そして、あなたがたを殺害した集団をアッラーが呪い給いますように。そして、彼らのためにあなたがたとの戦闘を強固に準備した者をアッラーが呪い給いますように。私はアッラーとあなたがたとも[6]に彼らと彼らの党派、彼らの従者、彼らの友から絶縁しました。[7]

アブー・アブドゥッラーよ、復活の日まで私はあなたがたと和平を結ぶ者たちには和平（silm）であり、[8]あなたがたと戦争する者たちには戦争であります。ズィヤードの一族（āl Ziyād）[9]とマルワーンの一族（āl Marwān）[10]をアッラーが呪い給いますように。そして、ウマイヤ家全員をアッラーが呪い給いますように。そして、アッラーがイブン・マルジャーナ（Ibn Marjāna, d. 67/686–7）[11]を呪い給いますように。そして、アッラーがウマル・イブン・サアド（ʻUmar b. Saʻd, d. 66/ 685–6）[12]を呪い給いますように、アッラーがシムル（Shimr, d. 66/685–6）[13]を呪い給いますように。彼（フサインのこと）との戦闘のために［軍馬に］鞍をつけ、手綱を引き、覆いを付けた、集団をアッラーが呪い給いますように。

あなたは私の父と母のようです（bi-abī anta wa-ummī, 敬意を示す表現）、私の被るあなたを襲った苦難は甚大なものです。そのため、あなたの地位を高貴にされ、あなたによって（bi-ka）[14]私をも高貴になし給うたアッラーに私はお願い致します、家の人々——アッラーが彼と彼の家族を祝福し給いますように——の中の援助されるイマーム[15]とともにあなたの復讐の求めを私に下さるようにと。アッラーよ、私をあなたの御許でフサイン——彼に平安あれ——によって現世でも来世でも高位者にしてください。

アブー・アブドゥッラーよ、私はアッラー、彼の使徒、信徒たちの長、ファーティマ、ハサン、そしてあなたに近づきます、あなたへの忠誠によって、また、あなたと戦った者とあなたに戦争を仕掛けた者たちと絶縁することによって、また、あなたがたとあなたがたの党派に対しての圧政と不正の基礎を作った者たちと絶縁することによって。私はアッラーと彼の使徒とともに、その［圧政と不正の］基礎を作り、その上に建物を立て、あなたとあなたの党派に対する圧政と不正を実行した者と絶縁します[16]。私はアッラーとあなたがたとともに彼らと絶縁し、アッラーに、それから、あなたがたに私は近づきます、あなたがたへの友好（muwālāt）とあなたがたの友への友好によって、[17]また、あなたがたの敵たちとあなたがたに戦争を仕掛ける者たちから絶縁することによって、彼らの党派と彼らの従者との絶縁によって。実に私はあなたがたと和平を結ぶ者たちには和平であり、あなたがたと戦争する者たちに対する戦争であり、あなたがたを敬愛する者の友であり、あなたがたに敵対する者の敵です。

　そして、あなたがたを認知し、あなたがたの友を認知することによって私を高貴にし給い、私をあなたがたの敵たちから絶縁させてくださったアッラーにお願い致します、私は現世でも来世でも私をあなたがたとともにいるようにしてくださるようにと、また、現世でも来世でもあなたがたの許で私に真の足場[18]を固めてくださるようにと。また、私は彼（アッラー）にお願い致します、アッラーの許であなたがたが持つような賞賛される地位に私を到達させてくださるように、また、あなたがたの中で導かれ顕在し真理を語るイマーム[19]とともにあなたがたの復讐の求めを私に下さいますようにと。また、あなたがたの権利によって[20]、また、彼の御許でのあなたがたの地位によって私はアッラーにお願い致します、私の被るあなたがたを襲った苦難によって［現世で］苦難を受けた者たちに与え給うもので最も功徳あるものを私にお与えくださるようにと。なんという災難でしょう。イスラームと天と地の民全員において、これがなんという重大なことか、この惨害たるやなんと甚大なことでしょう。アッラーよ、私がいるこの場所であなたからの祝福と慈悲と赦しが到達する者の一人に私をしてください。アッラーよ、私の生命をムハンマドとムハンマドの家族の生命にしてください、私の死をムハンマドとムハンマドの家族――アッラーが彼と彼の家族を祝福し平安をもたらしますように――の死にしてください。[21]

　アッラーよ、今日こそ、ウマイヤ家、および、肝臓を食う女の息子（ibn ākila al-akbād）[22]、つまり、「呪詛された者の息子である呪詛された者」――あなたとあなたの預言者が滞在したあらゆる地や場所においてあなたの舌とあなたの預言者――アッラーが彼と彼の家族を祝福し給いますように――の舌によって［呪詛された者である］[23]――が祝った日です。[24]アッラーよ。アブー・スフヤーンとムアーウィヤとヤズィード・イブン・ムアーウィヤを呪い給え。彼らにあなたから永劫の呪詛がありますように。実に今日こそズィヤードの一族とマルワーンの一族が歓喜した日です。彼らに呪詛がありますように、彼らがフサイン[25]――彼にアッラーの祝福あれ――を殺害したことによって。アッラーよ、彼らに対する呪詛と痛ましい懲罰を何倍にもしてください。アッラーよ、今日、この場所で、また、私の生きる日々において私はあなたに近づきます、彼らと絶縁し彼らを呪詛することで、また、あなたの預言者とあなたの預言者の家族――彼と彼らに平安あれ――に忠誠を示すことによって。

それから［次の言葉を］言う。[26]

アッラーよ、ムハンマドとムハンマドの家族の権利を侵害した最初の侵害者、[27]および、それによって彼に従った最後の者まで呪い給え。アッラーよ、フサインと戦い、彼を殺す［試みに］追従し忠実に従った集団を呪い給え。アッラーよ、彼ら全員を呪い給え。

これを一〇〇回言う。それから（次の言葉を）言う。

アブー・アブドゥッラーよ、あなたとあなたの中庭に留まる霊に平安がありますように。私が生き、昼と夜があり続ける限り永遠にアッラーの平安が私からあなたにありますように。アッラーがこれ（今回の参詣）を私があなたを参詣する最後の時（akhir al-ʻahd）[28]にし給いませんように。フサインとアリー・イブン・フサイン（ʻAlī b. al-Ḥusayn）▼29とフサインの仲間たちに平安がありますように。

これ（上記の言葉）を一〇〇回言う。それから［次の言葉を］言う。

アッラーよ、最初の侵害者に私からの呪詛を特別に与えてください。まず（awwalan）彼（最初の侵奪者）から始めてください、それから第二の者（al-thānī）を、それから第三の者（al-thālith）▼30を、それから第四の者（al-rābiʻ）▼31を。アッラーよ、五人目としてヤズィードを呪い給え、ウバイドゥッラー・イブン・ズィヤード、イブン・マルジャーナ、ウマル・イブン・サアド、シムル、アブー・スフヤーンの一族、ズィヤードの一族、マルワーンの一族を復活の日まで呪い給え。

それから跪拝（頭を地につける礼拝の一つの動作）をして［次の言葉を］言う。

彼らを襲った惨事について、あなたに感謝する者たちの賞賛によって賞賛はアッラーに属します。私の甚大な惨害において賞賛はアッラーに属します▼32。アッラーよ、到達の日（yawm al-wurūd）▼33にフサイン――彼に平安あれ――による執り成しを私にお与えください。また、フサイン――彼に平安あれ――、および、フサインの前（dūna）▼34で己の命を犠牲にしたフサインの仲間たちとともに、あなたの御許で私に真実の足場を固めてください。

## 参考文献

### アラビア語・ペルシア語

‘Abbās, Sayyid, *Ziyāra al-‘Āshūrā’ Tuḥfa min al-Samā’: Buḥūth Samāḥa Āyat Allāh al-Shaykh Muslim al-Dāwirī*, Qom: Mu’assasa Ṣaḥib al-Amr, 1431 [2010].

al-Fīrūzkūhī, ‘Abd al-Rasūl, *Sharḥ Ziyāra ‘Āshūrā’*, Qom: Dār al-Ṣadīqa al-Shahīda, 1430 [2009].

Ibn Qūlawayh, Ja‘far ibn Muḥammad, *Kāmil al-Ziyārāt*, Qom: Nashr al-Faqāha, n.d.

al-Kalāntarī, Abu al-Faḍl, *Sharḥ Ziyāra ‘Āshūrā’*, Beirut: Mu’assasa al-Balāgha, 1429 [2008].

al-Kāshānī, al-Mawlā Ḥabīb Allāh, *Sharḥ Ziyāra ‘Āshūrā’*, Qom: Dār Jalāl al-Dīn, 1424 [2003–4].

al-Majlisī, Muḥammad Bāqir, *Biḥār al-Anwār*, 110 vols, Beirut: Dār Iḥyā’ al-Turāth al-‘Arabī, 1403 [1983].

al-Muqarram, ‘Abd al-Razzāq, *Maqtal al-Ḥusayn aw Ḥadīth al-Karbalā’*, Qom: Manshūrāt al-Sharīf al-Raḍī, 2012.

Mo’assase-ye Ṣabā, *Ziyārat-e ‘Āshūrā’ va Do‘ā’-e Tavassol*, Qom: Enteshārāt-e Etqān, 1394 [2015–6].

al-Qummī, ‘Abbās, *Muntahā al-Āmāl fī Tawārīkh al-Nabī wal-al-Āl*, 2 vols, Beirut: Dār al-Muṣṭafā. al-‘Ālamīya, 1432 [2011].

al-Ṭabarī, Muḥammad ibn Jarīr, *Tafsīr al-Ṭabarī min Jāmi‘ al-Bayān ‘an ta’wīl āy al-Qur’ān*, 10 vols, Beirut: Mu’assasa al-Risāla, 1994.

al-Ṭūsī, Shaykh al-Ṭā’ifa, *Miṣbāḥ al-Mutahajjid*, Beirut: Mu’assasa al-A‘lā, 1418 [1998].

### 欧語・インドネシア語

Aghaine, K. S., *The Martyrs of Karbala: Shi‘i Symbols and Rituals in Modern Iran*, Seattle and London: University of Washington Press, 2004.

Amir-Moezzi, M., *The Spirituality of Shi‘i Islam: Beliefs and Practices*, London and New York: I.B Tauris Publishers, 2011.

Bar-Asher, M., *Scripture and Exegesis in Early Imāmī Shiism*, Leiden, Boston, Köln: Brill, 1999.
Daftary, F., *A History of Shi'i Islam*, London: I.B. Tauris Publishers, 2013.
Hyder, S. A., *Reliving Karbala: Martyrdom in South Asian Memory*, Oxford and New York: Oxford University Press, 2006.
Ibne Quluwayh, Abil Qasim Ja'far bin Muhammad bin Musa, *Kamiluz Ziyaraat: Merits and Method of Visiting Holy Tombs* (transl. Sayyid Athar Husain S. H. Rizvi), Mumbai: As-Serat Publications, 1431 [2010].
Momen. M., *An Introduction to Shi'i Islam*, New Haven and London: Yale University Press, 1985.
Shekh Abbas Qommi, *Kunci-kunci Kehidupan Maknawi: Mafatih al-Jinan* (transl. Shamsul Arif), Jakarta: Nur al-Huda, 2019.
Vilozny, R., "Imāmī Records of Divine Sayings: Some Thoughts on al-Ḥurr al-Āmilī's *al-Jawāhir al-saniyya fī-l-aḥādīth al-qudsiyya*," *Shii Studies Review* 3, 2019, 111–132.

日本語

菊地達也『イスラーム教――「異端」と「正統」の思想史』講談社選書メチエ、二〇〇九年。

中田考監訳『日亜対訳クルアーン』作品社、二〇一四年。

平野貴大「現代シーア派学者によるムウタズィラ派採用論批判の考察――ハーメネイーのムフィード（d. 413/1022）観に焦点をあてて」『一神教世界』一〇巻、二〇一九年、九九-一一九頁。

――「編者ラディーとシーア派における『雄弁の道』の位置付け」、佐野東生編『カースィアの説教――悪魔にいかに対処するか　カリフ・アリーの『雄弁の道』Nahj al-Balāghah』龍谷大学国際社会文化研究所、二〇二一年、二七-三一頁。

# おわりに

二〇二三年九月、それぞれシーア派の盟主とスンナ派の盟主という呼ばれ方もするイランとサウジが和解に向かっていることがニュースになった。サウジアラビアはスンナ派の中でもワッハーブ派という潮流を奉じており、日本のニュースでは彼らは「イスラム原理主義」といったイメージで語られることも多い。彼らは預言者ムハンマドの時代に立ち返ることを目指し、彼の時代に行われていなかった宗教的実践の全てを逸脱＝ビドアとみなして非難してきた。シーア派の実践にはイマームが定立したものも多く、ワッハーブ派にとってそれらはビドア以外の何物でもない。彼らがシーア派を激しく批判したのに呼応して、シーア派もまたワッハーブ派を目の敵にして対抗してきた。

スンナ派とシーア派の対立は全ての時代に全ての地域で見られるわけではない。大半のイスラーム教徒はスンナ派とシーア派のいずれかに分類されるものの、イスラームには宗教的権威を集約するような存在がいない。そのため、各宗派内部でさえ一枚岩でまとまっているわけではなく、スンナ派には四つの法学派と三つの神学派があり、様々な思想を持つ人々が含まれる。シーア派においても最初から十二イマーム派一強というわけではなかった。歴史的にはシーア派の中に異なる多くの宗派が形成され、本書が触れた十二イマーム派、イスマーイール派、ザイド派、アラウィー派以外にも歴史の中で消えていった多くの分派があった。十二イマーム派はその中の一宗派から始まり、シーア派系の諸派との競合を勝ち残り最大多数派となったのである。

このように、十二イマーム派の教義はイマームの時代からずっと変わらずにいたのではなく、時代を経るにつれて大きな変化を見せてきた。現在の同派はアフバール学派との競合に勝利したウスール学派に連続する。ウスール学派に至る合理主義的潮流の中では法学者たちが徐々にイマームの代理権を主張していった。彼らのもとで、一般信徒はムジュタヒドに服従する義務を負い、ムジュタヒドの頂点にマルジャアがいるという宗教上の権威構造が作られた。このようなシーア派思想史の現代的局面として、イマームの臣民に対する後見権までムジュタヒドが得ることを宗教的に正統化するものとして「法学者の統治」が位置付けられる。

十二イマーム派は歴史の中に大きな転機を何度も経験し、分派同士の競合と内部の学派対立を勝ち抜いてきたのが現在の姿である。彼らの教義の歴史的なダイナミズムは彼らが初期の姿に留まることに満足せず、イマームのハディースを取捨選択したり、スンナ派が否定した哲学やムウタズィラ学派と接近したりすることで発展を繰り返してきたのである。

最後に本書の出版にあたり、これまでお世話になってきた方々に感謝の意を示しておきたい。多くの先生や先輩にお世話になってきたが、何より菊地達也先生には博士課程の時代の指導教官としてシーア派研究の方法、論文の書き方など研究者としての必要なことをご指導頂いた。また、修士課程の指導教官の鎌田繁先生にはアラビア語文献の精密な読み方を学部時代を含めて三年間の授業の中で教えて頂き、学部時代の指導教官の八木久美子先生は卒業後も気にかけてくださり、研究者としてのキャリア形成のために多くの機会を与えてくださった。この御三方の熱意のこもったご指導がなければ、研究職に進むこともできなかったであろう。本書の執筆は筆者の怠惰ゆえに企画から出版まで三年以上かかってしまった。それにもかかわらず、応援してくださった作品社の福田隆雄さんには格別のお礼を申し上げたい。また、本書の企画を福田さんに取り継いでくださった中田考先生にもお礼申し上げたい。

本書は日本学術振興会科学研究費（特別研究員奨励費：研究課題番号20J00302、研究活動スタート支援：研究課題番号23K18621、代表：平野貴大）、日本学術振興会科学研究費（基盤研究B：研究課題番号：23H00674、代表：森本一夫）、龍谷大学国際社会文化研究所指定研究（代表：佐野東生）の研究成果を反映している。

# 註

## 第一部

▼1 ヒジュラ暦は太陰暦であり、一年には一二の月（英語のmonth）がある。それぞれの月（month）は新月を観測することによって始まる。一二の月の名前は一月から順番にムハッラム（Muḥarram）、サファル（Ṣafar）、ラビーウルアゥワル（al-Rabīʻ al-Awwal）、ラビーウッサーニー（al-Rabīʻ al-Thānī）、ジュマーダルウーラー（Jumādā al-Ūlā）、ジュマーダルアーヒラ（Jumādā al-Ākhira）、ラジャブ（Rajab）、シャアバーン（Shaʻbān）、ラマダーン（Ramaḍān）、シャゥワール（Shawwāl）、ズルカアダ（Dhu al-Qaʻda）、ズルヒッジャ（Dhu al-Ḥijja）である。

▼2 スンナ派やシーア派の別の説ではムハンマドが六歳の時に、母アーミナは没したとも言われる（ムスタファー 2001, 35; 小杉 2002, 13）。この時期の預言者ムハンマドに関する日付、および以下に出てくるムハンマドの子供の生まれなどについてはスンナ派、シーア派それぞれの内部でも学説の相違がしばしばある。そのため、本章では有力説を中心に紹介する。

▼3 アブー・ターリブがムハンマドに授乳したという奇跡の伝承は他の文言でも伝えられており、シーア派の伝承学者アッバース・クンミー（ʻAbbās al-Qummī, d. 1359/1941）はこれを「尊重されるハディース（ḥadīth muʻtabar）」と見なしている（ʻAbbās al-Qummī 2011, vol. 1, 27）。

▼4　この伝承は一〇世紀から一一世紀にかけて活動した学者シャリーフ・ラディー（al-Sharīf al-Raḍī, d. 406/1015）がアリーに帰される説教を収集して編纂した『雄弁の道（*Nahj al-Balāgha*）』に収録されるものである。シーア派において『雄弁の道』はその人並外れた雄弁性ゆえに、「クルアーンの兄弟（akh al-Qurʾān）」と呼ばれる。注釈者たちは同書に収録されるアリーの言葉を「創造主の言葉以下で、被造物の言葉以上」と称える。この意味は、『雄弁の道』の中のアリーの言葉は神の言葉そのものであるクルアーンには及ばずとも、普通の人間の成せる業ではないということである（平野 2021e, 27–30）。

▼5　本稿で引用するクルアーンの日本語訳については、中田考（監修）『日亜対訳クルアーン――「付」訳解と正統十読誦注解』（作品社、二〇一四年）を参照した。なお、本稿の他の記述に合うように、変更を加えている箇所もある。

▼6　集会所と訳したサキーファ（saqīfa）とは屋根付きの建物を意味する。シーア派ではこのサキーファが固有名詞化し、この出来事をサキーファの出来事と呼ぶ。

▼7　アブー・バクルとウマルが暴力によってファーティマを流産させたという伝承もあるようである。これについてはファドルッラー（Muḥammad Ḥusayn Faḍl Allāh, d. 2010）らマルジャア（後述するシーア派の中の最高位法学者の称号）の中でもその真正性を疑う学者がいる（Walbridge 2014, 85）。

▼8　彼らはスンナ派では預言者ムハンマドからの信頼も厚かった教友六人で、アリー、ウスマーン、タルハ（Ṭalḥa）、ズバイル（Zubayr）、アブドゥッラフマーン・イブン・アウフ（ʿAbd al-Raḥmān b. ʿAwf）、サアド・イブン・アビー・ワッカース（Saʿd b. Abī Waqqāṣ）である（al-Ḥaqqānī 2022, 64）。

▼9　現代の日本では一日の始まりは夜中の零時だが、イスラーム世界の一日の始まりは日没からである。ムハッラム月九日はその日の日没までであり、その日の日没から次の日の日没までがムハッラム月一〇日となる。

▼10　イマームが次のイマームに残す遺言書は、一度親族の女性たちに渡され、その女性が次のイマームに手渡すということが少なくない。というのも、女性は敵から守られており、遺言を守るのに最も安全であるからであるとされる（Takim 2021, 118）。

▼11 アリー・イブン・フサイン・イブン・アリー・イブン・ファーティマ・ビント・ラスールッラーの部分はアリーとアッラーの使徒の娘ファーティマとの間の息子フサインの息子アリーという意味で理解される（al-Khū'ī n.d., vol. 17, 54–56）。

▼12 現代のマルジャアの一人であるフーイー（Abū al-Qāsim al-Khū'ī, d. 1992）はこの伝承を「真正」と評価し、ムハンマド・イブン・ハナフィーヤの改心を伝えている（al-Khū'ī n.d., vol. 17, 54–56）。

▼13 イランの最高指導者ハーメネイーによれば、バーキルが彼の弟子のアバーン・イブン・タグリブ（Abān b. Taghlib, d. 141/758）に「マディーナのモスクに座り、人々にファトワーを出せ」と命じ、アバーンがファトワーを出したという出来事がシーア派独自の法学の起源であるという（al-Khāmeneī 1995, 51）。タバータバーイー・ハキームもハーメネイーと同様の伝承を挙げて、バーキルのアバーンに対する命令をイマーム派法学の起源と見なしている（al-Ṭabāṭabā'ī al-Ḥakīm 1998, 7–12）。

▼14 Lecont（1970）によれば、シーア派でハディースを語るイマームの割合は多い順に、サーディクが五〇から六〇パーセント、バーキルが一五パーセント、カーズィムが五から一〇パーセント、リダーとアリーが四から六パーセントであり、他のイマームはそれぞれ一パーセントほどで、ハサンとフサインの伝承はほとんどないという。なお、預言者の言葉はイマームが伝えるものであるため、Lecont は数えていない（Lecont 1970, 97–98）。シーア派ハディース四書の一つであるサドゥークの『法学者が同席していない者（*Man lā Yaḥḍuru-hu al-Faqīh*）』に限った Buckley（1999）の統計によると、サーディクが六〇パーセント、バーキルが一五パーセント、預言者が七パーセント、リダーとアリーが五パーセント、残りの八パーセントの大部分はハサン、カーズィム、ザイヌルアービディーンであるという（Buckley 1999, 38）。

▼15 「極端派」とはアラビア語のグラート（ghulāt）の訳語であるが、ghulāt はイスマーイール派やザイド派のような名祖にちなんだ固有名詞ではない。また ghulāt とは「適切な範囲を超えている」ことを意味する ghalā という動詞から派生した単語である。つまり、ムスリムの学者が自らの神学、法学的立場から見て「適切な範囲を超えている」とみなした者たちを呼ぶ他称であり、また否定的な価値観を伴う蔑称でもある。極端派

とは一つの集団を指すのではなく、イマームを神格化するような集団の総称である（平野 2018a, 4）。

▼16 ラーフィド派（al-Rāfiḍa, 直訳は見捨てる者たち、拒否する者たち）はスンナ派のシーア派に対する蔑称とシーア派自身の自称の両方がある。スンナ派の用法では五代目イマームの弟ザイドが蜂起した時に彼を支援せず「見捨てた者たち」という蔑称であり、シーア派の用法ではアブー・バクルとウマルを「拒否する者たち」という自称である（Kohlberg 2020, 160–165）。

▼17 ヤフヤー・イブン・アクサムはスンナ派で非常に高く評価される法学者である。彼はスンナ派四大法学派の学祖の一人であるシャーフィイーの弟子にして、バグダードの最高裁判官（qāḍī al-quḍāt）に任命された人物である（Bosworth 2012）。

▼18 アスカリーに帰される『アスカリーのタフスィール（*Tafsīr al-ʻAskarī*）』というクルアーン解釈書が伝えられているもののその真正性は疑しいものであり、その中にはシーア派の根本的教義に矛盾するものや時代錯誤的な記述もある（Bar-Asher, 2009, 303–304）。

▼19 クルアーン二八章四から九節の記述によれば、ムーサーの時代の古代エジプトのファラオはお告げに従いイスラーイールの民の男の子を殺して、女の子だけを生かそうとしていた。ムーサーの母は息子を守ろうとし、アッラーからの霊感を受け取り彼女の息子をナイル川に流した。すると、ファラオの妻が彼を川で拾い、彼女が可愛い子どもを殺さないようファラオに頼んだことで、ムーサーは殺されずに済んだ。

▼20 新生児の口に両親や敬虔な人物が咀嚼したナツメヤシや蜂蜜を少しだけ与えるという習慣はタフニーク（taḥnīk）と呼ばれ、現在でも行われることがある。タフニークはただの習慣に留まらず、その儀礼の中で移動する唾は霊的な力を親から子へ伝達するための道具として用いられてきた。唾が物理的に親から子の口へ移動するのに従って、親の持っていた素晴らしい性質が子供にも移ると信じられている（Amir-Moezzi 2011, 36–37）。そのため、アスカリーが舌を息子の口に入れたことによって、イマームの霊的力や知識がアスカリーから息子に伝達されたと考えられる。本章の最初にムハンマドが咀嚼したものを幼いアリーに食べさせていたことを紹介したが、それもタフニークである。

▼21 ナウバフティー自身は一四の分派が生まれたと書いているが、彼自身が解説しているのは一三だけであり、残りの一つは名前すら述べていない。そのため、本書では一三の分派と紹介している。また、スンナ派の分派学者シャフラスターニーはこの時生まれた分派の数を一〇としているが、ナウバフティーと分類方法が異なるだけで両者の間に大きな違いはない（al-Shahrastānī n.d., 152–153）。

▼22 一六世紀の伝承主義的潮流であるアフバール学派は一〇世紀末頃までの伝承主義者たちの合意はイマームたちの言葉を反映しているとして、その時代までのイジュマーの有効性を認めている。現代のウスール学派の見解では、イジュマーの成立した年代はさらに短く限定されている。モタッハリーによれば、現代のシーア派では預言者ないしイマームと同時代の学者たちのイジュマーだけが法源として扱われるという（al-Astarābādī 2005, 265–268; al-Moṭahharī 2009, 24–25）。

▼23 先のアッバース朝の異端審問ミフナで捕縛されたハンバル学派の学祖イブン・ハンバルは「ハディースの徒」と呼ばれる神学的潮流の始祖でもある。彼らは聖典のテキストの引用を主軸に議論を組み立てる、スンナ派内の反思弁神学の潮流である。それに対して、概ねハナフィー学派と重なる神学派のアシュアリー学派、シャーフィイー学派やマーリク学派と重なる神学派マートゥリーディー学派はいずれも思弁神学派である（松山 2016, 52–54, 70–72）。

▼24 ヒシャーム・イブン・ハカムの学統はその後、八代目イマームの弟子ユーヌス・イブン・アブドゥッラフマーン（d. 208/823）、一〇代目イマームの弟子ファドル・イブン・シャーザーン（d. 260/874）にも継承されたが、その後に継承されることはなかった（Bayhom-Daou 2003, 73）。

▼25 「四〇〇の根本書」の定義は大きく分けて二つあり、①イマーム・サーディクの教義回答を彼の弟子たちがまとめたもの、②初代から一一代目イマームまでの教義回答を各世代の弟子たちがまとめたもの、とされる（平野 2019a, 28）。また、根本書の数は四〇〇ではなく「四〇〇〇」であるという学説も存在する（Kohlberg 2020, 404–405）。

▼26 ムウタズィラ学派の中にもこの時代には流派のようなものが存在した。ムフィードはムウタズィラ学派の中

のバグダード派に近かったが、ムルタダーはバスラ派に近い立場をとった（Abdulsater 2017, 52, 56)。

▼27
シーア派とムウタズィラ学派の教説が類似していることから欧米研究者はシーア派がムウタズィラ学派の教義を採用・継承したと説明する。それに対して、シーア派の主張によれば、ムウタズィラ学派の学祖ワースィルはイマーム・サーディクの弟子であり、ムハンマド・イブン・ハナフィーヤの息子アブー・ハーシム（Abū Hāshim ʻAbd Allāh b. Muḥammad, d. 98/716–7）からも学んでいた。ムハンマド・イブン・ハナフィーヤはアリーの息子で、サーディクはアリーの子孫である。つまり、ワースィル、およびムウタズィラ学派の教えはアリーの教えに由来するのであり、彼らがイマームやシーア派から学んだのだとされる（平野 2019b, 113–115）。

▼28
ハディース集同様に人物学書にも四つの権威高い文献がある。それぞれの著著と書の名前は、カッシー（Muḥammad b. ʻUmar al-Kashshī, d. 350/961–2）の『カッシーの人物学（*Rijāl al-Kashshī*）』、ナジャーシー（Abū al-ʻAbbās al-Najāshī, d. 450/1058–9）の『ナジャーシーの人物学（*Rijāl al-Najāshī*）』、トゥースィーの『トゥースィーの人物学（*Rijāl al-Ṭūsī*）』および『文献集（*al-Fihrist*）』である。カッシーの人物学書はトゥースィーが編纂したものであるため、実質的にトゥースィーが人物学書の四書のうちの三つ、ハディース集四書のうちの二つを編纂したことになる。

▼29
シーア派においてこれまで強く閉ざされていたイジュティハードの門が開かれたのと近い時期に、スンナ派ではこれまで開いていたイジュティハードの門が閉められることになった（Madelung 1978, 169）。シーア派のマルジャアであるソブハーニーによれば、スンナ派法源論におけるイジュティハードは「無条件のイジュティハード（al-ijtihād al-muṭlaq）」と「特定の学派内のイジュティハード（al-ijtihād fī madhhab khāṣṣ）」の二つに分類される。そして、スンナ派では前者のイジュティハードの門は閉じられ、後者だけが許されるという。つまり、全く新たな思想的潮流を生み出すことはできないが、法学派の範囲内での努力のみ認められるという（al-Sobḥānī 1998, 325）。

▼30
伝承主義者と合理主義者の大半がラアイとキヤースを禁止していた。しかしながら、イブン・ジュナイド

(Muḥammad b. Aḥmad b. al-Junayd al-Iskāfī, d. 381/991–2) やイブン・アビー・アキール (Ibn Abī ʻAqīl, 没年不詳) に代表される一〇世紀の合理主義の法学者たちの中には、スンナ派の影響を強く受けて、イマームによって禁じられていたはずのキヤースとラアイを実践する学者もいた。現代のシーア派学者たちは彼らを批判する一方で、ガイバ後のシーア派法学の先駆者である彼らを「二人の先人 (al-qadīmān)」とも呼び、一定の評価を与える (Moddarressi 1984, 35–37; al-Khāmeneʼī 1995, 54; Rizek 2020, 798)。

▼31 サファヴィー朝期における写本数の急増に関しては、Newman (2013) の Appendix II を参照されたい。

▼32 現代の人物学の大家であるテフラーニー (Āqā Bozorg Tehrānī, d. 1970) によれば、シーア派思想史上最も権威のあるハディース集であるクライニーの『充全の書』に収録される一五一八一のハディースのうち「真正 (ṣaḥīḥ)」と評価される伝承が五〇七二、「真正」より一段下の「良好 (ḥasan)」と評価される伝承が一四四、「良好」と同等がそれ以下と評価される「信頼 (muwaththaq)」が一七八、「強力 (qawī)」が三〇二、最も真正性の低いと評価される「薄弱 (ḍaʻīf)」が九四八五、であるという (al-Ṭehrānī 1983, vol. 17, 245)。

▼33 サマーヒージーのテキストは Newman (2012) の中で校訂されているものを参照した。

## 第二部

▼1 ウマイヤ朝期に活動したマアバド・ジュハニー (Maʻbad b. ʻAbd Allāh al-Juhanī, d.c. 80/699) とガイラーン・ディマシュキー (Ghaylān al-Dimashqī, d. 122/740) というカダル派の学者がいるが、彼らは一説では自由意志説を主張するカダル派の有力学者であったために、ウマイヤ朝の時代に処刑されたと言われる (Moṭahharī 2009, 31, 76)。

▼2 一部のシーア派学者は、そもそもイマーム・サーディクはイスマーイールに対して後継者指名していなかったと主張する。イスマーイールは敬虔ではなかったという伝承もあり、イマーム位には相応しくなかったという主張もある。イスマーイールへの指名がなかったという説を主張するシャイフ・サドゥークによれば、当時イスマーイールが次代のイマームになると誤信する者たちがおり、彼らがサーディクによるイスマーイ

ールへの後継者指名が行われたと勝手に主張していた。そこで、彼らを論駁し、真のイマームを明らかにするために、サーディクの生存時にイスマーイールを死なせることで、アッラーは彼が次期イマームではないことを知らしめたのだという（Vilozny 2020, 55–56）。

▼3 スンナ派で真正と判断されるハディースによれば、預言者はモスクである男がクルアーンを詠んでいるのを聴いて、「アッラーが彼に慈悲をお与えくださりますように、彼は私が忘れていた節を思い出させてくれたのだ」と語ったという。スンナ派のハディース注釈者ナワウィー（al-Nawawī, d. 676/1277）はこのハディースに依拠することで、預言者はクルアーンの言葉を伝えるという務めを果たした後にはそれを忘れてしまうことがあると述べる（al-Nawawī 1972–3, vol. 6, 75–76）。

▼4 アラブの中では名前の最後に自分の出身地を示すことがある。出身地の示し方はīという音を付けることで示すことができる。このīとはアラビア語文法ではニスバ形容詞と呼ばれており、「〜に関係する」という意味を持つ。例えば、イラン革命の指導者ホメイニーはホメイン Khomeyn 出身者であることから地名の最後にīがついてホメイニー Khomeynī と呼ばれる。

▼5 ハッド刑とはクルアーンとスンナの中で量刑が定められている刑罰のことである。ムハッキク・ヒッリーによれば、ハッド刑が課される罪には姦通、それに準ずる罪（同性間の性交など）、姦通中傷、飲酒、窃盗、追い剝ぎの六つがある（al-Ḥillī 2004, vol. 4, 394）。

▼6 宗派を問わずイスラームにおいて、ハディースの中に「神聖ハディース（al-ḥadīth al-qudsī）」というものがあるとされる。スンナ派では預言者ムハンマドは天使を介してアッラーの声を受け取るが、まれにアッラーから直接言葉を聞き、それを伝えることがある。そのアッラーから直接聞いた内容を預言者が語るものが神聖ハディースである。「神聖ハディース」はクルアーン同様に神に由来するものであるが、クルアーンが神の言葉そのものと信じられているのに対して、神聖ハディースはその内容が神由来であっても、その言語上の表現は預言者に由来するようなハディースとされる。シーア派では稀にイマームが預言者を介さずに語る神聖ハディースも存在する。例えば、本書の付録に掲載した『アーシューラーの参詣祈願』はイマーム・バ

ーキルが語ったものであるものの、一部の学者たちはバーキルが祈願文を自分で創作したのではなく、それはアッラーに由来するものであるとされる（ʻAbbās 2010, 102–105; 平野 2022, 2）。

▼7 一般に無謬者はムハンマド、ファーティマ、一二人のイマームたちの合計一四人と言われるが、無謬を意味する maʻṣūm という言葉を聖者のような人物に付けることもある。イランのコムが聖地と呼ばれるのはイマーム・リダーの姉妹のファーティマ（イランでは母音が変わってファーテメと呼ばれる）が埋葬されているからであるが、彼女は「無謬のファーティマ（アラビア語では Fāṭma Maʻṣūma, ペルシア語ではファーテメ・マアスーメ Fāṭeme Maʻṣūme）」という名で親しまれている。

▼8 アリーら歴代のイマームたちは自分の死後にカーイムが現れることを知っていたため、赤いジャフルを開けることはなかったという。カーイムたる十二代目イマームは最後のイマームである自分の後に救世主が現れることがないと知っているため、躊躇せず赤いジャフルを開くという（al-Ṣaffār 2005–6, vol. 1, 305–314）。

▼9 スンナ派では、ムアーウィヤが伝えるに、預言者ムハンマドが彼に「イマームなしに死んだ者はジャーヒリーヤの死に方で死んだ」と語ったという（Ibn Ḥanbal n.d., vol. 28, 88–89）。この伝承のように、シーア派ではアリーが語ったとされる預言者の言葉がスンナ派ではムアーウィヤが語ったことになっている例は他にも見られる（Modarressi 2016, 398–399）。ただし、どちらのヴァージョンが正しいのか、もしくは両方とも虚偽であるかを現存する伝承だけで客観的に立証するのは不可能に近い。

▼10 ペトロに関する記述は平野（2021b）に修正を加えたものである。

▼11 過去の預言者たちの時代にアッラーからの懲罰で滅ぼされた民族や人々が滅びた者たちにあたる。例えば、預言者フードの時代のアード族や預言者サーリフの時代のサムード族（八九章六から一三節など）、旧約聖書と共通のものでは古代エジプトのファラオ（二章四九から五〇節）、ヌーフの方舟に乗らず溺死した者たち（一一章四〇から四八節）などが該当する。

▼12 イマーム・サーディクは「アーダム以来アッラーが派遣した預言者たちはみな現世に再び現れ、信徒たちの長（アリーのこと）を援助する」と語った（ʻAlī b. Ibrāhīm al-Qummī 2014, 47）。

▼13 シーア派を指す ahl al-maʿrifa wa-al-ṣalāt の直訳は「認識と礼拝の徒」となる。maʿrifa という単語は「認識」、「知ること」を意味するが、シーア派の専門用語ではイマームを知ることを意味する。そして、ただイマームという存在を認知するだけでなく、彼らのイマーム位を信じて従うことを含意している（平野 2019a, 161）。

▼14 「心が傾いた者（al-muʾallafa qulūbu-hum）」に対する喜捨の目的は、信仰が弱い信徒の信仰を強くするため、または、まだシーア派の信仰を持たない者に喜捨を与えることで心を傾かせるため、異教徒を懐柔するためなどである。「アッラーの道」とはイスラーム教徒全体の利益を指し、道、ダム、病院、宗教学校、モスクを建設することなどが該当する（al-Sīstānī 2021–2, vol. 1, 333）。

▼15 この箇所の説明はムハッキク・ヒッリー自身の記述だけでなく、彼の『イスラームの諸規定（*Sharāʾiʿ al-Islām*）』の刊本の校訂者 al-Sayyid Ṣādiq al-Ḥusaynī al-Shīrāzī の注の内容を反映している。

▼16 個人義務と集団義務を具体的な例で説明すると、礼拝を行うことは全てのムスリム一人一人にとって個人義務であるが、礼拝の呼びかけ（adhān）はモスクにいる集団の中の誰か一人が行わなければならない集団義務である。誰かが行えば残りの人々には礼拝の呼びかけをする義務はない。

▼17 ハーメネイーの公式サイト https://www.leader.ir/ar/content/24475/خطاب-قائد-الثورة-الإسلامية-المعظم-بمناسبة-يوم-القدس-العالمي を参照した（最終閲覧二〇二三年一一月六日）。

▼18 スンナ派のハディースによれば、預言者ムハンマドは「お前たちの中で悪事を見た者はそれを手でもって正すようにしなさい。もしそれができないなら舌で（正すようにしなさい）。もしそれもできないなら心で（正すようにしなさい）。ただしそれは最も弱い信仰である」と語った（Muslim 1998, 51）。

## 第三部

▼1 クーファの民の一部はカルバラーでフサインを見殺しにした後悔から六八四年に「悔悟者たちの乱」を起こすも、ムフタールはそれに参加しなかった。その後、第二次内乱の中で非シーア派のイブン・ズバイル（ラ

クダの戦いでアリーと交戦したズバイルの子）がウマイヤ朝からクーファを奪った。ムフタールは六八五年に武装蜂起し、クーファを含むイラクの大半を支配下に置き、クーファのシーア派の支持を勝ち取った。ムフタールはこの戦いの中でイブン・ハナフィーヤを担ぎ上げ、彼の代理人として振る舞った（菊地 2009, 78–80）。

▼2　アリーから真の知識を伝授されたサルマーンはイマームと同様に天使を見ることはないが声を聞くことができる「語りかけられる者」の境地に至ったとされる（Takim 2021, 116）。また、サルマーンについて預言者は「サルマーンは家の人々（ahl al-bayt）の一員である」と語ったという。前述のマントの伝承で家の人々は預言者の妻を含まないとされていたが、サルマーンは彼の知識の豊富さゆえに家の人々になぞらえたという（al-Ṣaffār 2005–6, vol. 1, 71）。

▼3　「敵対者」と訳したアラビア語は単数形で nāṣib、nāṣibī、集合名詞で nāṣiba、複数形で nuṣṣāb、nawāṣib などがある。

▼4　ホメイニーは、宗教上の信念においてイマームたちを否定する敵対者のみに対して不浄性を認める。信条の上での理由ではなく、現世利益のためにイマームたちやシーア派と敵対した者たちは、来世では不信仰者として激しい懲罰を受けるものの、現世の法規定のレベルでは「不浄」ではなく「清浄（ṭāhir）」であるという（al-Khomeynī 2000, vol. 3, 458）。

▼5　ムスタドアフと類似の表現で、「虐げられた人たち（alladhīna ustuḍʻifū）」という表現はクルアーンで五回（七章七五節、二八章五節、三四章三一節、三四章三二節、三四章三三節）言及される。

▼6　クライニーの『充全の書』の「ムスタドアフの章」の次に「神の裁定を猶予された者（al-marjawna li-amr Allāh）の章」が来る。「神の裁定を猶予された者」とは「信仰して楽園が彼らに必定となったのではなく、不信仰に陥り火獄が必定となったのでもない」者とされ、アッラーは彼らを罰するか、赦すかを個別に判断するという（al-Kulaynī 2007, vol. 2, 228）。

▼7　ザイド派内の分派・学派の問題に関する研究は少なく、研究者の間で捉え方が異なることもある。ザイド派

の思想はスンナ派に近づくこととシーア派に近づくことを繰り返していた。初期のザイド派には大きく分けてバトル派（al-Batriyya）とジャールード派（al-Jārūdiyya）の二つの勢力があり、後者は他のシーア派系の諸派同様にアリー以前のカリフたちを認めない。それに対して、バトル派はアリーを「最も優れる者（afḍal）」、三人のカリフたちをアリーとの比較で「劣った者（mafḍūl）」と呼ぶものの、アリーが認めたことなどを理由として三人の「劣った者」のカリフとしての地位を認める。ただし、彼らがウスマーンをカリフとして認めるのは彼の治世の最初の六年だけである。後半の六年間はウマイヤ家を重用するという政治的腐敗が明らかであるためカリフとしての資格を認めない（Haider 2014, 19）。

▼8 これらの隠語はその本の著者がそのまま使っていたかどうかが定かではないこともある。カリフを名指しで呪詛する著作が広まることはシーア派信徒にとっては大きな危険を伴うため、たとえ著者自身がカリフを名指ししていたとしても、その原本を書写した後世の人々がカリフの名前を隠語に書き換えたという可能性も否定できない。

▼9 ムフィードの弟子シャリーフ・ムルタダーは伝承のみならず知性に基づき、アリーと戦争した者たちを不信仰者と断定する。彼によれば、シーア派の特徴は彼らへの不信仰者宣言であり、その論拠はまず同派の合意であるという。また、三段論法によって（大前提）アリーに敵対して戦争した者たちは彼のイマーム位を否定した。（小前提）彼のイマーム位はムハンマドの預言者性に準ずる。よって、（結論）アリーのイマーム位の否定はムハンマドの預言者性の否定と同等の扱いを受けるという（al-Murtaḍā 2009–10, 495）。

▼10 一〇世紀のヌウマーニー（Muḥammad b. Ibrāhīm al-Nuʿmānī, d. 360/970–1）のような有名な学者はザイド派の枝派ジャールード派（al-Jārūdiyya）の師からハディースを学んだ経験を持つ（吉田 1993, 20）。また、ジャールード派の創始者であるアブー・ジャールード（Abū al-Jārūd, d. between 150/767–160/777）は当初バーキルに師事したが、後にザイドをイマームと見なすようになった人物である。シーア派ハディース集には彼の伝える多くのバーキルのハディースがシーア派伝承集に収録される（Bar-Asher 1991, 244–247）。

▼11 https://english.khamenei.ir/news/10473/The-magnificent-Yemeni-blow（二〇二四年一月一七日最終閲覧）

▼12 一時婚（mut‘a）とは結婚の期間を予め定めた形態の婚姻のことである。スンナ派、ザイド派、イスマーイール派は一時婚を禁止するが、シーア派（十二イマーム派）は一時婚を合法とする。その根拠はムハンマドが生前に一時婚を合法としており、彼は死ぬまでそれを撤回することがなかったからだという（他派では撤回したと伝えられている）。クルアーンの「彼女たちのうちおまえたちが楽しんだ（istamta‘tum）もの、彼女らには定めの報酬（婚資）を与えよ」（クルアーン四章二四節）が、一時婚が合法であることの根拠とされる。この箇所の「おまえたちが楽しんだ」を意味するアラビア語 istamta‘tum は一時婚を意味する mut‘a と同じ m-t-‘ の語根からできており、この節は一時婚を合法化する節と解釈されている。このように、一時婚の合法性が復活の日まで継続するということにシーア派学者は合意している（al-Khū’ī 1981, 313; al-Nu‘mān1991, vol. 2, 229; Aḥmad b. ‘Īsā 2007, vol. 2, 876）。

▼13 ハーメネイーやマルジャアのスィースターニーら有力マルジャアや法学者たちがボイコットを呼びかけている。https://www.sistani.org/arabic/qa/0356/（二〇二三年一一月一〇日最終閲覧） https://www.aljazeera.com/news/2023/11/1/irans-khamenei-calls-upon-muslim-countries-to-boycott-israel-over-gaza-war（二〇二三年一一月一〇日最終閲覧）

▼14 ゾロアスター教の記述は奈良県立大学ユーラシア研究センター（2023）を参照した。

▼15 革命後まもなくして制定されたイラン・イスラーム共和国憲法の第一章一三条でもゾロアスター教徒はユダヤ教徒、キリスト教徒と並んで信教の自由が保障されている（西 1980, 91）。

▼16 タウヒーディーの公式ホームページの中の vision や彼のXのページを参照されたい。https://imamtawhidi.com/vision/#1536316815524-59d42c85-01d9（二〇二四年三月一五日最終閲覧）

## 付録

▼1 ここでの thār とは thā’ir のハムザ（ء）が省略されたものと解釈され、多くの写本・刊本では thār という表記が採用されている。Thār の字義は「血の復讐を求めること（ṭalab al-dam）」であるが、本文での表現に関

しては様々な解釈が存在する。一説によれば、これは再来（raj'a）の時にフサインが殉教者たちの血の復讐を行うことを意味するという（al-Kāshānī 2003–4, 44）。

▼2 シーア派の通説では、ここでの witr は「単独なる者（fard）」の意味であり、彼の時代に完成の域にいたのは彼一人だったからと解釈される。また、ここでの mawtūr は witr の強調のために用いられている（al-Kāshānī 2003–4, 46）。

▼3 ここでの「霊」とはフサインとともに殉教した人々の霊を指すという。ここでは、中庭（finā'）はフサインの廟を暗示し、戦死者たちの霊がフサインの廟の範囲内で眠っていることを示唆するという（al-Kalāntarī 2008, 100–102）。

▼4 「呪う」と訳したアラビア語の単語は la'ana である。「神から呪詛すること（la'ana min Allāh）」とは「（神に）近しい関係と神の慈悲から追いやること（al-ṭard min maqām al-qurb wa-al-raḥma al-ilāhiya）」の意味であるという（Kalāntarī 2008, 123）。

▼5 ここでの地位や階級とは、イマームたちの持つ神への精神的な近さやイマーム位の権利のことではなく、現実世界におけるカリフ位を指すと解釈される（al-Kāshānī 2003–4, 59）。

▼6 「私はアッラーとあなたがたとともに（ilā Allāh wa-ilay-kum）」の中で「とともに」と訳した前置詞 ilā は、時間的・空間的に「～まで」と訳すのが一般的である。しかし、この箇所ではクルアーンの「アッラーとともに私の援助者は誰か（man anṣārī ilā Allāh）」（三章五二節）の中の ilā の用法を採用した。この箇所の ilā は「～とともに（ma'a）」の意味で解釈されることがある（al-Ṭabarī 1994, vol. 2, 263）。

▼7 イブン・クーラワイヒ版では「私はアッラーとあなたがたとともに彼らと彼らの党派、彼らの従者、彼らの友から絶縁しました」という文言はない。

▼8 「私は和平（silm）である」という表現は、クルアーンの二章二〇八節「信仰する者たちよ、完全に和平（silm）に入り、悪魔の歩みに従ってはならない。まことに彼はおまえたちにとって明白な敵である」という文言に由来する（al-Kāshānī 2003–4, 64）。

▼9 ズィヤード（Ziyād, d. 53/673）は「彼の父の息子ズィヤード（Ziyād b. Abī-hi）」とも呼ばれており、彼の父の名前については諸説ある。彼はウマイヤ家の人物であり、本文のこの箇所のすぐ後に来る「イブン・マルジャーナ」ことウバイドゥッラーの父である（al-Kalāntarī, 2008, 139）

▼10 マルワーン・イブン・ハカム（Marwān b. al-Ḥakam, d. 65/685）はウマイヤ朝の四代目のカリフである。彼の父ハカムは第三代正統カリフ・ウスマーンの叔父である。シーア派伝承集には預言者やイマームたちがマルワーンを非難する言葉が少なからず収録されている（al-Kalāntarī, 2008, 143–144）。

▼11 イブン・マルジャーナとは当時のイラクの総督ウバイドゥッラー・イブン・ズィヤード（ʻUbayd Allāh b. Ziyād, d. 67/686）のことであり、彼は前述のズィヤードの息子である。フサイン殺害のために兵を配備した人物であり、シーア派の伝承では六万人以上の兵を集めたとも言われる（al-Kalāntarī, 2008, 156–157）。

▼12 彼の父サアド・イブン・アビー・ワッカース（Saʻd b. Abī al-Waqqās）は教友の一人で、三代目の正統カリフを選出するための合議に参加し、アリーではなくウスマーンの擁立に関与した人物である。ウマル・イブン・サアドはカルバラーにおけるウマイヤ朝軍の司令官であった（Momen 1985, 29–30）。

▼13 シムル・イブン・ズィルジャウシャン（Shimr b. Dhī al-Jawshan）はスィッフィーンの戦いの際にはアリー陣営に加わっていたが、カルバラーの事件ではウマイヤ朝軍に加わりフサインと対峙した。一説ではシムルがフサイン殺害の実行者で、彼がフサインの首を切り落としたと言われる（al-Muqarram 2012, 208; Aghaie 2004, 9; Hyder 2006, 27）。

▼14 「あなたによって」とは、「あなたを認知することによって（bi-maʻrifati-ka）」、「あなたへの愛によって（bi-maʻrifati-ka）」、「あなたを真と見なすことによって（bi-taṣdīqi-ka）」などの意味で解釈される（al-Kāshānī 2003–4, 73）。

▼15 後の十二イマーム派の解釈では、ここでの「援助されるイマーム」とは一二代目イマームを指すとされる。イマームが再臨する頃には、カルバラーの事件以降に参詣祈願を唱えてきた信徒はすでに死んでいるだろう。そのため、ここでの復讐の機会とはラジュアのことであるとされる。現世においてメシアたる一二代目イマ

ームが再臨する時、シーア派信徒の一部が復活し、イマームは従者と天使たちによって援助されると信じられている（al-Kāshānī 2003–4, 73–74）。

▼16 シーア派の伝承に基づく解釈では、フサインに対する圧政の基礎を作った者とはフサインの殺害を指示したウマイヤ朝第二代カリフのヤズィード・イブン・ムアーウィヤを指すとされる。また、別の解釈では預言者の家族からカリフ位を簒奪した者たちを指すとされる（al-Kāshānī 2003–4, 81）。

▼17 muwālāt は多義語であり、「忠誠」、「親愛」、「友好」などの意味があり、訳文では文脈によって訳語を変えている。

▼18 「真の足場（qadam ṣidq）」とはクルアーン一〇章二節「人々に警告せよ、そして信仰する者たちには、彼らの主の御許に真の足場があるとの吉報を伝えよ」に由来する。スンナ派のクルアーン注釈者であるタバリー（Muḥammad ibn Jarīr al-Ṭabarī, d. 923）によれば、「真の足場」の解釈については見解の対立がある。タバリーは「先行して行った善行による良い報酬がある」、「護持された書板において幸福に関する真実の先行がある（la-hum sābiq ṣidq fī al-lawḥ al-maḥfūẓ min al-saʿāda）」などの解釈を例示する（al-Ṭabarī 1994, vol. 4, 184）。

▼19 顕在する御方（ẓāhir）とは隠れされし御方（mastūr）の反対であり、シーア派の解釈では、この箇所は姿を顕す際のメシアとしての一二代目イマームを指すとされる（al-Kāshānī 2003–4, 85）。

▼20 預言者とイマームたちの権利によって祈願するという考え方はシーア派のハディースの中では多く言及される。注釈者カーシャーニー（Āyat Allāh al-ʿUẓmā Ḥabīb Allāh al-Kāshānī, d. 1901–2）はマジュリスィーの『諸光の大海（*Biḥār al-Anwār*）』に収録される「ムハンマドとムハンマドの家族に祝福を祈願しなさい。威力あり尊厳高きアッラーはムハンマドに言及した時（ʿinda dhikr Muḥammad）にお前たちのドゥアーを受け入れ給う」というアリーの言葉を例に挙げている（al-Majlisī 1983, vol.10, 92; al-Kāshānī 2003–4, 85）。

▼21 この箇所にもいくつかの解釈があるが、「私の生命（死）を～の生命（死）のようにしてください」と比喩的に解釈されることがある（al-Kāshānī 2003–4, 91）。

▼22 これはウマイヤ朝初代カリフ・ムアーウィヤの母ヒンド（Hind bint ʿUtba）を指すとされる。彼女がこのよ

うに呼ばれる理由は、ヒンドが預言者のおじハムザの遺体の肝臓を食らったというムスリム世界の伝承にちなむという。彼女の息子であるムアーウィヤはフサインの殺害時にはすでに死去していたため、ここでの「肝臓を食う女の息子」とはムアーウィヤのことではなく、彼の息子のヤズィードを指すという（al-Kāshānī 2003–4, 94–95）。

▼23 預言者の舌によって「呪詛された者の息子である呪詛された者」の最初の「呪詛された者」とはムアーウィヤないし彼の父アブー・スフヤーンを指し、後者の「呪詛された者」とはヤズィードを指す（al-Kāshānī 2003–4, 95）。つまり、『呪詛された者の息子である呪詛された者』とはムアーウィヤの息子（アブー・スフヤーンの子孫）であるヤズィードの意味で解釈される。

▼24 この一文はイブン・クーラワイヒ版では「アッラーよ、この日こそ、ズィヤードの家族とウマイヤ家（āl Umayya）、肝臓を食う女の息子（ibn ākila al-akbād）、あなたの預言者が滞在したあらゆる地や場所においてあなたの預言者の舌によって「呪詛された者の息子である呪詛された者（al-la'īn b. al-la'īn）」に対する呪詛が下った日です」となっている。文意はそれほど変わらないが、トゥースィー版では今日であるアーシューラーの日はフサインの敵たちが喜ぶ日であるとされるが、イブン・クーラワイヒ版では彼らに呪いがかけられる日とされる（Ibn Qūlawayh n.d., 331）。

▼25 註23ですでに述べたように、アブー・スフヤーンとはムアーウィヤの父であり、ヤズィードの祖父にあたる。

▼26 この箇所は「アーシューラーの参詣祈願」の本文の一部ではなく、イマーム・バーキルが詠み方を指示している言葉である（Ibn Qūlawayh n.d., 331）。これ以前の部分は一度詠めば良いが、これ以降は回数の指定や体勢の指定がある。

▼27 注釈者カーシャーニーによれば、「最初の侵害者」とは「彼の遺言執行人（waṣī-hu, 預言者ムハンマドの遺言執行人であるアリー）に先行し、彼の権利を簒奪し、カリフ位の衣をまとった（taqammaṣa al-khilāfa）者」であるという（al-Kāshānī 2003–4, 102）。つまり、「最初の侵害者」とは初代正統カリフのアブー・バクルを暗示する表現である。

▼28 ʻahd は「約束」、「契約」、「期間」、「時間」、「信託」など様々な意味があるが、注釈者フィールーズクーヒーによれば、ここでのʻahd は「時間（waqt, zamān）」の意味で解釈されるという（al-Fīyrūzkūhī 2009, 145–146）。

▼29 フサインの次の四代目イマームの名前はアリー・イブン・フサインであるが、本文のこの箇所における「アリー・イブン・フサイン」とは別の人物である。というのも四代目イマームはカルバラーで殺害されることはなく、生き残ったからである。ここでフサインと彼の仲間たちと並べて言及される「アリー・イブン・フサイン」とは四代目イマームと同名の兄弟でカルバラーにおいて殺害された「大アリー（ʻAlī al-Akbar）」を指す（al-Kalāntarī 2008, 288: al-Fīrūzkūhī 2009, 147）。

▼30 この箇所は「第一の者」、「第二の者」、「第三の者」という隠語が用いられているが、これらはカリフ位就任の順番にアブー・バクル、ウマル、ウスマーンを指す隠語である（第三部参照）。

▼31 この箇所はムアーウィヤを指す（al-Kāshānī 2003–4, 105）。

▼32 イスラームでは、神への感謝と称賛はどのような状況でも求められるとされる。そのため、良い時も悪い時も「神に称賛は属す（al-ḥamd li-Allāh）」という表現が用いられるという（al-Kalāntarī 2008, 305）。

▼33 これは「復活の日」のことである。「到達の日」という言葉の由来は、人々がアッラーの精算に到達すること、および、信仰者は溜池（ḥawḍ, そこで預言者とアリーが待っている）に到達し、不信仰者は火獄に到達するからとされる（al-Kāshānī 2003–4, 107）。

▼34 ここでは「前で（amāma）」の意味に解釈される（al-Kalāntarī 2008, 308）。

## 主要人名・地名索引

## シーア派·イスラーム関連用語

| 用語 | 説明 |
|---|---|
| 悪の阻止 (nahy ʻan al-munkar) | 10 行の 1 つである。目の前で悪が行われている時、もしくは悪が行われようとしている時に、それを阻止という義務。 |
| アシュアリー学派 | スンナ派の神学派の一派。アシュアリーを学祖とする。 |
| アフバール学派 | シーア派（十二イマーム派）の中の伝承主義的潮流 |
| アーヤトッラー | 近現代のシーア派法学者の序列の中で上から 2 番目の地位 |
| イジュティハード (ijtihād) | イマームの時代には私見による勝手な法解釈と考えられて禁止されていた。ムハッキク・ヒッリーが「論拠と法源から聖法の規定を演繹する際に法学者が費やす努力」と再定義し、解禁された。 |
| イスマーイール派 | 7 代目イマームが誰であるかを巡って十二イマーム派と別れた宗派。10 世紀にはファーティマ朝を建国。 |
| イスラーム | 一般名詞としてのイスラームは「帰依」を意味する。この場合、礼拝や喜捨、斎戒のような外面的な法規定を実践する段階を指す。 |
| イマーム | 預言者ムハンマドの正統な後継者で、共同体を指導すべき存在とされる。アッラーがムハンマドに与えたもののほとんど全てを継承する無謬の宗教指導者。 |
| ウスール学派 | シーア派（十二イマーム派）の中の伝承主義的潮流。18 世紀後半以降現在までシーア派の支配的潮流 |
| ガイバ（ghayba） | 12 代目イマームが信徒の前から姿を隠したこと。ガイバには 2 つあり、小ガイバ（874–941 年）の間はイマームは 4 人の代理人を置いていたとされるが、941 年から始まった大ガイバではイマームは信徒との交流を完全に絶った。 |
| カーイム（qā'im） | 12 代目イマームの称号の 1 つ。再臨後に敵たちとの戦いに「決起する者」の意味。 |
| 影的世界／粒子 | 世界の創造以前にムハンマドとアリーらが肉体のような質料を持たない霊的存在者である影の姿でいたとされる世界。 |
| カダル派 | カダル（アッラーの定めた運命）を否定する自由意志論者。 |
| 神の正義（ʻadl） | アッラーの属性の 1 つであるが、シーア派イマーム論の前提となる議論であるため、5 信の 1 つに数えられる。 |
| 喜捨（zakāt） | 1 年間を通じて所有した金銀、家畜、穀物や果実、商売の利益に課される宗教税。金銀の場合の税率は 2.5% である。スンナ派では現代社会の現金収入は喜捨の課税対象だが、シーア派ではフムスの課税対象。 |
| 奇跡（muʻjiza） | 奇跡を意味する muʻjiza とは預言者とイマームの奇跡に限定される。預言者とイマームは自身の預言者性やイマーム性を立証するために、アッラーの許しで奇跡を起こすことができる。 |
| 極端派 | 預言者とイマームを神格化する集団。神格化以外にも、イマームに預言者性を認める、シャリーアを破棄する、輪廻を主張する、といった特徴を持つ集団もある。 |
| 啓示（waḥy） | アッラーが預言者に与えるメッセージ。預言者とイマームの最大の違いは前者が啓示を受け取ることができるのに対して、後者は啓示を受け取る能力を持たないということである。 |
| 見神（ru'ya） | 来世の楽園においてアッラーを見ることができるという主張。スンナ派は見神を支持するが、シーア派はこれを否定する。 |

| | |
|---|---|
| 行為属性（ṣifa al-fi‘l） | アッラーの行為属性は造物との関わりの中で生まれる属性である。「行為属性」はアッラーがある動作を行なって初めて生じる属性であるため永遠ではない。 |
| 斎戒（ṣawm） | ラマダーン月の1ヶ月間、ファジュルの礼拝の始まりから日没後およそ15分後の礼拝の始まりの時間まで飲食、性交渉を断つ。 |
| ザイド派 | バーキルの弟ザイドのイマーム位を主張する集団。預言者の娘ファーティマの子孫全員にイマーム位の資格を認める。イマーム位の要件に蜂起を挙げるなど独自のイマーム論を持つ。 |
| サフィール（safīr） | 12代目イマームの小ガイバ時代の4人の代理人のこと。 |
| シーア派 | ムハンマドの死後に時間的空白がなくアリーがイマームとなったと信じる人々の総称である。当初はアリーのカリフ位を信じる政治党派であったが、カルバラーの悲劇を経て宗教宗派化したと言われる。 |
| ジハード（jihād） | 10行の1つである。スンナ派では一定の条件のもとでの異教徒との戦いだが、シーア派ではイマームの敵との戦いも含まれる。 |
| 指名（naṣṣ） | イマームは必ず先代のイマームか預言者の指名を受けなければならないとされる。 |
| ジャブル派 | ジャブル（アッラーが人間に行為を強制しているという考え）を信奉する集団 |
| 十二イマーム派 | 現在のシーア派の圧倒的主流派。アリーから始まる12人のイマームを信奉するため、このように呼ばれる。 |
| 巡礼 | 10行の1つである。一生に一度マッカに巡礼に行くことがイスラーム教徒の義務である。 |
| 信仰　信仰者 | シーア派の宗教書における「信仰」とはシーア派の信仰を指す。そのため、他のイスラーム教徒は単に「ムスリム」と呼ばれ、シーア派だけが「信仰者」と呼ばれる。 |
| スンナ派 | イスラーム教徒人口の8割から9割を占める多数派。4つの法学派と3つの神学派がある。 |
| 善と悪 | スンナ派では善と悪はアッラーからの啓示によってのみ知ることができるとされる。それに対して、シーア派では人間は知性によって啓示なしでも善悪を判断できるとされる。 |
| 善の命令<br>(amr bi-al-ma‘rūf) | 10行の1つ。「悪の阻止」同様に良いことを勧めたり命じることは各人の義務。 |
| 代理人制度（wikāla） | 幽閉されたり厳しい監視下に置かれたイマームが信徒と交流するために始めた地下活動としての制度。地下活動を通じて、シーア派の信徒数は増加したとまで言われる。 |
| タウヒード（tawḥīd） | アッラーの唯一性を意味し、5信の一番最初に位置づけられる。 |
| タキーヤ（taqiyya） | 自身や家族の生命、財産、名誉に危険が及ぶ場合、それぞれの信徒は自分自身の信仰を隠すことが許容される。 |
| タクリーフ（taklīf） | アッラーが人間に対して義務を付与すること。アッラーは人間に対して困難を伴う様々な義務を課し、その困難を乗り越えた人間には来世で報酬を与える。タクリーフを課された存在者はムカッラフ（mukallaf, 行為能力者）と呼ばれる。 |
| 溜池（ḥawḍ） | アリーへの後継者指名の伝承である「2つの重荷の伝承」で言及される溜池で、復活の日にムハンマドとアリーがそこにおり、楽園行きの者の喉を潤わせるという。 |

| | |
|---|---|
| 敵対者（nāṣib） | 敵対者の定義は、①イマームたちに対して敵意を向ける者、②イマームたちのみならずシーア派信徒に対しても敵意を向ける者、の少なくとも二通りがある。 |
| 伝承的属性<br>(al-ṣifa al-khabariyya) | 「アッラーの目」や「アッラーの手」のように、アッラーを擬人的に捉える属性。「クルアーンとハディースの中で至高なる御方がご自身をそれによって形容したもの」と定義される。 |
| 執り成し（shafā'a） | シーア派の大多数は預言者のみならずイマームたち、および敬虔な信仰者の執り成しも認める。罪人であったとしても復活の日にイマームらの執り成しによって火獄行きを免れる可能性があるとされる。 |
| バダー（badā'） | イマームが以前に語った内容を撤回して別のことを言うのがバダーである。これはイマームやアッラーが無知であったり予定変更をしたということではなく、本来の目的を一度に示さず段階的に人間に教えているのだと解釈される。 |
| ハディース | ハディースとはスンナを収録した書物であり、スンナとは無謬者の言葉、行為、黙認の3つを指す。スンナ派のハディースはムハンマドのスンナのみを収録するが、シーア派のハディースは無謬者、つなりムハンマドとイマームたち全員のスンナを収録する。 |
| ハディース4書 | 初期の最も権威の高いとされるハディース集のこと。クライニー(d.941)、サドゥーク（d.991)、トゥースィー（d.1067）が著者であり、トゥースィーは2つのハディース集を編纂している。 |
| バラーア（barā'a, イマームの敵との絶縁） | 10行の1つである。イマームたちに敵対する者たちと絶縁することはシーア派信徒の義務である。 |
| バルザフ（barzakh） | 現世と来世の間の世界で、墓の世界とも呼ばれる。キリスト教における楽園と火獄の中間の煉獄のようなものではなく、バルザフは復活の日までの待機所である。 |
| ハワーリジュ派 | アリーとムアーウィヤの調停に反対し、悪なるムアーウィヤと調停したアリーも悪に染まったと考えて、アリー陣営から離脱した集団。彼らはアリーとのナフラワーンの戦いで惨敗したものの、後にアリーを暗殺した。 |
| 反対者（mukhālif） | イスラーム教徒を自称する人間の中でも、イマームたちを認知していないが、彼らに敵対もしていない人々を指す。単に「ムスリム」とも呼ばれる。 |
| 復活（ma'ād） | 5信の1つである。全ての人間は最後の審判の日に復活し、生前に善行を多く行った人間は楽園に、悪行を多く行った人間は火獄に行く。 |
| フッジャ（al-ḥujja） | 預言者とイマームを包括する概念。最初の人間のアーダムから復活の日まで地上はフッジャを欠くことはないとされる。 |
| フムス（khums） | 10行の1つで、5分の1税のこと。スンナ派では戦利品についての規定だが、シーア派では喜捨の課税対象を除いて、人間が取得する全てのものを対象としている。フムスはイマームに支払うべきものだが、現在はマルジャアに支払うように言われる。 |
| 法学者の統治 | 法学者がイマームの代理人として統治を行うべきであるという思想であり、ホメイニーが主張した。統治を担う法学者はイランの最高指導者ではあるものの、全シーア派の政治的後見人と位置付けられる。 |

| | |
|---|---|
| 本体属性（ṣifa al-dhāt） | 本体属性とはアッラー自体の中で完結する属性であり、永遠のものであるとされる。本体属性はその属性の反対が成立し得ないとされる。 |
| マートゥリーディー学派 | スンナ派の神学派の一派。マートゥリーディーを学祖とする。 |
| マフディー（mahdī） | 12 代目イマームの称号で、終末論におけるメシアを指す。 |
| マルジャア・タクリード（marja‘ al-taqlīd） | 現代のウスール学派において、その時代の最も学識の高い法学者を指す。 |
| ムウタズィラ学派 | シーア派の教説に大きな影響を与えた初期の神学派。 |
| ムカッリド（muqallid） | シーア派の一般信徒のこと。ムカッリドはムジュタヒド、とくにマルジャアを 1 人選んで、その者の法判断に服従しなければならない。 |
| ムジュタヒド（mujtahid） | イジュティハードの資格を持つ法学者のこと。彼らは誰かに追従してはならず、独力で法規定を演繹して実践しなければならない。 |
| ムスタドアフ（mustaḍ‘af） | 非シーア派の中でも来世の救済の可能性が積極的に語られる分類の人々。知性が劣り宗教を十分に理解できない人々やシーア派のことを知る機会のなかった人々を指す。 |
| 無謬性（‘isma） | 預言者とイマームは宗教的事柄・現世的事柄のいずれにおいてもいかなる罪からも過ちからも忘却からも免れているとされる。この意味での無謬性はアッラーのルトフである。 |
| 遺言執行人（waṣī） | 先代の預言者の遺言を執行する後継者のこと。イマームたちも遺言執行人だが、ムハンマド以前の預言者たちの後継者はイマームではなく遺言執行人（ワスィー）と呼ばれることが多い。 |
| 預言者 | アッラーから啓示を受け取った人間。一説では 12 万 4000 人いたという。最初の預言者がアーダムで、最後がムハンマドである。 |
| ラジュア（raj‘a） | 12 代目イマームの再臨と人間の現世における復活を指す。後者について、全ての人間が来世において最後の審判の際に復活するが、その前に一部の人間は現世で復活するという。フサインもラジュアし、復活したヤズィードに復讐を果たす。 |
| ルトフ（luṭf） | 「義務的行為に呼びかけること、もしくは、悪から遠ざけること」と定義される。ルトフを与えることはアッラーの義務とされ、預言者やイマームを置くこともアッラーのルトフであるという。 |
| 礼拝 | 1 日 5 回の礼拝が全ムスリムの義務である。しかし、シーア派とスンナ派とでは礼拝のやり方や時間が少し異なる。 |
| ワラーヤ（walāya, イマームたちへの服従） | 10 行の 1 つである。イマームたちを愛し服従することはシーア派の義務である。 |

# シーア派思想史年表

| 西暦 | ヒジュラ暦 | 出来事 |
|---|---|---|
| 570 年頃 | | ムハンマド誕生 |
| 600 年頃 | | アリー誕生 |
| 610 年 | | ムハンマドが預言者になる |
| 622 年 | 元年 | ムハンマドらマッカからマディーナにヒジュラ（聖遷） |
| 624 年 | 2 年 | アリーとファーティマの婚姻 |
| 625 年 | 3 年 | ハサン誕生 |
| 625（626）年 | 3（4）年 | フサイン誕生 |
| 632 年 | 10 年 | ガディール・フンムでのアリーへの後継者指名 |
| 632 年 | 11 年 | ムハンマド没、アブー・バクルがカリフに就任 |
| 634 年 | 13 年 | ウマルがカリフに就任 |
| 644 年 | 23 年 | ウスマーンがカリフに就任 |
| 656 年 | 35 年 | アリーが第 4 代正統カリフに就任 |
| 656 年 | 36 年 | ザイヌルアービディーン誕生 |
| 661 年 | 40 年 | アリー没、ウマイヤ朝の成立 |
| 670 年 | 50 年 | ハサン没 |
| 677 年 | 57 年 | バーキル誕生 |
| 680 年 | 61 年 | フサイン没、カルバラーの悲劇 |
| 684 年 | 65 年 | 悔悟者たちの乱 |
| 702 年 | 83 年 | サーディク誕生 |
| 713（712）年 | 95（94）年 | ザイヌルアービディーン没 |
| 733 年 | 114 年 | バーキル没 |
| 745（746）年 | 128（129）年 | カーズィム誕生 |
| 750 年 | 132 年 | アッバース朝成立 |
| 765 年 | 148 年 | サーディク没 |
| 766（770）年 | 148（153）年 | リダー誕生 |
| 799 年 | 183 年 | カーズィム没 |
| 811 年 | 195 年 | ジャワード誕生 |
| 817 年頃 | 202 年 | カリフ・マアムーンがリダーを後継者指名 |
| 818 年 | 203 年 | リダー没 |
| 828 年 | 212 年 | ハーディー誕生 |
| 835（834）年 | 220（219）年 | ジャワード没 |
| 846 年 | 232 年 | アスカリー誕生 |
| 868 年 | 254 年 | ハーディー没 |
| 869、870、872 年 | 255、256、258 年 | 12 代目イマーム誕生 |
| 874（873）年 | 260 年 | アスカリー没 |
| 876 年 | 260 年 | 小ガイバ開始 |
| 941 年 | 329 年 | 大ガイバ開始、クライニー没 |
| 946 年頃 | 334 年頃 | ブワイフ朝がバグダード制圧 |
| 991 年 | 381 年 | シャイフ・サドゥーク没 |
| 1022 年 | 413 年 | シャイフ・ムフィード没 |
| 1055 年 | 447 年 | セルジューク朝がバグダードを制圧 |

| | | |
|---|---|---|
| 1067年 | 460年 | シャイフ・トゥースィー没 |
| 1090年 | 483年 | イスマーイール派、アラムート要塞を奪取 |
| 1164年 | 559年 | イスマーイール派・ハサン2世がシャリーアの破棄 |
| 1256年 | 654年 | モンゴル軍によってアラムート壊滅 |
| 1258年 | 656年 | モンゴル軍によってアッバース朝滅亡 |
| 1274年 | 672年 | ナスィールッディーン・トゥースィー没 |
| 1277年 | 676年 | ムハッキク・ヒッリー没 |
| 1325年 | 726年 | アッラーマ・ヒッリー没 |
| 1301年 | 700年 | サファヴィー教団が発足 |
| 1501年 | 906（907）年 | イスマーイール1世がサファヴィー朝を建国 |
| 1534年 | 940年 | カラキー没 |
| 1626（1627）年 | 1036年 | アフバール学派の祖アスタラーバーディー没 |
| 1699年 | 1111年 | マジュリスィー没 |
| 1722年 | 1135年 | サファヴィー朝滅亡 |
| 1791年 | 1206年 | ウスール学派の権威ビフバハーニー没 |
| 1796年頃 | 1211年頃 | カージャール朝成立 |
| 1864年 | 1281年 | 実質的な最初のマルジャア・アンサーリー没 |
| 1891年 | | タバコ・ボイコット運動 |
| 1914年 | | 第一次世界大戦勃発 |
| 1920年代 | | ヌサイル派、呼称をアラウィー派に変更 |
| 1925年 | | カージャール朝滅亡とパフラヴィー朝成立 |
| 1937年 | 1355年 | コムの再建者ハーエリー没 |
| 1947年 | | カイロでイスラーム諸学派対話の館が開催 |
| 1941年 | | モハンマド・レザーがパフラヴィー朝の2代目の王位に |
| 1948年 | | イスラエル建国、第一次中東戦争 |
| 1961年 | 1380年 | ボルージェルディー没、ホメイニーがマルジャアの1人に |
| 1962年 | | イエメンで最後のザイド派イマームが廃位 |
| 1964年 | | ホメイニー、イランから国外追放され、イラクのナジャフへ |
| 1978年 | | ホメイニーを中傷する記事が掲載、暴動が拡大 |
| 1979年 | | イラン・イスラーム革命 |
| 1989年 | | ホメイニー死去、ハーメネイーが最高指導者に |
| 2023年 | 1445年 | イスラエルによるガザ蹂躙 |

# 参考文献


## アラビア語・ペルシア語（イラン太陽暦のみ出版年に sh を付けている）

‘Abbās, al-Qummī, *Muntahā al-Āmāl fī Tawārīkh al-Nabī wa-al-Āl*, 3 vols, Bayrūt: Dār al-Muṣṭafā al-‘Ālamiyya, 1432 [2011].

‘Abbās, Sayyid, *Ziyāra al-‘Āshūrā’ Tuḥfa min al-Samā’: Buḥūth Samāḥa Āyat Allāh al-Shaykh Muslim al-Dāwirī*, Qom: Mu’assasa Ṣaḥib al-Amr, 1431 [2010].

Aḥamad b. ‘Īsā b. Zayd, “Amālī Aḥmad b. ‘Īsā,” in al-Mu’ayyad al-Ṣan‘ānī, *Kitāb Ra’b al-Ṣad‘*, 2 vols, Bayrūt: Dār Mahajja al-Bayḍā’, 1437 [2007].

al-Albānī, Muḥammad Nāṣir al-Dīn, *al-Sirāj al-Munīr fī Tartīb Aḥādīth Ṣaḥīḥ al-Jāmi‘ al-Ṣaghīr*, 2 vols, al-Jubayl: Dār al-Ṣadīq, 1430 [2009].

al-‘Āmilī, Ja‘far Murtaḍā, *al-Ṣaḥīḥ min Sīra al-Nabī al-A‘ẓam*, 35 vols, Qom: Dār al-Ḥadīth li-al-Ṭibā‘a wa-al-Nashr, 1428 [2007].

al-‘Āmilī, Muḥammad Jamīl Ḥammūd, *Ma‘nā al-Nāṣibī wa-Ḥukum al-Tarāwuj ma‘a-hu*, https://www.aletra.org/pic/Ma3naAlnasibi.pdf, n.d., accessed on 4 April 2023.

al-Amīn, Muḥsin, *A‘yān al-Shī‘a*, 10 vols, Bayrūt: Dār al-Ta‘āruf li al-Maṭbū‘āt, 1403 [1983].

al-Anṣārī, Ibrāhīm, “Ta‘līqāt al-Shaykh Ibrāhīm al-Anṣārī ‘alā *Kitāb Awā’il al-Maqālāt*,” in *Awā’il. al-Maqālāt*, Qom: al-Mu’tamar al-‘Ālamī li-Alfīya al-Shaykh al-Mufīd, 1413 [1993–4], 271–408.

al-Astarābādī, Muḥammad Amīn, *al-Fawā’id al-Madaniyya wa-al-Shawāhid al-Makkiyya*, Qom: Mu’assasa al-Nashr al-Islāmī, 1426[2005].

al-‘Ayyāshī, Muḥammad b. Mas‘ūd, *Tafsīr al-‘Ayyāshī*, 2 vols, Bayrūt: Mu’assasa al-A‘lā, 1411 [1991].

al-Baḥrānī, Maytham b, ‘Alī, *al-Najāt fī al-Qiyāma fī Taḥqīq Amr al-Imāma*, Qom: Mu’assasa al-Ba‘tha, 1429 [2008].

al-Baḥrānī, al-Sayyid Hāshim, *Madīna al-Ma‘ājiz: Ma‘ājiz Āl al-Bayt*, 5 vols, Bayrūt: Mu’assasa al-Nu‘mān, 1411 [1991].

al-Barqī, Aḥmad b. ʻAbd Allāh, *Kitāb al-Maḥāsin*, 2 vols, Tehrān: al-Majmaʻ al-ʻĀlamī li-Ahl al-Bayt, 1432 [2011].

Faḍl Allāh, Muḥammad Ḥusayn, *al-Islām wa-Manṭiq al-Qūwa*, Bayrut: al-Dār al-Islāmīya, 1406 [1986].

———, *Fiqh al-Sharīʻa*, 3 vols, Bayrūt: Dār al-Malāk, 1432 [2011].

al-Faḍl b. Shādhān, *al-'Īḍāḥ li-al-Radd fī Sā'ir al-Firaq*, Bayrūt: Mu'assasa al-Ta'rīkh al-ʻArabī, 1430 [2009].

Fawwāz, Ḥasan Fawzī, *al-Mustaḍʻaf fī al-Kitāb wa-al-Sunna*, Qom: Ḥawza al-Aṭhār al-Takhaṣṣuṣiyya, 1439 [2017].

Furāt b. Ibrāhīm al-Kūfī, *Tafsīr Furāt al-Kūfī*, 2 vols, Bayrūt: Mu'assasa al-Ta'rīkh al-ʻArabī, 1432 [2011].

al-Ḥaḍramī, Jaʻfar b. Muḥammad b. Sharīḥ, "Kitāb Jaʻfar b. Muḥammad b. Sharīḥ al-Ḥaḍramī," in *al-Uṣūl al-Sitta ʻAshar*, Qom: Dār al-Ḥadīth li-al-Maṭbūʻāt wa-al-Nashr, 1423 [2002–3], 213–252.

al-Ḥaḍramī, Muḥammad b. al-Muthannā, "Kitāb Muḥammad b. al-Muthannā al-Ḥaḍramī," in *al-Uṣūl al-Sitta ʻAshar*, Qom: Dār al-Ḥadīth li-al-Maṭbūʻāt wa-al-Nashr, 1423 [2002–3], 253–275.

al-Ḥalabī, Abū al-Ṣallāḥ, *Taqrīb al-Maʻārif*, n.p.: Fāris Tabrīziyyān al-Ḥassūn, 1417 [1996–7].

al-Ḥaqqānī, ʻAbd al-Ḥakīm, *al-Imāra al-Islāmiyya wa-Niẓāmu-hā*, n.p.: Maktaba Dār al-ʻUlūm al-Sharʻiyya, 1443 [2022].

al-Ḥillī, al-Ḥasan b. Yūsuf b. Muṭahhar al-ʻAllāma, *Kashf al-Murād fī Sharḥ Tajrīd al-Iʻtiqād*, Bayrūt: Mu'assasa al-Aʻlā li-al-Maṭbūʻāt, 1407 [1988].

———, *Minhāj al-Karāma fī Maʻrifa al-Imāma*, Qom: Enteshārāt-e Tāsūʻā', 1379sh [2000–1].

al-Ḥillī, al-Muḥaqqiq Najm al-Dīn Jaʻfar b. al-Ḥasan, *Sharā'iʻ al-Islām fī Masā'il al-Ḥalāl wa-al-Ḥarām*, 4 vols, Bayrūt: Dār al-Qāri', 1425 [2004].

Ibn Abī al-Ḥadīd, *Sharḥ Nahj al-Balāgha*, 20 vols, Qom: Mu'assasa Ismāʻīliyyān, 1378 [1959].

Ibn Bābawayh, ʻAlī b. al-Ḥusayn al-Qummī, *al-Imāma wa-al-Tabṣira min al-Ḥayra*, Qom: Madrasa al-Imām al-Mahdī bi-al-Ḥawza al-ʻIlmiyya, 1404 [1984].

Ibn Ḥanbal, Aḥmad, *Musnad al-Imām Aḥmad b. Ḥanbal*, 45 vols, Bayrūt: Mua'ssasa al-Risāla, n.d.

Ibn Kathīr, Ismāʻīl b. ʻUmar, *al-Bidāya wa-al-Nihāya*, Bayrūt: Maktaba al-Maʻārif, 1413

[1992].
——, *Tafsīr al-Qur'ān al-'Aẓīm*, 8 vols, al-Riyāḍ: Dār Ṭayyba li-al-Nashr wa-Tawzī', 1420 [1999].
Ibn Taymiyya, Aḥmad b. 'Abd al-Ḥalīm, *Minhāj al-Sunna al-Nabawiyya fī Naqḍ Kalām al-Shī'a al-Qadariyya*, 9 vols, Saudi Arabia: Jāmi'a al-Imām Muḥammad b. Su'ūd al-Islāmiyya, 1406 [1986].
——, *Majmū' Fatāwā Shaykh al-Islām Aḥmad b. Taymiyya*, 37 vols, Madīna: Majma' al-Malik Fahd li-al-Ṭibā'a al-Muṣḥaf al-Sharīf, 1425 [2004].
al-Jalālī, Muḥammad Riḍā al-Ḥusaynī, *al-'Abbās Abū al-Faḍl b. Amīr al-Mu'minīn 'Alay-himā al-Salām: Simātu-hu wa-Sīratu-hu*, Karbalā': al-'Ataba al-'Abbāsiyya al-Muqaddasa, 1434 [2013].
al-Karājakī, Abū al-Fatḥ Muḥammad b. 'Alī, *al-Ta'ajjub min Aghlāṭ al-'Āmma fī Mas'ala al-Imāma*, Qom: Intishārāt Dār al-Ghadīr, 1421 [2000–1].
al-Karakī, al-Muḥaqqiq al-Thānī 'Alī b. al-Ḥusayn, *Jāmi' al-Maqāṣid fī Sharḥ al-Qawā'id*, 13 vols, Qom: Mu'assasa Āl al-Bayt, 1414 [1993–4].
al-Kāshānī, al-Mawlā Ḥabīb Allāh, *Sharḥ Ziyāra 'Āshūrā'*, Qom: Dār Jalāl al-Dīn, 1424 [2003–4].
al-Kāshānī, Muḥsin al-Fayḍ, *Tafsīr al-Ṣāfī*, 5 vols, Tehrān: Maktaba al-Ṣadr, 1379sh [1959–60].
Kāshif al-Ghiṭā', Ja'far, *al-'Aqāid al-Ja'fariyya*, Qom: Mu'assasa Anṣāriyyān, 1415 [1994].
al-Khalkhālī, Muḥammad Mahdī al-Mūsawī, *Fiqh al-Shī'a*, n.p.: Mu'assasa al-Āfāq, n.d.
al-Khāmene'ī, Sayyid 'Alī, *Ujūba al-Istiftā'āt*, 2 vols, Bayrūt: al-Dār al-Islāmiyya, n.d.
——, *al-Shaykh al-Mufīd: al-Riyāda wa-al-Ibdā'*, Bayrūt: Dār al-Thaqalayn, 1413 [1995].
——, *Insān bi-'Umr 250 Sana* (transl. Markaz Nūr), Bayrūt: Jam'iyya al-Ma'ārif al-Islāmiyya al-Thaqāfiyya, 1434 [2013].
al-Khomeynī, Rūḥ Allāh al-Mūsavī, *Taḥrīr al-Wasīla*, 2 vols, Dimashq: Sifāra al-Jumhūriyya al-Islāmiyya al-'Īrāniyya, 1418 [1998].
——, *Kitāb al-Ṭahāra*, 4 vols, Tehrān: Mu'sassa Tanẓīm wa-Nashr Āthār al-Imām al-Khomeynī, 1421 [2000].
al-Khū'ī, al-Sayyid Abū al-Qāsim al-Mūsawī, *Majma' Rijāl al-Ḥadīth wa-Tafṣīl Ṭabaqāt al-Ruwāt*, 24 vols, Najaf: Mu'assasa al-Imām al-Khū'ī al-Islāmiyya, n.d.
——, *al-Bayān fī Tafsīr al-Qur'ān*, n.p.: Anwār al-Hudā, 1401 [1981].

al-Khwārazmī, al-Muwaffaq b. Aḥmad, *al-Manāqib*, Qom: Mu'assasa al-Nashr al-Islāmī, 1425 [2004–5].

al-Kulaynī, Muḥammad b. Ya'qūb, *Kitāb al-Kāfī*, 8 vols, Bayrūt: Manshūrat al-Fajr, 1428 [2007].

al-Majlisī, Muḥammad al-Bāqir, *Biḥār al-Anwār*, 110 vols, Bayrūt: Dār Iḥyā' al-Turāth al-'Arabī, 1403 [1983].

———, *Mir'āt al-'Uqūl fī Sharḥ Akhbār al-Rasūl*, Tehrān: Dār al-Kutub al-Islāmiyya, 1404 [1984].

———, *al-I'tiqādāt: wa-Risāla fī Ḥall Ḥadīth Madhkūr fī al-'Ilal wa-al-'Uyūn*, Qom: Maktaba al-'Allāma al-Majlisī, 1409 [1988–9].

al-Majlisī, Muḥammad Taqī, *Rawḍa al-Muttaqīn*, 2 vols, Qom: Mu'assasa Dār al-Kitāb al-Islāmī, 1429 [2008].

al-Māmaqānī, 'Abd Allāh, *Miqbās al-Hidāya fī 'Ilm al-Dharī'a*, 2 vols, Qom: Mashūrāt-e Dalīl-e Mā, 1428 [2007].

al-Mas'ūdī, 'Alī b. al-Ḥasan, *Ithbāt al-Waṣiyya li-al-Imām 'Alī b. Abī Ṭālib*, Bayrūt: Dār al-Aḍwā', 1409 [1988].

al-Māzandarānī, Muḥammad Ṣāliḥ, *Sharḥ Uṣūl al-Kāfī*, 12 vols, Bayrūt: Mu'ssasa al-Ta'rīkh al-'Arabī, 1429 [2008].

al-Mīlānī, al-Sayyid 'Alī al-Ḥusaynī, *Sharḥ Minhāj al-Karāma wa-al-Radd 'alā Minhāj Ibn Tamiyya*, 3 vols, Qom: Wafā, 1428 [2007].

al-Modarresī, Moḥammad Taqī, *Zendegī-Nāme-ye Chahārdah Ma'ṣūm* (Muḥammad Ṣadiq Sharī'at), Qom: Enteshārāt-e Moḥebbīn-e al-Ḥoseyn, 1386sh [2007–2008].

al-Moṭahharī, Mortaḍā, *al-Kalām* (transl. Ḥasan 'Alī al-Hāshimī), Bayrūt: Dār al-Walā', 1430 [2009].

Mughniyya, Muḥammad Jawād, *al-Ḥusayn wa-Baṭala Karbalā'*, n.p.: Dār al-Kitāb Islāmī, 1426 [2005].

al-Mufīd, Muḥammad b. Muḥammad b. al-Nu'mān, *Awā'il al-Maqālāt*, Qom: al-Mu'tamar al-'Ālamī li-Alfiyya al-Shaykh al-Mufīd, 1413 [1992–3a].

———, *Taṣḥīḥ I'tiqād al-Imāmiyya*, Qom: al-Mu'tamar al-'Ālamī li-Alfiyya al-Shaykh al-Mufīd, 1413 [1992–3b].

———, *Masār al-Shī'a fī Mukhtaṣar Tawārīkh al-Sharī'a,* Qom: al-Mu'tamar al-'Ālamī li-Alfiyya al-Shaykh al-Mufīd, 1413 [1992–3c].

———, *'Īmān Abī Ṭālib*, Qom: al-Mu'tamar al-'Ālamī li-Alfiyya al-Shaykh al-Mufīd, 1413 [1992–3d].

———, *al-Nukat al-I'tiqādiyya*, Qom: al-Mu'tamar al-'Ālamī li-Alfiyya al-Shaykh al-Mufīd, 1413 [1992–3e].

———, *al-Ikhtiṣāṣ*, Bayrūt: Mu'assasa al-A'lā li-al-Maṭbū'āt, 1430 [2009].

al-Murtaḍa, al-Sharīf 'Alī b. al-Ḥusayn, *Amālī al-Murtaḍā*, 2 vols, n.p.: Dār Iḥyā' al-Kutub al-'Arabiyya, 1373 [1954].

———, *al-Shāfī fī al-Imāma*, 2 vols, Tehrān: Mu'assasa al-Ṣādiq li-Ṭibā'a wa-al-Nashr, 1426 [2006].

———, *al-Dhakhīra fī 'Ilm al-Kalām*, Qom: Mu'assasa al-Nashr al-Islāmī, 1431 [2009–10].

al-Mūsawī, Thā'ir [Bāqir] 'Abd al-Zahrā', *al-Shaykh al-Ṣadūq Juhūdu-hu al-Ḥadīthiyya: Kitāb Man Lā Yaḥḍuru-hu al-Faqīh*, 'Ataba: Maktaba al-Rawḍa al-Ḥaydariyya, 1432 [2011].

Muslim b. al-Ḥajjāj, *Ṣaḥīḥ Muslim*, Riyāḍ: Bayt al-Afkār al-Dawliyya, 1419 [1998].

al-Muẓaffar, Muḥammad Riḍā, *'Aqā'id al-Imāmiyya*, Najaf: Maktaba al-Amīn, 1388 [1968].

al-Nasā'ī, Abū 'Abd al-Raḥmān, *Khaṣā'iṣ Amīr al-Mu'minīn 'Alī b. Abī Ṭālib*, al-Kuwayt: Maktaba Mu'allā, 1406 [1986].

———, *Sunan al-Nasā'ī wa-Huwa al-Mujtabā*, Bayrūt: Mu'assasa al-Risāla Nāshirūn, 1435 [2014].

al-Nawawī, Abū Zakariyyā, *al-Minhāj Sharḥ Ṣaḥīḥ Muslim b. al-Ḥajjāj*, 18 vols, Bayrūt: Dār al-Turāth al-'Arabī, 1392 [1972–3].

al-Nawbakhtī, al-Ḥasan b. Mūsā, *Kitāb Firaq al-Shī'a*, Bayrūt: Manshūrāt al-Riḍā, 1433 [2012].

al-Nu'mān, al-Qāḍī Abū Ḥanīfa, *Da'ā'im al-Islām wa-Dhikr al-Ḥalāl wa-al-Ḥarām al-Qaḍāyā wa-al-Aḥkām*, 2 vols, Bayrūt: Dār al-Aḍwā', 1411 [1991].

al-Nu'mānī, Ibn Abī Zaynab, *al-Ghayba*, n.p.: Dār al-Jawādīn, 1432 [2011].

al-Raḍī, Muḥammad b. al-Ḥusayn al-Mūsawī, *Nahj al-Balāgha*, n.p.: Mu'assasa al-Rāfid li-al-Maṭbū'āt, 1431 [2010].

al-Qummī, 'Alī b. Ibrāhīm, *Tafsīr al-Qummī*, Qom: Mu'assasa al-Imām al-Mahdī, 1435 [2014].

al-Rāwandī, Quṭb al-Dīn, *al-Kharā'ij wa-al-Jarā'iḥ*, 3 vols, Qom: Mu'assasa al-Imām al-Mahdī, 1409 [1989].

al-Ṣadr, Muḥammad Bāqir, *Durūs fī 'Ilm al-Uṣūl: al-Ḥalaqa al-Ūlā wa-al-Thāniya*, Qom: Markaz al-Abḥāth wa-al-Dirāsāt al-Takhaṣṣuṣiyya li-al-Shahīd al-Ṣadr, 1436

[2014–5].

al-Ṣadūq, Muḥammad b. ʻAlī b. Bābawayh, *Kitāb al-Tawḥīd*, Bayrūt: Dār al-Maʻrifa, n.d.

———, *Man Lā Yaḥḍuru-hu al-Faqīh*, 4 vols, Mu'assasa al-Aʻlā li-al-Maṭbūʻāt, 1406 [1986].

———, *Kamāl al-Dīn wa-Tamām al-Niʻma*, Bayrūt: Mu'assasa al-Aʻlamī li-al-Maṭbūʻāt, 1412 [1991].

———, *al-Iʻtiqādāt*, Qom: al-Mu'tamar al-ʻĀlamī li-Alfiyya al-Shaykh al-Mufīd, 1413 [1993–4].

———, *ʻIlal al-Sharā'iʻ*, 2 vols, Bayrūt: Dār al-Murtaḍā, 1427 [2006].

———, *ʻUyūn Akhbār al-Riḍā*, 2 vols, Jakarta: Nūr al-Hudā, 1435–1436 [2014–2015].

al-Ṣaffār, Muḥammad b. al-Ḥasan al-Qummī, *Baṣā'ir al-Darajāt fī Faḍā'il Āl Muḥammd*, 2 vols, Qom: Intishārāt al-Maktaba al-Ḥaydariyya, 1426 [2005–6].

al-Ṣāfī, Ḥusayn al-Mūsawī, *Ummahāt al-A'imma al-Maʻṣūmīn: Dirāsa Ta'rīkhiyya Taḥlīliyya ʻIlmiyya*, 2 vols, Karbalā': Qism al-Shu'ūn al-Fikriyya wa-al-Thaqāfiyya fī al-ʻAtaba al-Ḥusayniyya al-Muqaddasa, 1437 [2015].

al-Samāhijī, ʻAbd Allāh b. Ṣāliḥ, *Munya al-Mumārisīn*, in Newman, A., "The Nature of the Akhbārī/Uṣūlī Dispute in Late Ṣafawid Iran. Part 1: ʻAbdallāh al- Samāhijī's ʻ*Munyat al-Mumārisīn*'," *Bulletin of the School of Oriental and African Studies,* 1992. 24–36.

al-Sanad, Muḥammad al-Baḥrānī, *al-Imāma al-Ilāhiyya*, 7 vols, Bayrūt: al-Amīra, 1433 [2012].

al-Shahīd al-Thānī, Zayn al-Dīn b. ʻAlī, al-Rawḍa al-Bahiyya fī Sharḥ al-Lumʻa al-Dimashqiyya, Qom: *Majmaʻ al-Fikr al-Islāmī*, 1437 [2015–6].

al-Shahrastānī, Abū al-Fatḥ, *Kitāb al-Milal wa-al-Niḥal*, 2 vols, al-Qāhira: Maktaba al-Anjlū al-Miṣriyya, n.d.

al-Shīrāzī, Makārem Nāṣir, *Nafaḥāt al-Wilāya: Sharḥ ʻAṣrī Jāmiʻ li-Nahj al-Balāgha*, 10 vols, Qom: Dāral-Nashr al-Imām ʻAlī b. Abī Ṭālib, 1426 [2005–6]–1432 [2011].

———, *al-Amthal fī Tafsīr Kitāb Allāh al-Munzal*, 30 vols, Bayrūt: Mu'assasa al-Aʻlamī li-al-Maṭbūʻāt, 1434 [2013].

al-Sīstānī, ʻAlī al-Ḥusaynī, *al-Istiftā'āt*, 13 vols, in https://www.sistani.org/arabic/book/fatwa/, 1439 [2021–2] accessed on 26 March 2024.

al-Sobḥānī, Jaʻfar, *al-ʻAqīda al-Islāmiyya ʻalā Ḍaw' Madrasa Ahl al-Bayt*, Qom: Mu'assasa al-Imām al-Ṣādiq, 1419 [1998].

———, *Aḍwā' ʻalā ʻAqā'id al-Shīʻa al-Imāmiyya wa-Ta'rīkhi-him*, Tehrān: Dār Mashʻar,

1421 [2000–1].
———, *Rasā'il wa-Maqālāt*, 9 vols, Qom: Mu'assasa al-Imām al-Ṣādiq, 1425–1435 [2004–2014].
———, *Mafāhīm al-Qur'ān*, 10 vols, Bayrūt: Mu'assasa al-Ta'rīkh al-'Arabī, 1431 [2010].
Sulaym b. Qays al-Hilālī, *Kitāb Sulaym b. Qays al-Hilālī*, Qom: Nashr al-Hādī, 1420 [1999–2000].
al-Ṭabarī, Muḥammad b. Jarīr, *Tafsīr al-Ṭabarī : Jāmi' al-Bayān 'an Ta'wīl Āy al-Qur'ān*, 25 vols, Jīza: Dār Hajar, 1422 [2001].
al-Ṭabarsī, al-Faḍl b. al-Ḥasan, *Tafsīr Jawāmi' al-Jāmi'*, Qom: Mu'assasa al-Nashr al-Islāmī, 1423 [2002–3].
Ṭabāṭabā'ī-farr, Seyyed Moḥammad, *Ḥūthīyān-e Yaman: Pīshīne va Rūykard-hā-ye Kalāmī va Seyāsī*, Qom: Enteshārāt-e Dāneshgāh-e Adyān va Madhāheb, 1394sh [2015–6].
al-Ṭabāṭabā'ī al-Ḥakīm, Moḥammad Sa'īd, *al-Marja'iyya al-Dīniyya wa-Qaḍāyā Ukhrā*, Qom: Setāre, 1419 [1998].
al-Ṭabāṭabā'ī, Moḥammad Ḥoseyn, *al-Mīzān fī Tafsīr al-Qur'ān*, 20 vols, Qom: Manshūrāt Jamā'a al-Mudarrisīn fī al-Ḥawza al-'Ilmiyya, 1430 [2009].
al-Ṭehrānī, Āqā Bozorg, *al-Dharī'a ilā Taṣānīf al-Shī'a*, 25 vols, Bayrūt: Dār al-Aḍwā', 1403 [1983].
al-Ṭūsī, Naṣīr al-Dīn Muḥammad b. Muḥammad, "Maṭkūb al-Mu'minīn," in *Shi'i Interpretations of Islam: Three Treatises on Theology, and Eschatology* (ed. S. J. Badakhchani), London and New York: I. B. Tauris Publishers, 2010.
al-Ṭūsī, Shaykh al-Ṭā'ifa Muḥammad b. al-Ḥasan, *Kitāb al-Ghayba*, Bayrūt: Manshūrāt al-Fajr, n.d.
——— *Tamhīd al-Uṣūl fī 'Ilm al-Kalām*, Qom: Rā'id, 1394 [1974–5].
———, *al-Rasā'il al-'Ashr*, n.p.: Mu'assasa al-Nashr al-Islāmī, 1414 [1993–4].
———, *Tahdhīb al-Aḥkām fī Sharḥ al-Muqni'a*, 10 vols, Tehrān: Dār al-Kutub al-Islāmiyya, 1386sh [2007–8].
———, *al-Iqtiṣād fī-mā yajib 'alā al-'Ibād*, Qom: Dalīl-e Mā, 1430 [2009].

## 欧語・インドネシア語

Abdulsater, H. A., "Dynamics of Absence: Twelver Shi'ism during the Minor Occultation," *Zeitschrift der Deutschen Morgenländischen Gesellschaft* 161–2, 2011, 305–334.

———, *Shi'i Doctrine, Mu'tazili Theology: al-Sharīf al-Murtaḍā and Imami Discourse*, Edinburgh: Edinburgh University Press, 2017

———, "Traditionalist Spirits and Rationalist Bodies: The Concept of the Human Being in Early Imāmī Theology," *Shii Studies Review* 2, 2018, 1–37.

Abisaab, R. J., *Converting Persia: Religion and Power in the Safavid Empire*, London, and New York: I. B. Tauris, 2004.

Abisaab, R. J. and Abisaab. M., *The Shi'ites of Lebanon: Modernism, Communism, and Hizbullah's Islamists*, New York: Syracuse University Press, 2014.

Afsaruddin, A, "An Insight into the Ḥadīth Methodology of Jamāl al-Dīn Aḥmad b. Ṭāwūs," *Der Islam* 72–1, 1995, 25–46.

Algar. H., "Sunni Claims to Imam Ja'far al-Ṣādiq," in *Fortresses of the Intellect : Ismaili and Other Islamic Studies in Honour of Farhad Daftary* (ed. Omar Alí-de-Unzaga), London and New York: I. B. Tauris Publishers, 2011.

Alraseed, R., "The Divine Gaps between the Usuli and Akhbaris in Bahrain: Causes and Repercussions," *Religions* 11–7, 2020, 1–14.

Amīn, Y., "Umm Salama: A Female Authority Legitimating the Authorities," *Female Religious Authority in Shi'i Islam: Past and Present* (ed. Mirjam Künkler, and Devin J. Stewart), Edinburgh: Edinburg University Press, 2021, 47–77.

Amir-Moezzi, M. A., *The Divine Guide in Early Shi'ism: The Sources of Esotericism in Islam* (transl. David Streight), Albany: State University Press of New York Press, 1994.

———, "Note bibligraphique sur *Kitāb Sulaym b. Qays*, le plus ancien ouvrage shi'ite existant," in *Le shī'isme imāmite quarante ans après: hommage à Etan Kohlberg* (ed. Amir-Moezzi, Bar-Asher, and S. Hopkins), Turnhout: Brepols, 2009, 37.

———, *The spirituality of Shi'i Islam: Beliefs and Practices*, London and New York: I.B. Tauris, 2011.

———, "Al-Šayḫ al-Mufīd (M. 413/1022) et la question de la falsification du Coran," in *Controverses sur les écritures canoniques de l'islam* (ed. D. De Smet & M. A. Amir-Moezzi), Paris: Les Édition du Cerf, 2014, 199–223.

———, "Early Shī'ī Theology," in *Oxford Handbook of Islamic Theology* (ed. S. Schmidtke), Oxford: Oxford University Press, 2016, 81–90.

Arjomand, S. A., *The Shadow of God and the Hidden Imam: Religion, Political Order, and Societal Change in Shi'ite Iran from the Beginning to 1890*, Chicago and London: The University of Chicago Press, 1984.

Ayoub, M. M., *Redemptive Suffering in Islam*, The Hague, Paris, and New York: Mouton

Publishers, 1978.

Aziz, T., “Fadlallah and the Remaking of the Marja‘iya,” in *The Most Learned of the Shi‘a: The Institution of the Marja‘ Taqlid* (ed. Linda Walbridge), Oxford and New York: Oxford University Press, 2001, 205–215.

Bar-Asher, M., *Scripture and Exegesis in Early Imāmī Shiism*, Leiden: Brill, 1999.

———, “Le rapport de la religion Nusayrite-Alawite au shi’isme imamite,” in *Le Shī‘isme Imāmite quarante ans après : hommage à Etan Kohlberg*, Turnhout: Brepols Publishers, 2009.

———, *The ‘Alawī Religion: An Anthology*, Turnhout: Brepols, 2021a.

———, *Jews and the Qur’an*, Princeton and Oxford: Princeton University Press, 2021b.

Bayhom-Daou, T., “Hishām b. al-Hakam (d. 179/795) and His Course of the Imām’s Knowledge,” *Journal of Semitic Studies* 48–1, 2003, 71–108.

Bosworth, C.E., “Yaḥyā b. Aktham”, in: *Encyclopaedia of Islam, Second Edition* (edited by P. Bearman, Th. Bianquis, C.E. Bosworth, E. van Donzel, W.P. Heinrichs, http://dx.doi.org/10.1163/1573-3912_islam_SIM_7950, first published online: 2012, accessed on 10 January 2023.

Buckley, R. P., “Ja‘far al-Ṣādiq as a Source of Shī‘ī Traditions,” *The Islamic Quarterly* 43–1, London: The Islamic Cultural Centre, 1999, 37–58.

Crow, K. D., “Imam Ja‘far al-Sadiq and the Elaboration of Shi‘ism,” in *The Shi‘i World* (ed. F. Daftary, A. B. Sajoo, and S. Jiwa), London and New York: I.B. Tauris Publishers, 2015.

Daftary, F., *A History of Shi‘i Islam*, London and New York: I. B. Tauris Publishers, 2013.

Forouhi, N. H. A., “The Conceptual Evolution of the Principles of Religion (Uṣūl al-din) in Imami Shi’a,” *Journal of Shi’a Islamic Studies* 13, 1–2, 2020, 343–363.

Ghaemmaghami, O., “To the Abode of the Hidden One: The Green Isle in Shī‘ī, Early Shaykhī and Bābī-Bahā’ī Topography,” in *Unity in Diversity: Mysticism, Messianism and Construction of Religious Authority in Islam*, (ed. O. Mir-Kasimov), Leiden: Brill, 2014, 137–173.

———, *Encounters with the Hidden Imam in Early and Pre-Modern Twelver Shī‘ī Islam*, Leiden, Boston: Brill, 2020.

Gleave, R., *Spiritualist Islam: The History and Doctrines of the Akhbārī Shī‘ī School*, Leiden and Boston: Brill, 2007.

Haider, N., *The Origins of the Shī‘a: Identity, Ritual, and Sacred Space in Eighth-Century Kūfa*, New York: Cambridge University Press, 2014.

al-Hakeem, H. and Moughania, J., *The Pope Meets the Ayatollah: An Introduction to Shi'a Islam*, n.p.: The Mainstay Foundation, 2021.

Hashemi, Sayyid Mahmud, et al. "The Stage of Development of Shi'a Jurisprudence (transl. Amin Rastani)," *Message of Thaqalayn* 12–4, 2012, 101–119.

Hayes, E., *Agents of the Hidden Imam: Forging Twelver Shi'ism, 850–950 CE*, Cambridge: Cambridge University Press, 2022.

Hirano, T., "Was the Early Imāmi Worldview Deterministic and Dualistic? : Analysis of Ḥadīth Literature Written During the Minor Occultation," *Journal of Islamic Studies* 1, 2019, 25–38.

Hovsepian-Bearce, Y., *The Political Ideology of Ayatollah Khamenei: Out of the Mouth of the Supreme Leader of Iran*, London and New York: Routledge, 2016.

Howarth, T. M., *The Twelver Shî'a as a Muslim Minority in India: Pulpit of Tears*, London and New York: Routledge, 2005.

Hussain, J. M., *The occultation of the Twelfth Imam: A Historical Background*, London: Muhammadi Trust, 1982.

Kabbani, M. H., *The Naqshbandi Sufi Way: History and Guidebook of the Saints of the Golden Chain*, Chicago: Kazi Publications, 1995.

al-Khū'ī, S. A. M., *The Prolegomena to the Qur'an* (transl. A. A. Sachedina), New York and Oxford: Oxford University Press, 1998.

Kohlberg, E., "Some Zaydī Views on the Companions of the Prophet," *Bulletin of the School of Oriental and African Studies* 39, London: University of London, 1976, 91–98.

———, "Non-Imāmī Muslims in Imāmī Fiqh," *Jerusalem Studies in Arabic and Islam* 6, 1985, 99–105.

———, *In Praise of the Few: Studies in Shiite Thought and History* (ed. Amin Ehteshami), Boston and Leiden: Brill 2020.

Lalani, A. R., *Early Shī'ī Thought: The Teachings of Imam Muḥammad al-Bāqir*, London and New York: I.B. Tauris, 2004.

Lecont, G. "Aspects de la littérature du ḥadīṯ chez les Imamites," in *Le Shî'isme Imâmite* (ed. R. Brunschvig and T. Fahd), Paris: Presses Universitaires de France, 1970, 91–103.

Madelung, W., "Authority in Twelver Shiism in the Absence of the Imam," *La notion d'autorité au Moyen Age: Islam, Byzance, Occident*, 1978a.

———, "Kaysāniyya," *Encyclopaedia of Islam, Second Edition* (Edited by P. Bearman, Th. Bianquis, C.E. Bosworth, E. van Donzel), vol. 4, 1978b, 836–838

———, "Imāmism and Mu'tazilite Theology, in in *Le Shî'isme Imâmite* (ed. R. Brunschvig and T. Fahd), Paris: Presses Universitaires de France, 1979, 13–29.

———, "Hishām b. al- Ḥakam," in *Encyclopaedia of Islam, Second Edition*, https://referenceworks-brillonline-com.kras.lib.keio.ac.jp/entries/encyclopaedia-of-islam-2/hisham-b-al-hakam-SIM_2906?s.num=0&s.f.s2_parent=s.f.cluster.Encyclopaedia+of+Islam&s.q=hisham+hakam, accessed on 28 November 2017.

———, "Ḥosayn b. 'Ali," in *Encyclopædia Iranica*, https://iranicaonline.org/articles/hosayn-b-ali-i, accessed on 28 November 2017 (in Print vol. 12, Fasc. 5, 493–498).

Matthiesen, T., *The Other Saudis: Shiism, Dissent and Sectarianism*, New York: Cambridge University, 2015.

Mavani, H., "Khomeini's Concept of Governance of the Jurisconsult (Wilāyat al-Faqīh) Revised: The Aftermath of Iran's 2009 Presidential Election," Middle East Journal 67–2, 2013, 207–228.

———, *Religious Authority and Political Thought in Twelver Shi'ism: From Ali to Post-Khomeini*, London, and New York: Routledge, 2015.

Melchert. C., "Imāmīs between Rationalism and Traditionalism," in *Shī'ite Heritage: Essays on Classical and Modern Traditions* (ed. L. Clarke), New York: Global Publications, 2001, 273–284.

Modarressi, H. T., *An Introduction to Shī'ī law: A Bibliographical Study*, London: Ithaca Press, 1984.

———, *Crisis and Consolidation in the Formative Period of Shi'ite Islam: Abū Ja'far ibn Qiba al-Rāzī and His Contribution to Imāmite Shī'ite Thought*, Princeton and New Jersey: The Darwin Press, Inc., 1993a.

———, "Early Debates on the Integrity of the Qur'an: A Brief Survey," *Studia Islamica* 77, 1993b, 5–39.

———, *Tradition and Survival: A Bibliographical Survey of Early Shī'ite Literature*, Oxford: Oneworld, 2003

———, "Essential Islam: The Minimum that a Muslim is Required to Acknowledge," in *Accusations of Unbelief in Islam : A Diachronic Perspective on Takfīr* (ed. Camilla Adang, et al.), Leiden and Boston: Brill, 2016, 395–412.

Momen, M., *An Introduction to Shi'i Islam*, New Haven and London: Yale University Press, 1985.

———, *Shi'i Islam: Beginners Guides*, London: Oneworld Publications, 2016.

Mufid, M. M., *Kitāb al-Irshād: The Book of Guidance into lives of the Twelve Imams*

(transl. I. K. A. Howard), Qom: Ansariyan Publications, 2007.

Newman, A., "The Nature of the Akhbārī/Uṣūlī Dispute in Late Ṣafawid Iran. Part 1: 'Abdallāh al- Samāhijī's '*Munyat al-Mumārisīn*'," *Bulletin of the School of Oriental and African Studies* 22–51, 1992.

———, *The Formative Period of Twelver Shi'ism: Ḥadīth as Discourse between Qum and Baghdad*, Richmond: Curzon Press, 2000.

———, *Twelver Shiism: Unity and Diversity in the Life of Islam, 632 to 1722*, Edinburgh: Edinburgh University Press, 2013.

Quinn, S. A., *Shah 'Abbas: The King Who Refashioned Iran*, London: Oneworld, 2015.

Rakhmat, J., *Afkar Penghantar: Sekumpulan Pengantar*, Bandung: Penerbit Nuansa, 2016.

———, *Halaman Akhir 2: Percikan Pemikiran Nalar Kritis Sosial-Politik Islam*, 2 vols, Bandung: Bernas Ilmu Utama, 2021–2022.

Rizek, A. E., "Scholars of Ḥilla and the Early Imami Tradition: Ibn Abī 'Aqīl and Ibn al-Junyad, 'The Two Ancient Scholars,' Retrieved," in *Knowledge and Education in Classical Islam: Religious Learning between Continuity and Change* (ed. Sebastian Günther), 2 vols, Leiden and Boston: Brill, 2020. 798–817.

Rizvi, S., *Khums 20 &: An Islamic Tax*, Toronto: Islamic Education & Information Center, 1992.

———, "The Takfīr of the Philosophers (and Sufis) in Safavid Iran," in *Accusations of Unbelief in Islam: A Diachronic Perspective on Takfīr* (ed. Camilla Adang, Hassan Ansari, Maribel Fierro, and Sabine Schmidtke), Leiden, Netherlands; Boston, [Massachusetts] : Brill, 2015, 244–269.

Sachedina, A. A., *Islamic Messianism: The Idea of the Mahdi in Twelver Shi'ism*, Albany: State University of New York Press, 1981.

———, *The Just Ruler in Shi'ite Islam*, New York and Oxford: Oxford University Press, 1988.

Shankland, D., "Are the Alevis Shi'ite?," in *Shi'i Islam and Identity: Religion, Politics and Change in the Global Muslim Community* (ed. Lloyd Ridgeon), London: I.B. Tauris, 2012, 210–228.

Tabrizi, T. G., "Ritual Purity and Buddhists in Modern Twelver Shi'a Exegesis and Law," *Journal of Shi'a Islamic Studies* 5–4, 2012, 455–471.

Talhamy, Y., "The Fatwas and the Nusayri/Alawis of Syria," *Middle Eastern Studies* 46–2, 2010, 175–194.

Takim, L., *The Heirs of the Prophet*, Albany: State University of New York Press, 2006.
———, "The Origins and Evaluations of Hadith Transmitters in Shi'i Biographical Literature," in *American Journal of Islamic Social Sciences* 24–4, 2007, 26–49.
———, " Reinterpretation or Reformation?: Shi'a Law in the West," *Journal of Shi'a Islamic Studies* 3–2, 2010, 141–165.
———, "Female Authority in the Times of the Shi'i Imams," in *Female Religious Authority in Shi'i Islam: Past and Present* (ed. Mirjam Künkler, and Devin J. Stewart), Edinburgh: Edinburg University Press, 2021, 105–120.
Terrier, M., "Le rôle des juifs et des chrétiens dans l'historiosophie du ši'isme imamite," *Mideo mélanges* 33 (Institut dominicain d'études orientales au caire), 2018, 183–219.
Vilozny, R., "On the Limited Representation of the Ismailis in al-Ṣadūq's (d. 381/991) *Kamāl al-Dīn*," in *Intellectual Interactions in the Islamic World: The Ismaili Thread* (ed. Orphan Mir-Kasimov), London: I.B. Tauris, 2020, 51–66.
Walbridge, L., *The Thread of Mu'awiya: The Making of a Marja' Taqlid* (ed. John Walbridge), Bloomington: The Ramsay Press, 2014.
Zabihzadeh, A. N., "Shi'ite Authorities in the Age of Minor Occultation," *Message of Thaqalayn*, 11–3, 2010, 79–99.
Zarvani, M., "Shi'ite Schools of Thought on Imâm: A Critical Survey," *Journal of the Interdisciplinary Study of Monotheistic Religions* 12, 2013, 101–116.
Zebiri, K., *Mahmūd Shaltūt and Islamic Modernism*, Oxford: Clarendon Press, 1993.
Zulkifli, *The Struggle of the Shi'is in Indonesia*, Canberra: ANU E Press, 2013.

## 日本語

アーイシャ・アブドッラハマーン『預言者の妻たち』徳増輝子（訳）、宗教法人日本ムスリム協会、2001 年。

青柳かおる『イスラームの世界観——ガザーリーとラーズィー』明石書店、2005 年。

井筒俊彦「イスラーム思想史——神学・神秘主義・哲学」『井筒俊彦全集』第 4 巻、慶應大学出版会、2014 年。

井上貴恵「『酔語注解』に見るルーズビハーン・バクリーの思想——ハッラージュの酔語への注釈とその受容について」『日本中東学会年報』30–1、2014 年、147–172 頁。

イブン・イスハーク『預言者ムハンマド伝』全 4 巻、イブン・ヒシャーム編注、

後藤明・医王秀行・高田康一・高野太輔（訳）、岩波書店、2010–2012年。

イブン・ザイヌッディーン『イスラーム法理論序説』村田幸子（訳）、岩波書店、1985年。

宇野昌樹「イスラームと輪廻思想：タナースフ及びタカンムスに見られる輪廻転生」『オリエント』38–2、1995年、88–102頁。

岡井宏文「ムスリム・コミュニティと地域社会——イスラーム団体の活動から「多文化共生」を再考する」、高橋典史ほか（編）『現代日本の宗教と多文化共生——移民と地域社会の関係性を探る』明石書店、2018年、181–203頁。

鎌田繁「シーア派の発展——モッラー・サドラーを中心として」、中村廣治郎（編）『イスラム・思想の営み』筑摩書房、1985年、169–205頁。

———「アッラーマ・ヒッリーのイマーム論——『意図の解明・教義学綱要注釈』第五章訳注」『東洋文化研究所紀要』118、1992年、119–192頁。

———「神秘主義の聖者とイマーム派のイマーム」、赤堀雅幸・堀川徹・東長靖（編）『イスラームの神秘主義と聖者信仰』東京大学出版会、2005年、115–136頁。

———「マハディーとマイトレーヤ（弥勒仏）——イスラーム と仏教における救済者」『一神教学際研究』8、2013年、63–79頁。

———『イスラームの深層——「偏在する神」とは何か』NHK出版、2015年。

菊地達也『イスマーイール派の神話と哲学——イスラーム少数派の思想史的研究』岩波書店、2005年。

———『イスラーム教「異端」と「正統」の思想史』講談社、2009年。

———『ドゥルーズ派の誕生——聖典『英知の書簡集』の思想史的研究』刀水書房、2021年。

黒田賢治『イランにおける宗教と国家——現代シーア派の実相』ナカニシヤ出版、2015年。

子島進『イスラームと開発——カラーコラムにおけるイスマーイール派の変容』ナカニシヤ出版、2002年。

小杉泰『ムハンマド——イスラームの源流をたずねて』山川出版社、2002年。

近藤洋平『正直の徒のイスラーム』晃洋書房、2021年。

桜井啓子『シーア派——台頭するイスラーム少数派』中央公論新社、2006年。

佐野東生（編）『カースィアの説教——悪魔にいかに対処するか　カリフ・アリーの『雄弁の道 *Nahj al-Balāghah*』』佐野東生・野元晋・吉田京子・山口元樹・平野貴大・水上遼・村山木乃実（訳・解説）、龍谷大学国際社会文化研究所、2021年。

塩尻和子『イスラームの倫理——アブドゥル・ジャッバール研究』未來社、2001年。

嶋本隆光『シーア派イスラーム——神話と歴史』京都大学学術出版会、2007年。

末近浩太『イスラーム主義と中東政治——レバノン・ヒズブッラーの抵抗と革命』名古屋大学出版会、2013年。

竹下政孝「ヌール・ムハンマディー」『岩波イスラーム辞典』2009年、731頁。

店田廣文「日本人ムスリムとは誰のことか——日本におけるイスラーム教徒（ムスリム）人口の現在」『社会学年誌』59、2018年、109–128頁。

ティエリー・ザルコンヌ『スーフィー——イスラームの神秘主義者たち』東長靖（監修）、遠藤ゆかり（訳）、創元社、2011年。

富田健次訳『イランのシーア派イスラーム学教科書——イラン高校国定宗教教科書』2巻、明石書店、2008年、2012年。

———「解説」、ホメイニー『イスラーム統治論・大ジハード論』富田健次（訳）、平凡社、2003年、264–348頁。

中田考（監修）『日亜対訳クルアーン』中田香・下村佳州紀（訳）、作品社、2014年。

———（監訳）、中田香織（訳）『タフスィール・ジャラーライン』日本サウディアラビア協会、2002–2006年（第一巻2002年、第二巻2004年、第三巻2006年）。

———『イスラーム法の存立構造——ハンバリー派フィクフ神事編』ナカニシヤ出版、2003年。

奈良県立大学ユーラシア研究センター（編）『ゾロアスター教とソグド人』京阪奈情報教育出版、2023年。

西修「イラン・イスラム共和国憲法」『政治学論集——駒澤大学法学部』12、1980年、81–111頁。

西山尚希「14世紀十二イマーム派における哲学・スーフィズムの影響」『オリエント』65–2、2023年、115–127頁。

橋爪烈「「正統カリフ」概念の形成——スンナ派政治思想史の一断面として」、近藤洋平（編）『中東の思想と社会を読み解く』東京大学中東地域研究センター、スルタン・カブース・グローバル中東研究寄付講座、2014年、45–73頁。

平野貴大「シーア派とイラン」、菊地達也（編）『図説イスラム教の歴史』（河出書房新社、2017年、59–78頁。

———「小幽隠期のイマーム派における極端派認識——サッファール・クンミーによる極端派批判の分析を通じて」『イスラム世界』90、2018年a、1–27頁。

———「シーア派のタフスィール」松山洋平（編著）『クルアーン入門』作品社、2018年b、321–346頁。

―――「初期十二イマーム派における「秘教」と「顕教」――小幽隠期のハディース集とタフスィールの分析を通じて」『一神教世界』9、2018 年 c、115–133 項。

―――「現代シーア派学者によるムウタズィラ派採用論批判の考察――ハーメネイーのムフィード（d.413/1022）観に焦点をあてて」『一神教世界』10、2019 年 b、99–119 頁。

―――「小幽隠期におけるイマーム派の教義形成に関する文献学的研究――ゴム学派のハディース集とタフスィールの分析を通じて」東京大学大学院人文社会系研究科博士論文、2019 年 a。

―――「十二イマーム派における他宗派信徒の救済の可能性」『慶應義塾大学言語文化研究所紀要』52、2021 年 a、103–120 頁。

―――「シーア派のペトロ（シャムウーン）観――同派におけるキリスト教的伝統の利用と解釈について」『龍谷大学国際社会文化研究所紀要』23、2021 年 b、9–23 頁。

―――「スンナ派とシーア派の法理論学 (*uṣūl al-fiqh*) の比較――シーア派法理論の歴史と法源の分析を中心に」『シャリーア研究』17、2021 年 c、47–70 頁。

―――「インドネシアのシーア派に関する研究動向と同国のシーア派文献の出版状況」『イスラム思想研究』3、2021 年 d、161–169 頁。

―――「編者ラディーとシーア派における『雄弁の書』の位置付け」佐野東生ほか（訳）『カースィアの説教――悪魔にいかに対処するか――カリフ・アリーの『雄弁の道 *Nahj al-Balāghah*』』龍谷大学国際文化研究所、2021 年 e、27–31 頁。

―――「シャイフ・トゥースィー著『深夜礼拝する者の灯火（*Miṣbāḥ al-Mutahajjid*）』より「アーシューラーの参詣祈願（Ziyāra ʻĀshūrāʼ）」翻訳・注解」『イスラム思想研究』4、2022 年、1–12 頁。

―――「シーア派におけるイマーム観と神観――同派思想史における伝承の受容と解釈についての一考察」、森本一夫ほか（編）『イスラームの内と外から――鎌田繁先生古稀記念論文集』ナカニシヤ出版、2023 年、308–328 頁。

藤井守男「ハッラージュ」、大塚和夫ほか（編）『岩波イスラーム辞典』2009 年、765 頁。

―――「シーア派世界の深化（一六世紀 - 一八世紀）」、荒川正晴ほか（編）『岩波講座世界史――西アジア・南アジアの帝国 16 ～ 18 世紀』岩波書店、2023 年、167–183 頁。

保坂修司『ジハード主義――アルカイダからイスラーム国へ』岩波書店、2017 年。

堀井聡江『イスラーム法通史』山川出版社、2004 年。

松永泰行「ホメイニー師以後のヴェラーヤテ・ファギーフ論の発展とそれを巡る論争」『オリエント』42–2、1999 年、61–79 頁。

松山洋平『イスラーム神学』作品社、2016 年。

マンフレッド・ウルマン『イスラーム医学』橋爪烈・中島愛里奈訳、青土社、2022 年。

水上遼『語り合うスンナ派とシーア派——十二イマーム崇敬から中世イスラーム史を再考する』風響社、2019 年。

三村太郎『天文学の誕生——イスラーム文化の役割』岩波書店、2010 年。

ムスタファー・アッスィバーイー『預言者伝』中田考（訳）、宗教法人日本ムスリム協会、2001 年。

村田さち子「法源学」、大塚和夫ほか（編）『岩波イスラーム辞典』2009 年、885–886 頁。

村田幸子「解説」、イブン・ザイヌッディーン（著）『イスラーム法理論序説』村田幸子（訳）、岩波出版、1985 年、467–534 頁。

モハンマド＝ホセイン・タバータバーイー『シーア派の自画像——歴史・思想・教義』森本一夫（訳）、慶應大学出版会、2007 年。

森伸生・柏原良英『正統四カリフ伝』上下巻、宗教法人日本ムスリム協会、上巻 2001 年、日本サウディアラビア協会、下巻 1996 年。

守川知子『シーア派聖地参詣の研究』京都大学学術出版会、2007 年。

森本一夫『聖なる家族——ムハンマド一族』山川出版社、2010 年。

吉田（山尾）京子「ヌウマーニーのガイバ論」『オリエント』36–2、1993 年、18–33 頁。

———「イマームのガイバ思想と預言者たち」『オリエント』39 巻 1 号、1996 年、115–126 頁。

———「ガイバ論における伝承の変遷——イブン・バーブーヤとトゥースィーの伝承観の比較」『オリエント』43–1、2000 年、89–102 頁。

———「12 イマーム派ガイバ論におけるヒドル（ハディル）伝承の展開」『東洋文化』87、2007 年、23–39 頁。

ルーホッラー・ムーサヴィー・ホメイニー『イスラーム統治論・大ジハード論』富田健次（訳）、平凡社、2003 年。

**ウェブサイト**

アルジャズィーラ（カタールの放送局） https://www.aljazeera.com（2024 年 3 月 25 日最

終閲覧）
スィースターニー公式サイト　https://www.sistani.org/arabic/（2024年3月25日最終閲覧）
タウヒーディー公式サイト　https://imamtawhidi.com（2024年3月25日最終閲覧）
ハーメネイー公式サイト　https://www.leader.ir/ar（2024年3月25日最終閲覧）

**平野貴大**（ひらの・たかひろ）
一九九一年東京都生まれ。東京外国語大学外国語学部（ペルシア語専攻）卒業。東京大学大学院人文社会系研究科博士課程修了、博士（文学）。日本学術振興会特別研究員ＰＤ、東京大学東洋文化研究所特任研究員、東京外国語大学・亜細亜大学・名古屋外国語大学・開智国際大学での非常勤講師を経て、現在は筑波大学人文社会系助教。専門はイスラーム思想史、シーア派思想史。
主な編著に松山洋平編、小布施祈恵子・後藤恵美・下村佳州紀・平野貴大・法貴遊『クルアーン入門』作品社、二〇一八年。「シーア派とイラン」、菊地達也編『図説イスラムの歴史』河出書房新社、二〇一七年、五九‐七八頁。

# シーア派——起源と行動原理

二〇二四年五月二〇日　初版第一刷印刷
二〇二四年五月三〇日　初版第一刷発行

著　者　平野貴大
発行者　福田隆雄
発行所　株式会社作品社
〒一〇二-〇〇七二　東京都千代田区飯田橋二-七-四
電話　〇三-三二六二-九七五三
ファクス　〇三-三二六二-九七五七
振替口座　〇〇一六〇-三-二七一八三
ウェブサイト　https://www.sakuhinsha.com

装幀　伊勢功治
本文組版　大友哲郎
印刷・製本　シナノ印刷株式会社

Printed in Japan
ISBN978-4-86182-983-3　C0014

# イスラーム学

中田考

**文明的背景を異にする日本で、**
**イスラーム世界を根幹から理解するために。**

---

著者は伝統イスラーム法学を脱構築し現代に甦らせる表現形態を探ると共に、どこまでそれを伝えることが可能であるか?を一貫して考え抜いてきた。
本書は、イスラームの世界観を背景に激動する国際政治を俯瞰するための基本的視座を提供し、井筒俊彦が切り拓いた東洋哲学としてのイスラーム理解に新たな一歩を進める。

---